协和医学院系列规划教材
医院领导力及管理系列教材

医疗质量与安全管理

（供卫生管理、医疗管理专业使用）

主　编　王炳龙　程永忠
副主编　文　进　莫春梅
编　者　（以姓氏笔画为序）
马旭东（国家卫生健康委员会医政医管局）
王炳龙（北京协和医学院卫生健康管理政策学院）
文　进（四川大学华西医院医院管理研究所）
白　雪（四川大学华西医院）
李　慧（山东大学公共卫生学院）
李佳佳（山东大学公共卫生学院）
张玉侠（复旦大学附属中山医院）
莫春梅（四川大学华西医院）
蒋　艳（四川大学华西医院）
程永忠（四川大学华西医院）

中国协和医科大学出版社
北　京

内容简介

本教材是“医院领导力及管理系列教材”之一，共分为三篇十三章。教材内容涵盖医疗质量与安全管理的理念及理论、体系与制度、指标与测量、分析方法与工具、临床路径、典型案例等，对医疗质量与安全管理的相关内容进行了全面完整的介绍及精准系统的分析，使教材内容具有实务可操作性。本教材主要供卫生管理、医疗管理专业教学使用，也可供临床及相关专业人员参考使用。

图书在版编目（CIP）数据

医疗质量与安全管理 / 王炳龙，程永忠主编. —北京：中国协和医科大学出版社，2022.7
（医院领导力及管理系列教材）
ISBN 978-7-5679-1928-0

Ⅰ. ①医…　Ⅱ. ①王… ②程…　Ⅲ. ①医疗卫生服务－质量管理－安全管理－教材
Ⅳ. ①R197.1

中国版本图书馆CIP数据核字（2022）第112517号

医院领导力及管理系列教材

医疗质量与安全管理

主　　编：王炳龙　程永忠
责任编辑：魏亚萌
封面设计：许晓晨
责任校对：张　麓
责任印制：张　岱

出版发行：中国协和医科大学出版社
（北京市东城区东单三条9号　邮编100730　电话010-65260431）
网　　址：www.pumcp.com
经　　销：新华书店总店北京发行所
印　　刷：三河市龙大印装有限公司

开　　本：787mm×1092mm　1/16
印　　张：19.25
字　　数：360千字
版　　次：2022年7月第1版
印　　次：2022年7月第1次印刷
定　　价：89.00元

ISBN 978-7-5679-1928-0

医院领导力及管理系列教材

建设指导委员会

Introduction

出版说明

随着我国医药卫生体制改革的深入，卫生事业对医院的要求在不断提高。医疗管理工作是医院建立正常医疗秩序、提高医疗服务质量的重要保证。医院的管理系统非常复杂，发展极其迅速，且面临不断深化的改革要求，这对医疗管理人才提出了更高的要求。目前，我国医院的管理干部，大部分为医务人员转型而来，虽具有精深的专业知识，但仍缺乏系统、全面的管理知识。随着公立医院整体进入转型发展期，我国亟须培养高素质的职业化卫生管理及医疗管理人才队伍。

教材作为承载知识的重要载体，对于培养高素质人才发挥着重要作用。党的十八大以来，党中央高度重视和关心教材建设。在我国高等教育体系中，教材建设是提高高校教学水平、丰富教学内容以及促进教学方法改革的基础性工作；是发展高等教育，培养综合型人才、创新型人才的基础。

为适应卫生管理及医疗管理的新要求，培养适应新时代卫生管理及医疗管理的相关人才，中国协和医科大学出版社深入贯彻《关于推动公立医院高质量发展的意见》《关于建立现代医院管理制度的指导意见》及《关于加强公立医院运营管理的指导意见》等文件精神，在中国医学科学院北京协和医学院的支持下，开创性地组织了本套医院领导力及管理系列教材的编写工作。编委会集结了二百余名业内知名专家、学者、教授及一线教学老师，在鲜可借鉴同专业方向教材编写经验的情况下，对医疗管理理论、方法、人才培养机制等进行探索研究，悉心编撰。

本套教材涵盖卫生管理、医疗管理专业课程共计17门，定位清晰、特色鲜明，具有如下特点：

一、建设成体系的卫生管理、医疗管理专业教材，引领学科发展步伐

本套教材作为成体系的卫生管理、医疗管理专业教材，充分研究论证相关专业方向人才素质要求、学科体系构成、课程体系设计和教材体系规划，代表了卫生管理、医疗管理学科的发展方向。

二、引入国际最新理念和方法，与时俱进

教材紧密结合卫生管理及医疗管理专业培养目标、高等医学教育教学改革的需要和卫生管理及医疗管理专业人才的需求，引入国际最新医院管理理念及方法，内容与时俱进、开拓创新。

三、融入经典管理案例，突出实践性教学

教材内容对接医疗管理职业标准和岗位要求，将国际最新案例融入其中，重视培养学生理论联系实际、实践操作和独立思考的能力。

四、纸数融合，使学习更便捷更轻松

教材采用纸数融合形式出版，即在纸质教材内容之上，配套数字化资源，通过图片、动画、视频、课件等多种媒体形式将内容进行呈现，以优化教学内容，丰富教学资源。读者可以直接扫描书中二维码，阅读与教材内容相关联的课程资源，从而丰富学习体验，使学习更加便捷。

希望本套教材的出版，能够推进高质量卫生管理及医疗管理专业人才的培养，促进我国卫生管理、医疗管理学科或领域的教材建设与教育发展，为引领我国医疗卫生机构管理走向科学化、规范化、标准化与现代化作出积极贡献。

Preface
前 言

医疗质量是医院生存和发展的生命线，持续改进医疗质量，保障医疗安全，为人民群众提供安全、优质的医疗服务是医院医疗照护的核心任务，也是深入推进各级公私立医院高质量发展的重要工作内容。因此，近年来，医疗质量与安全管理越来越受到重视。

本教材共三篇十三章。第一篇为医疗质量管理，包括第一至六章。第一章介绍医疗质量的理念及理论，包含医疗质量的定义、医疗质量的沿革及理论、医疗质量的意义及重要性、完整的医疗质量的框架等。第二章介绍医疗质量管理的组织体系与制度、医疗质量管理的原则、医疗质量指标管理、推行医疗质量活动的主要成功因素等。第三章介绍医疗质量指标与测量、医疗质量指标的定义与分类以及评估标准、医疗服务质量指标体系步骤、医疗质量实施与管理、国际医疗质量指标及特点、中国医疗服务质量指标体系现状及发展方向等。第四章介绍医疗质量管理的工具与技巧，包含质量管理工具概论、质量管理基本手法、质量管理新七种工具及创新品管设计等。第五章介绍循证医学，包含循证医学的概论、循证医学的实施步骤、循证医学与质量管理、促进循证临床医疗照护的策略和行动等。第六章介绍临床路径与临床诊疗指南，包含临床路径的定义与目的、临床路径的意义及重要性、临床路径的实施方式与困难、临床路径的管理等。

第二篇为医疗安全管理，包括第七至十一章。第七章介绍医疗安全的理念及理论，包含医疗安全概论、医疗安全的沿革及理论、医疗安全的意义及重要性、医疗安全管理的框架等。第八章介绍医疗安全管理体制，包含医疗安全管理体制建构、建置医疗安全环境、医疗安全信息系统、医疗安全事件检讨改善方法等。第九章介绍根本原因分析程序与方法、事件分析依据的理论与实证、根本原因分析特性与执行程序、根本原因分析RCA作业步骤及执行注意要点等。第十章介绍医院危机管理与紧急应变，包含医院危机管理概述、紧急灾难应变计划、全灾害应变设计、重置与复原等。第十一章介绍患者安全通报系统、手术安全以及用药安全等。

第三篇为医疗质量与安全管理实务，详细分析了国内及国外的医疗质量与安全管理案例，包括第十二及十三章。第十二章介绍医院高质量发展的环境分析与基本原则，以及医院高质量发展的发展重点，提出三种高质量发展管理模式及其应用，并阐述医院高质量发展的成功关键因素等。第十三章介绍国内医疗质量与安全管理运作实务，探讨医疗质量安全管理体系与持续改进，医疗质量管理专项案例，以及医疗安全管理实践及改进成效等。

本教材的编写得到了北京协和医学院卫生健康管理政策学院以及编委所在高等院校和医疗机构的大力支持，在此表示衷心感谢！四川大学华西医院陈相军、冉隆耀、赵一洋、彭一、陈敏等对医疗质量与安全管理运作实务部分的内容亦有贡献。同时本教材的编写参阅了大量文献，并吸收、引用了诸多专家及学者的观点和研究成果，一并对原著者表示敬意！

本教材的编写是一项具有挑战性的工作，尽管力臻完善，但难免存在疏漏与不足之处，恳请相关专家和广大读者批评指正，以便进一步修正完善！

编　者

2022年5月

Contents

目 录

第一篇 医疗质量管理

第二篇 医疗安全管理

第一篇

医疗质量管理

Part 1

第一章　医疗质量的理念及理论

学习目标

1. 掌握　医疗质量的理念及理论；医疗质量的沿革。
2. 熟悉　医疗质量的意义及重要性；医疗质量管理的框架。
3. 了解　熟悉个案研究与讨论。

案例讨论

【案例】王奶奶习惯每天一大清早到小区公园，边运动边和邻居闲话家常，最后再到小摊买些菜，这就是她每天的日常。偶尔小区里有住户需要帮忙，热心仗义的她常常都是一口答应，日子过得忙碌、充实又快乐。

直到去年，渐渐在公园和小区里少看到王奶奶的身影，邻居们都纳闷：”王奶奶是不是发生甚么事情了呢？”原来王奶奶膝盖疼痛的老毛病犯了，这回比起以往更加严重，医院来回跑了几趟，大大小小治疗方式都试过了，还是没有改善，走不了几步路脚就疼得受不了，只能每天待在家里，脸上的笑容也渐渐变少了。家里人看这样不是办法，说动她接受医生的建议，接受置换人工膝关节，希望她能够再恢复平日的快乐，重拾笑容。

过不久，三甲K医院来了通知，告诉她开刀日期已经安排好，请她在开刀前一天住院，王奶奶的儿子非常孝顺，当天带着王奶奶办理住院手续，原本以为接下来就能在病房安心休息等候隔日开刀，没想到这才是一连串折腾的开始。首先是做术前麻醉评估和检查，王奶奶的儿子推着轮椅，在医院A栋做X光，B栋做心电图，C栋做麻醉访视，推着重重的轮椅在不同大楼里来回穿梭不说，因为对环境不熟悉，少不了还得一路问方向，等电梯，耗了将近4小时才终于做完检查回到病房，王奶奶和儿子已经筋疲力竭。哪知道，更累人的还没完呢！

因为麻醉需要患者在手术前必须至少空腹8小时。王奶奶从凌晨之后就开始空腹，没想到隔天从上午8点等到下午将近3点，还是没接到轮到她开刀的通知，一问之下才知道是因为当天安排的手术太多，护理师很客气地要他们再等等。到了晚上6点，王奶奶已经长达十几个小时未进食，身体开始出现不舒服，只好再次询问护理师，没想到竟然得到护理师回复："抱歉，今天患者太多，医生太忙了，刀开太晚，必须请王奶奶明天再开刀，今天晚上凌晨后要再次禁食"。尽管无奈，王奶奶也只能配合，吃点食物后再空腹一次。幸好医师安排她隔天第一台刀，早上8点就开始手术。王奶奶一向是个听话的患者，手术后积极复健，大约一个月之后已经可正常走路了。

王奶奶5年后再次到三甲K医院接受手术

5年以前在三甲K医院接受手术的患者，开刀那天如果不在第一台刀，大多都是像王奶奶这样，无法确认什么时候轮到自己进手术室，甚至空腹痴痴等候到晚上却等到被医师宣布取消手术，改天再次空腹，又经历一次漫长的等候再开刀，实在苦不堪言。

这样的现象在今日的三甲K医院已经不再复见。王奶奶今年因为脊椎退化，又来到K医院开刀。这一次，医院不仅能够预先通知她进手术室的确定时间，家属还能透过手术室外面的电子广告牌，及时得知手术大约何时结束，患者和家属都不会因为苦等手术结束而担忧。

【讨论】

1. 何谓医疗质量？为什么王奶奶在病房长时间空腹等待手术时间？
2. 医院有哪些医疗质量的改善方法可以预先掌握手术室的确定时间？
3. AI人工智能未来在医疗质量可以扮演的角色如何？

第一节　质量及医疗质量的定义

一、质量的定义

"质量"不容易明确定义，因为质量没有绝对或是一定的标准，各种产品或是各种服务，可以有许多不同的定义。质量最基本的定义是："第一次就是在对的系统下，找对的人把对的事情做对做好"。质量又可定义为："达到或超越顾客的期待"。质量必须基于

“可评估”与“可测量”两项要素来定义，如何评估与测量“良好”或“超越”则可能因不同的人或事物而有差异，也因此由主客观界定良好质量的定义是一件不容易的事。

借鉴制造业的质量管理方式来进行医疗质量管理是近几十年来的趋势，因此很多人引用制造业的质量理念来说明医疗质量的意义。制造业对“质量”的定义基本上是追求产品完美及满足顾客的需要与期望，以下为制造业或服务业常被引用的质量定义：

（1）戴明（William E. Deming）：质量是以最经济的手段制造出市场最有用的产品。

（2）克劳斯比（Philip B. Crosby）：质量就是“符合顾客需要（conformance to requirements）”。

（3）朱兰（Joseph M. Juran）：质量就是“符合（fitness for use）”，而所谓符合的意义即没有瑕疵与满足顾客的需求。

（4）费根堡（Armand Feigenbaum）：质量是指“提供给顾客所有最好的产品与服务（best for certain customer conditions）”。

（5）石川馨（Kaoru Ishikawa）：质量是指“一种能让消费者或使用者满足，并且乐意购买的意愿”。

（6）美国质量协会　质量具有两方面的意义，不只是“产品或服务的特性能满足需求”，而且还需满足“产品或服务是没有缺点的”。

（7）ISO 9000：质量是一组固有特性（在产品或服务中本身具有的特性）符合需求的程度。

（8）罗伯特·梅纳德·波西格：质量是“用心的结果（the result of care）。”

二、医疗质量的定义

医疗照护与一般的商品或产品有显著的不同。医疗存在相当强的专业性，具有许多其他服务业所没有的特殊性质，如医护服务提供商与患者所拥有的信息不对称（information asymmetry）、医疗行为不确定（uncertainty）、价格缺乏弹性（price inelastic）与外部性效应（externality）等，因此大家对医疗质量的定义不尽相同。常被引用的医疗质量定义如下。

（一）都纳比帝安的定义

都纳比帝安（Avedis Donabedian）是美国医疗质量管理的先驱，他对医疗质量的定义包括结构（structure）、过程（process）及结果（outcome）3个构面（图1-1），他认为医疗质量决定于：①医师的评估，或同时包括病患及健康体系相关者的评估。②医疗照护的结果。③是否为患者寻求最佳或是最有效的医疗照护，“最佳医疗照护”是否满足个人或社会的喜好？

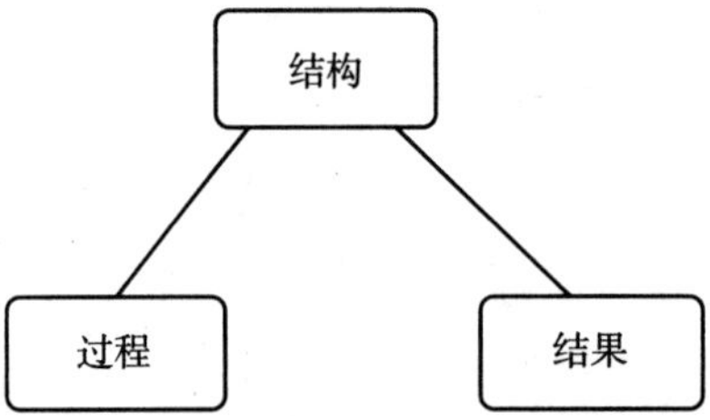

图1-1 都纳比帝安的医疗质量模式

（二）都纳比帝安3个构面的内涵

1. 结构 指医疗照护的设置，包括医疗照护的环境、提供患者照护的能力（capacity）等。如：

（1）物质资源：设施、设备、预算等。

（2）医院管理阶层的领导能力。

（3）组织的文化。

（4）人力资源：人员的数量和资质、医师/患者比例、护理人员/患者比例等。

（5）组织结构：医疗专科、护理部门、药剂部门、其他医疗部门、非医疗部门等。

（6）机构的容纳量：床位数及检验检查的容纳量。

（7）病历系统：信息化系统。

2. 过程 指提供或接受医疗实际的活动，包括提供医疗照护和产生结果的程序、方法或流程等。如：

（1）临床过程：诊断评估、治疗计划、开立处方和判读、检查或检验、给予药物、并发症的预防与治疗、患者卫生教育等。

（2）照护服务过程：挂号、门诊、处方给药、病房清洁、门急诊患者住院、出院准备计划等。

（3）管理过程：医院内管理部门进行的活动、指标管理、患者安全通报等。

3. 结果 医疗照护产生的良好或不良结果。如：

（1）临床结果：并发症发生率、死亡率、用药错误率、不良事件等。

（2）功能结果：长期健康状态、日常活动能力等。

（3）认知结果：患者及家属满意度、患者及家属对病情的理解、医护同行的接受度等。

（三）世界卫生组织的定义

世界卫生组织（World Health Organization，WHO）认为定义医疗质量需要从整个系统性分析，其反映对个人和公众服务所产生结果的关注，并建议一个医疗体系应该对以下6个质量的区块寻求改善（图1-2）。

图1-2　医疗质量系统性组合（世界卫生组织）

1. 有效的（effective） 以循证为基础提供医疗照护，提高个人和公众的健康照护质量。

2. 有效率的（efficient） 以提高资源最大利用及避免浪费的方式提供医疗保健。

3. 可及的（accessible） 除提供实时的医疗照护之外，其地理分布也要合理，并且医疗技术和资源要合乎医疗照护的需求。

4. 以患者为中心（patient-centered） 提供的医疗照护要考虑到医疗照护服务使用者的个人喜好及其文化。

5. 公平的（equitable） 提供的医疗照护质量不会因为个人背景特征（如性别、教育程度、种族、地域、社会经济地位等）而有所差别。

6. 安全的（safe） 提供的医疗照护服务要将风险和危害降至最低。

（四）朱兰研究所的定义

朱兰研究所（Juran Institute）根据“没有瑕疵”及“产品功能”两方面来定义医疗质量。

1. 没有瑕疵 所谓“瑕疵”是指为了达到相同照护结果的任何可以避免的措施或结果，如院内感染、急诊预检分诊延迟、非计划性重返急诊或手术室、检验或检查结果遗失或延迟报告、就诊等候时间过长等。

2. 产品功能 指医疗照护服务能满足患者的需求、符合患者的期待，而且其特性不同于其他医生或医疗机构所能提供的服务，如照护团队之间的协调、病情及治疗计划的解释、舒适的等候空间等。

（五）其他定义

美国医疗保险与医疗补助服务中心（Centers for Medicare and Medicaid Services，CMS）定义医疗质量为：“对每个人每次都提供正确的照护”。美国国家科学院医学研究机构（Institute of Medicine，IOM）将医疗质量定义为：“以目前的医疗专业知识水平，为民众的健康服务程度提升至可能的要求结果”。

第二节　质量管理的沿革及理论

一、质量管理的百年发展史

有关质量管理的观念，可以溯及1920年代初期，当时便有质量控制的做法出现，被视为一个学门；20世纪初，产业界大量生产的工作线，在产制过程中会运用质量控制的手段，如利用检查（inspection）手段来侦测挑出不良产品，也就是后来管理大师华顿（Walton）于1988提出所谓的“坏苹果理论（the theory of bad apples）”即透过设定理想阈限值（threshold）的做法，挑出不好的产品并进而剔除之，以维护某种程度的良好率，用来达成质量控制的目标。

依据诸多质量专家的研究，质量观念的发展可以分为6个时期，每个时期各有不同的质量管理策略与方法。如图1-3所示。

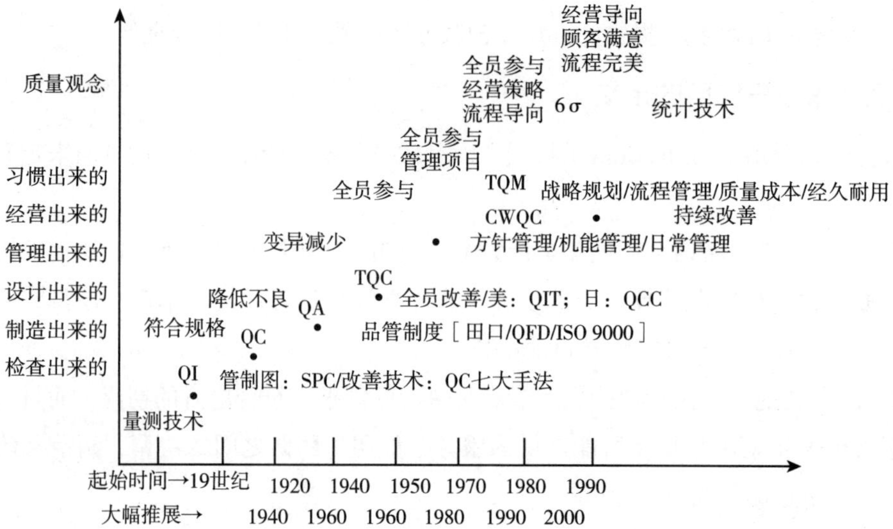

图1-3　质量的演进与内涵

质量管理经过了近百年的发展，质量管理划分为以下6个阶段：检验质量管理（inspection quality management）、统计质量管理（statistical quality management）、产品质量先期管理（advanced product quality management）、全面质量管理（total quality management）、质量管理系统（quality management system）和质量文化管理（quality culture management）。

（一）检验质量管理（inspection quality management）

20世纪以前，从手工业产生开始就有了质量管理，有产品生产，就有对质量的要求。这个时期，产品质量是靠手工操作者的手艺和经验来保证的。20世纪初期，随着工业革命的发生，出现了大量生产形态，作业员追求量的提升，却忽略了产品质量，质量便由领班负责。以泰勒为代表的科学管理理论的产生，促使产品的质量检验从加工制造中分离出来。随着企业生产规模的扩大和产品复杂程度的提高，产品有了技术标准，公差制度也日趋完善，各种检验工具和检验技术也随之发展，大多数企业开始设置检验部门，这一时期是事后检验质量管理。

到了20世纪中期，制造业的产品愈显复杂，领班无法兼任质量监督之责；同时专业分工的观念也影响到质量管理的工作，于是有了专业检验员及自动控制的设置。此时期，只是借由自动仪器检查来维持产品的质量，其质量管理是建立在品检制度上。质量检验的方法一般有两种：全数检验、抽样检验。此外，根据产品的不同特点和要求，质量检验的方式也各不相同：按检验工作的顺序分，有进料检验、在制品检验和成品检验；按检验地点不同，分为定点检验和巡逻检验；按检验的预防性可分为首件检验和统计制程检验。

（二）统计质量管理（statistical quality management）

20世纪20年代，美国贝尔电话实验室成立了两个课题研究组。一个是休华特（Shewhart）领导的过程控制组，他提出了统计过程控制（statistical process control，SPC）理论并首创控制图工具，其目的是预防生产过程中不合格产品的产生。这从理论上实现了从事后把关到事前预防的转变。另一个小组，由哈罗德·道奇（Harold F. Dodge）负责，他与哈利·罗明（Harry G. Roming）提出了统计抽样检验理论与抽检表。20世纪40年代，当统计在管理运用盛行时，休华特发展出第一套管制图，引发品管学者致力开发统计方法在品管上的应用，开启了“统计质量管制”的时代，强调必须将产品检验的结果反馈到制程改善，才能预防不良品的发生，也使得作业员对质量的观念随之改变为“质量是制造出来的”。品管制度也随之发展成为以反馈改善为主的品管制度。SPC理论的提出将事后把关的质量检验发展到工序控制，强调了事前预防的管理。但这一理论在提出之后并没有马上得到广泛运用，直到二战，美国军方为了控制军品的质量，在军工企业强制推广统计质量控制标准并取得巨大效益之后，此理论才开始在各民用企业广泛运用起来。

20世纪50年代，质量大师戴明（William Edwards Deming）系统科学地提出用统计学的方法进行质量和生产力的持续改进，强调大多数质量问题是生产和经营系统的问题，强调最高管理层对质量管理的责任。此后，戴明不断完善他的理论，最终形成了对质量管理产生重大影响的“戴明十四法”。同一时期，质量大师朱兰提出了“质量计划、质量控制和质量改进”三部曲，统计质量管理达到了鼎盛时期，这个阶段就是统计质量管理阶段。

（三）产品质量先期管理（advanced product quality management）

制程管制时期只注意自己工厂产品的品管，却忽略了其他过程的质量管理。为了保证其他过程中的产品是合格的，必须在产品企划与设计时就着手管制，在设计时就把顾客的需求考虑进去并落实设计审查。由“产品是设计出来的”质量观念，所衍生的质量制度考虑顾客需求和产品设计。最常见的是推行产品质量先期规划（advanced product quality planning，APQP），APQP是一种系统化的方法，用来确定与制定某产品使顾客满意所需的步骤，来达到早期识别质量问题而采取预防措施，避免后期的更改而造成损失，以最低的成本及时供应优质产品为目的。其主旨就是保证产品在前期研究开发阶段就将存在的隐藏问题尽快发现，避免后期不必要的质量问题发生，以降低质量成本，提高产品竞争力。产品先期规划的目标是了解顾客的工程设计和规范的所有要求，其过程是否有能力按规定的生产节拍来生产及满足顾客要求的产品，且确保所求的步骤能按时完成。有效的产品质量先期规划依赖于高层管理者的努力，以达到使顾客满意的宗旨与承诺。因为成效卓著，在其后由美国三大汽车厂（Big Three）模仿ISO标准整合成质量标准（QS）时，成为质量标准中所倡导的一种手法。

产品质量先期规划（APQP）初始时期的雏形并未订定名称，只是一套针对制程设计，落实质量水平提升的手法。质量观念遵循“质量是检验出来的”→“质量是制造出来的”→“质量是设计出来的”的演化结果，重视质量是设计出来和制造出来的，强调“质量由产品设计与制程设计做起”，承袭丰田汽车的划分法，将整个产品设计到量产阶段分成五大阶段（产品计划阶段、产品设计时间、制程计划阶段、试量产阶段、量产阶段），再针对厂商特性进行可靠度验证。

（四）全面质量管理（total quality management）

20世纪60年代，质量大师费根鲍姆提出“全面质量管理”理论：“全面质量”是全面的质量，包括生产质量、服务质量、成本质量；“全面质量”是全过程的质量，质量贯穿于生产的全过程，用工作质量来保证产品质量；“全面质量”是全员参与的质量，对员工进行质量教育，强调全员把关，组成质量管理小组。所以全面质量管理重在全局把控，是一个系统的工程。

1961年阿曼德·费根堡（Armand Vallin Feigenbaum）提出“全面品管”的观念：产品质量不只是品管单位的责任，更是企业全体员工的工作，需要全体员工共同参与，质量不再只存在于产品面上，已扩展到工作面及提供服务的层面上。由此，“全面质量管理”时期到来。20世纪60年代以来，费根堡的全面质量管理概念逐步被世界各国所接受，各国在运用时各有所长。随着国际贸易的发展，产品的生产销售已打破国界，不同民族、不同国家有不同的社会历史背景，质量的观点也不一样，这往往会形成国际贸易的障碍或鸿沟。各国需要在质量上有共同的语言和共同的准则。同时，旨在消除非关税壁垒，经缔约国谈判通过的《技术标准守则》对商品质量检测合格评定、技术法规等方面做了详尽的规定。由于许多国家和地方性组织相继发布了一系列质量管制和质量保证标准，制订质量管制国际标准已成为一项迫切的需要。为此，经理事会成员国多年酝酿，国际标准化组织（ISO）于1979年单独建立质量管制和质量保证技术委员会（TC176），负责制订质量管制的国际标准；1987年3月正式发布“ISO 9000标准族”质量管制和质量保证系列标准，该标准总结了各先进国家的管理经验，将之归纳、规范。发布后引起世界各国的关注，并予以贯彻，适应了国际贸易发展需要，满足了质量方面对国际标准化的需求。

质量管理是指为保障、改善产品的质量标准所进行的各种管理活动。其不仅包括在产品的制造现场所进行的质量检查，还包括在非生产部门为提高业务的执行质量而所进行综合性的质量管理。质量管理可以大幅降低质量成本，虽然增加了预防性支出，但是可以减少检测等鉴定费用与相关失效改善的内外支出。全面质量管理（TQM）是在企业的全过程中都进行质量管理。质量管理系统（QMS），如ISO 9001是一种可提供找出风险所在的必要控制方式，并监控与测量企业绩效的管理框架。这种框架同时能强化形象及声誉，并通过内、外部的沟通找寻质量改善的方法，达到质量是管理出来的境界。

（五）质量管理系统（quality management system）

20世纪80年代，在英国标准协会（BSI）的推荐下，ISO指定下属技术委员会TC176工作组负责制定有关质量保证和质量管理有关的标准，于1986年6月发布了第一个有关质量的标准ISO 8402：1986《质量－术语》，随后在1987年3月正式发布了ISO 9000：1987、ISO 9001：1987、ISO 9002：1987、ISO 9003：1987、ISO 9004：1987共5个国际标准，与ISO 8402：1986一起统称为“ISO 9000系列标准”。

（六）质量文化管理（quality culture management）

员工对工作的认知与价值观都将影响其工作绩效，欲有优良的产品和服务必须先有良好的企业文化。员工在质量上拥有共同认同的价值观，可以反映在一个公司的质量文化上。质量文化的塑造，从训练到个人态度产生改变，再到个人行为的改变，最后，引起团体行为的改变。这种变革是由员工习惯的工作方式养成的，品管学者将此时期称为“全面质量保证”时期，质量的观念也进展到“质量是习惯出来的”。

全面质量保证的推动是要求一种以质量为先的企业新文化，由人员的意识、观念、习惯及行动做起，运用适切的改善手法，持续性的改善、提升公司产品的质量，进而使顾客有高的满意度。此外，通过持续改善活动，使公司的质量文化影响员工的价值观与行为，提升员工工作的质量与绩效，进而习惯于遵从质量管理的指示与制度的过程，进化到质量是“习惯”出来的境界。

二、日本质量管理

质量的故事以日本工业、企业在世界舞台的崛起最具戏剧性和代表性。素称工业巨人的美国，其工业产品在世界舞台的占有率，到了1970年代以后却逐渐被日本步步侵袭，从而失去在世界各地的竞争地位。一部探讨日本为何能在战后20多年重登世界舞台中心，成为经济大国的影集，其中核心便是围绕着“质量”的议题在讨论。第二次世界大战以前，“价廉但物不美”是日本制造（Made In Japan，MIJ）产品的代名词；但是曾几何时，日本制造产品在国际舞台上已经是高质量的化身了。我国早期的加工制造业也曾经经历过类似的历程，中国制造（Made in China，MIC）过去在世界市场也是廉价品的代名词，国内各产业也不断地努力想突破过去外人对我国产品的刻板印象；在此过程中，政府部门与产业界引入“质量”的观念与学说，使我国的产业生产品逐年改善进步。

日本脱胎换骨的故事从1980年美国国家广播公司（NBC）制播一个“日本能，为什么我们不能？”的电视专辑开始。节目的内容探讨日本为何能从战败国的困境中重新站起来，甚至在许多产业中的生产品，以高质量、低成本的竞争力超越美国。节目中介绍美国人戴明（W. Edwards Deming）在日本经济转变中扮演的重要角色。戴明博士于二次大战结束后受邀到日本讲学，畅谈“质量管理”的概念。当时，战败国的日本正处于工业萧条、民生凋敝、百废待兴的窘境，他对日本的建议可以简单归纳成三个重点：第一，要不断地、持续地、永久地提升质量，追求卓越；第二，将日本制造的产品向全球各地外销；第三，让全世界的顾客都很满意日本产品。如果能完成以上三个步骤，他相信日本产品一定可以跻身世界第一。日本工业界领袖接受了这样的概念，并奉为圭臬去实现。几十年下来，日本的经济力已经跻身世界大国，其精美的产品，便是在这样不断追求卓越、超越卓越的精神下的成果。

从1950年起，日本科学技术联盟（Union of Japanese Scientists & Engineers，UJSE）每年会颁发“戴明奖”，以表彰曾访问日本并教导日本工业界运用统计质量管理方法，对提升日本产业深具贡献的戴明博士。但是一直到NBC电视台的节目播出后，戴明博士在质量上面的卓越成就，才被在这之前不清楚他的美国商界决策人士所注意，质量的重要性因此变成产业界人士试着认清的一项科学上的显学。

戴明博士的质量理论中有一项重要的结论：“质量增高时，成本就会降低，同时生产力也会提高”。而日本是实行他的方法与实践他的理论最成功的国家。不管是小公司或是大组织、制造业或医界、公立团体或是民营机构，因应社会进步与消费者至上的趋势，整体运作都在缓缓转变当中。而医疗卫生产业一样也受到此风潮的影响，虽然医疗卫生系统在过去的服务形态与经济上的本质或许不同，但是引进质量改善与质量增进的观念与做法，并不再只以满足民众对于所接受医疗卫生服务满意为依归，连带地也增加医疗团队的信心与荣誉感。

知识链接

威廉·爱德华兹·戴明（W. Edwards Deming）博士是世界著名的质量管理专家，他因对世界质量管理发展作出的卓越贡献而享誉全球。

1900年，戴明出生于美国，1921年获得怀俄明大学电气工程学士学位，1928年在耶鲁大学获得数学物理学博士学位。1927年，他结识了贝尔研究所的休哈特博士。休哈特有“统计质量控制之父”的称誉，他对戴明的一生产生了重大影响。1947年，戴明接受盟军最高指挥部的征召，赴日本帮助当地进行战后重建。戴明强调质量控制的重要性，不断进行质量管理的培训，把统计学运用于工业生产，同时，他指出：“大多数的质量问题是管理者的责任，不是工人的责任”以及“如果能争取一次把事情做好，不造成浪费，就可以降低成本。”经过戴明在日本多年的努力，日本很快地复苏与崛起，1955年日本产品质量总体水平超过了美国。戴明成名在日本，但他对拯救和振兴美国经济，具有一种传教士般的使命感。管理大师德鲁克这样评价戴明：“他对日本和美国都产生了难以估量的影响，但他是一个特别爱国的美国人。”

（资料来源：http：//read01.com/dExazJQ.html）

三、戴明博士的伟大贡献

戴明博士质量经营管理的十四点原则（表1-1）：①建立恒久目标，以利持续改善产品与服务；②采取新的概念来经营企业；③停止依赖大量的检验；④不再仅以价格作为采购的考虑标准；⑤持续不断地改善生产与服务系统；⑥实施训练；⑦建立领导风格；⑧排除恐惧；⑨撤除部门藩篱；⑩设定工作目标，避免喊口号或说教；⑪以优秀的领导代替数字和目标，达成工作要求；⑫排除阻碍员工求取工作荣耀的因素；⑬实施活泼的教育与再训练计划；⑭采取行动，完成转型。

戴明博士强调管理者应该以整个机构为基础来考虑质量的重要性，而不是“头痛医头、脚痛医脚”的各自为政式的管理改善。

表1-1　戴明博士质量经营管理十四点原则

管理原则	说明
1. 改善要有目标	组织必须有长期的质量目标，并借以提高产品与服务的质量
2. 采用新观念	组织采用新的经营理念，通过沟通与制度运作，建立所有员工对质量的共识
3. 停止靠检验达成质量	最终检验无法提升质量，改善质量应从最根本做起
4. 废除最低竞标比价制度	应慎选供货商，购买高质量的材料及零组件，而非以价格作为选商基础
5. 持续改善	持续不断地改善生产与服务系统
6. 建立职训制度	不断地对员工实施教育训练，促使其做对的事情
7. 建立领导风格	管理者应建立领导风格，致力于消除妨碍生产效率的各种有形与无形的因素
8. 扫除恐惧	管理者应协助员工面对问题，排除恐惧，不应该让员工单独面对问题
9. 破除部门间的藩篱	管理者应建立部门间的沟通管道，扫除部门间的障碍，为改善质量而努力
10. 避免过多的口号	管理者应对改善质量身体力行，而不是一直向员工喊口号，训诫或订目标
11. 以领导代替数字及目标	要以优秀的领导代替数字和目标，达成工作要求
12. 鼓励员工	赞扬员工的工作绩效，使他们以工作为荣
13. 教育训练	拟订教育训练与自我改进计划
14. 致力转型	组织内的每一个人都应参与质量活动，并促成其工作态度的转变

四、医疗质量的演进发展

医疗质量的标准不是一成不变，而是应该被认为是滚动式的目标，医疗质量的好与不好的标准，主要由患者认定。能满足患者的期望，就表示有高的医疗质量。但要满足就医患者的期望并非易事，因为患者往往自己都可能不知道或无法表达他们对医疗质量的期望。基于此，许多医院进行患者满意度调查以及患者投诉分析，以便了解患者对他们的医疗照护的需求。事实上，对医疗照护质量的期望，涉及诸多群体，如患者及其家人、医生、医院、主管机关、医保局和公众等。不同群体源于各自视角或不同利益，都可能对医疗质量有不同期望。例如，就医方便性和医疗的有效性。医疗的结果或有效性通常是通过专业医师或医疗机构设定。今天，患者和支付机构拥有充分的医疗信息和意见，这些信息和意见正在削弱医生作为唯一标准制定者的主导地位。除了医生之外，患者、医保单位、卫生主管机构和医疗保险公司都在制定不同的医疗质量标准。

近代，医疗质量起源于美国的“医院评审联合会”（Joint Commission on Accreditation of Hospitals，JCAH）。JCAH是一所以非营利为目的，并由医疗界人士所组成的民间机构。其成立的主要目的是借其评审工作及各种教育活动来提升全美国医院的医疗质量及保障患者的安全。JCAH在1951年正式成立，但远在1913年，美国外科学院（American College of Surgeons，ACS）有鉴于医疗质量的低落及参差不齐，为了要彻底整顿和改善各医院的医疗质量，正式发表宣言，在宣言中指出“……医疗界必须发展一套医院及医疗工作的标准，才能促使全国各医院医疗质量的提升，来保障患者的安全及造福人群”。

参与国际医院质量评审的益处是：①鼓励及肯定医院于特色领域进行质量提升、卓越发展的成效；②凝聚机构照护团队共识，打破各部门本位主义；③评审结果亦可提供民众就医参考，有利医院形象塑造，并作为发展国际医疗或旅游医疗的营销点；④保障医院员工权益与安全，使就医民众都能够获得安全、优质、有效益且具人性关怀的健康照护。

第三节　医疗质量的意义及重要性

一、医疗质量的意义

现今，评价医疗质量并没有绝对的标准。讨论医疗质量过程中必须具备的基本认识是：①医疗质量是一种相对的数量；②医疗质量常是一种抽象的概念；③医疗质量是医疗照顾的功能之一；④医疗质量仍必须严格遵守医疗技术与医疗伦理原则。

另外，在评价医疗质量过程中，该随时思考与反省我们对最新的医疗照护技术与质量了解多少？所研究或所提供服务的医疗质量是否可以被测量？所追求的医疗质量服务内容是否可以被演绎与更适用？较高级与更妥当适切的医疗质量是否会存在？

同时也必须了解到大家对医疗质量的看法是有分歧的，改进质量存在一定困难。近年来，虽有从患者身上所进行的数据收集、病例报告及问卷调查等证据数据为基础（evidence-based）方法的引进与应用，医学教育有问题导向学习（problem-based learning，PBL）方法的施行，但是仍不足以提供足够的证据证明医疗质量已经被改善；不过却点出未来有关医疗质量的研究上，绝对有科学化的必要性与实用性。

医院管理者若试图以增加资金投入改善质量效果有限；只追求成本效益，又可能损及患者的健康与满意程度。另外，借改善医疗纠纷达质量增进，其成效也欠佳，只能说是消极性的头痛医头、脚痛医脚。至今仍缺少一套举诸各地皆准的医疗质量衡量工具，究竟应如何改善照护质量，需要更大量的信息及学界参与的研讨，尤其更需要医师的配合与团队合作（医师、管理人员、研究者与卫生政策制定者等），运用统计与其他科学工具进行测量与记录。

二、医疗质量的重要性

医疗服务成果的好坏与医病关系之间有密切而微妙的关系，其互动过程之间包含两种重要的元素：一是技术层面；二是人际互动层面。医疗服务的“技术”层面，指运用最适当的设备、药品与医学知识，以服务患者或协助民众处理健康问题或医疗上的需求；“人际互动”层面又称为“医病关系”，泛指比较有艺术层面的感觉。之所以称为艺术层面，是指医疗人员或团队在从事服务的过程中，除了治疗患者及民众生理上的疾病、解除其病痛之外，也要了解并满足其心理上与社会层面等方面的需求。

美国临床肿瘤学会副理事约翰·杜兰特（John R. Durant）提出质量良好的医疗照护体系应该包含以下几个重点：①改善医疗成效的过程与努力，可以视为是一项科学研究；②应向社会说明在整个过程中所耗费的资金，并呈现所获得的成果；③应该负责且用心地对人民提供医疗照护服务；④医疗服务对所有人一视同仁，没有差异或歧视。

此代表一位资深临床服务人员对此议题的看法，也可以作为旨在医疗质量努力的目标，将此一抽象、概念形式的“医疗质量”落实在我们学习或是各层医疗服务环节中，使整个医疗卫生服务体系呈现出制度化、人性化的良好服务环境，而同时也使服务提供者以此为豪、以此为荣。

第四节　医疗质量的框架

美国国家科学院医学研究所（Institute of Medicine，IOM）在《跨越质量的鸿沟：21世纪的新医疗体系》（*Crossing the Quality Chasm：A New Health System for the 21st Century*）提出如下内容。

（一）质量改善的具体目标——STEEEP

1. 安全的（safe） 避免对病患造成医疗损伤。

2. 及时的（timely） 减少患等待时间及病情延误。

3. 有效的（effective） 为病患提供科学、丰富的医疗知识，并避免知识使用不足或过度使用。

4. 有效率的（efficient） 有效率地使用医疗仪器及设备，避免非必要及无效的医疗资源浪费。

5. 公平的（equitable） 提供公平的医疗照护，不因个人特性而差异，如性别、种族、地区及社会经济地位。

6. 以患者为中心的（patient-centered） 提供尊重患者个人喜好、满足其需求与价值的医疗服务，并引导患者作出适当的临床决定。

（二）医疗质量的重新设计

为了达到质量改善目标，医疗系统有必要加以精实改善。《跨越质量的鸿沟：21世纪的新医疗体系》建议根据下述方向重新设计（redesign）医疗系统。

1. 提供持续性的医疗照护 无论何时，患者都能够享受到24小时不间断且不拘形式的医疗照护。如网络、电话等。除了医生，护理人员或其他医疗相关人员也可以提供持续的医疗照顾。

2. 以患者的需求与价值为基础，提供适当的医疗服务 既满足大部分患者的需求，也符合个别患者的选择与喜好。

3. 由患者决定医疗照护的方式 向患者提供足够信息，由其决定或选择医疗照护方式。

4. 分享知识使信息广泛流通。

5. 根据证据决定是否需要诊疗及其过程的安排。

6. 安全是医疗系统的财产 患者不会因医疗照护系统而受到伤害，要降低风险和确保安全则需要更加重视有助于防止和减少错误的系统。

7. **透明化** 系统必须让患者及其家属取得信息，以便能够在选择健康照护计划、医院、临床治疗方法或替代疗法时，作出明智决定。这些信息应包括安全、以证据为基础的照护和患者满意度的系统成效。

8. **预期患者需求** 系统应该预期患者的需求，而不是只对发生的事件作出反应。

9. 持续减少浪费医疗资源或患者的时间。

10. **医生之间的合作** 医生与机构之间应该积极合作与沟通，确保能够恰当地交换信息以使患者得到适当的治疗。

知识拓展

世界卫生组织（World Health Organization，简称WHO）是一个建置于联合国系统中的专责机构。层级上虽然隶属于经济社会理事会，但实际上为与联合国签署关系协议的独立政府间机构，负责统筹全球卫生事务的指导和协调。位于日内瓦总部的世界卫生组织，在二次大战结束之后，奠基在“健康为全球人类的基本人权与共同责任”的基本概念上，研拟卫生研究议程，制订各种规范和标准，发展以实证研究为基础的卫生方案，向世界各国提供技术支持，并监测及评估卫生的趋势。自从1948年世界卫生组织设立以来，初期以处理战后在各地肆虐的传染病为主，先后进行过若干大规模的疾病根除以及控制计划。20世纪70年代之后，WHO以全民健康（health for all）为目标，工作重点转而落在基层卫生照护（primary care）的发展。目前WHO虽然在艾滋病问题、非传染性慢性疾病以及新兴传染病上遭遇多重挑战，但仍然是当代国际卫生医疗质量与患者安全重要而关键的推手。

（三）世界卫生组织关于医疗照护系统质量改善的叙述

世界卫生组织（WHO）指出，医疗照护系统的质量改善：应包含政策与策略发展、医疗照护提供者、公众和医疗照护服务使用者。需要对这三者的角色与责任加以区分，同时也要了解它们彼此之间的关联（图1-4）。政策与策略发展是国家或区域层面健康照护系统的主要责任，其主要的考虑是让整个系统的成效可以经常被检视，并制定适用于整个系统的质量改善策略。医疗照护提供者可视为整个机构、团队或个人医疗照护工作者。在理想情况下，他们致力于追求整个系统质量政策的总体目标，但主要关注的是确保他们所提供的服务可能达到的最高标准，并且能满足个人医疗照护服务使用者、家庭和公众的需求。质量成果的改善并不是只由医疗照护提供者完成，也需要公众和医疗照护服务使用者共同参与。他们的重要角色和责任在于确定自己的需求和喜好，并在管理自己的健康时，得到医疗照护提供者的适当支持。

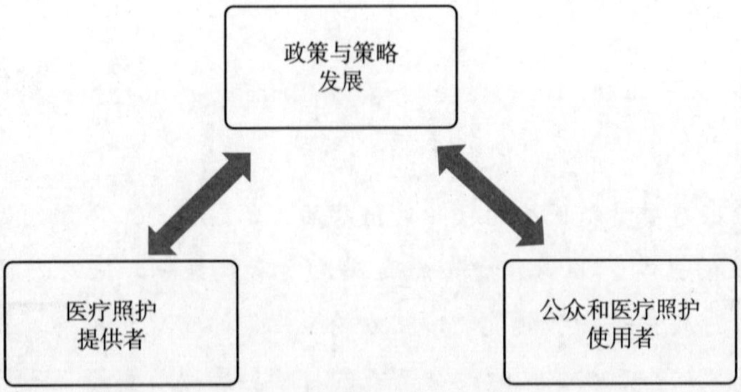

图1-4　医疗质量改善的角色与责任

资料来源：World Health Organization（2021）

第五节　应用案例

案例：改善发展中国家的医疗质量

艾滋病与肺结核在发展中国家的猖獗，导致无数患者需要进行药物治疗来抑制病情恶化；然而根据统计，这些服用抗转录药物（用于治疗艾滋病等）的患者中，约有四分之一因药效过强或使用不当而导致肝脏疾病或其他病变，严重者可能导致死亡。

在治疗过程中，定期进行健康检测是预防因治疗不当而衍生其他疾病的方式之一。然而健康检测在发展中国家推行不利，其原因除了检测设备及所需电力价格昂贵之外，还有检测废弃物不易处理等。如卢旺达地区，约53%的妇女无法负担检测费用，26%的妇女因离检测中心太远而错过治疗时机。

对此，健康检测试剂发明人——哈佛大学教授Geroge Whitesides获得哈佛大学的授权，成立Diagnostics for All（以下简称DFA），由Bill & Melinda Gates基金会、USAID与其他机构资助公司的研发费用。

DFA团队设计了特殊的纸张，采用检验试纸的概念，只需一些额外设备与电力，以便宜的价格，就能进行简易的检测。整个检测过程将在一张纸上完成。DFA是为了实现一个非营利的愿景，采用创新科技与相似于生物科技公司的营运模式来达成这个任务。DFA依赖策略伙伴、捐赠单位与公益捐款来维持公司的研发与行政费用，同时也在寻找与公私部门合作的可能性，期望与制造商共同合作，将产品以低毛利的方式贩卖至有广大需求的发展中国家。

讨论：请依照WHO质量管理模式的三个维度，对此案例加以讨论。

本章小结

本章强调医疗质量是医院的核心价值基石，是维护员工尊严的保障，是照顾患者身体健康的根本；“医疗质量”就是满足所有就医患者医疗、服务质量的需求。医院患者对质量的要求则是评估院方是否他们的需要与期待。医疗质量的标准不是一成不变的，应该被认为是动态式的目标。医疗质量好与不好的标准，医护人员与患者共同认定，能满足双方的期望即表示具有高水平的医疗质量。

（王炳龙）

第二章　医疗质量管理体系

学习目标

1. 掌握　医疗质量管理的组织体系；医疗质量管理的原则。

2. 熟悉　医疗质量安全核心制度；医疗质量管理活动的主要成功因素。

3. 了解　个案研究与讨论。

案例讨论

【案例】为响应上级卫生健康行政部门提出的“提升医疗质量，保障患者安全”专项活动，某三甲医院医务部决定在院内开展为期3个月的“专项医疗质量提升活动”。医务部负责人指定一名新来的员工制定活动计划。活动计划包括临时修订各项医疗质量管理制度，并对常见的病历书写、诊疗查对复核、危急值管理、手术审批等存在问题较多的工作开展专项整治。但医务部对纳入修订的核心制度范围意见不统一。而临床科室主任则认为，临床诊疗工作负担较重，医务部制定的计划和制度不切实际，要求医院暂缓推进相关工作。后经医院领导参与说服动员，专项活动工作得以展开，在开展3个月后，医务部发现临床医生对核心制度的理解仍不到位，“重要检查结果未记录”“手术主刀医师未签字”等一些病历书写质量问题以及危急值报告不及时、登记不规范等管理问题依然存在，并未达到“活动”期望改善的效果。

【讨论】

1. 何谓医疗质量管理组织与制度？为什么该医院开展的专项医疗质量管理活动未达到预期效果？

2. 医院有哪些医疗质量管理的核心制度？如何确保这些核心制度能够落地？

3. 在医院质量活动开展过程中，要注意哪些影响因素？

第一节　医疗质量管理组织

医疗质量管理组织是各级卫生健康行政部门、各级质控中心、专业组织、学会、协会等行业组织、研究机构以及各级各类医疗机构在医疗质量管理方面指挥和控制组织的管理体系。通过将影响医疗质量的技术、管理、人员和资源等因素综合在一起，使这些因素能够在医疗质量方针的指引下，相互配合、整合协同，并最终达到提高医疗质量管理的目的。医疗质量管理组织是医疗质量管理的基础，其先进性、完整性和适宜性从根本上决定了医疗质量管理的效能。

一、国外医疗质量管理组织

医疗质量管理是各国卫生健康行政部门的职责之一，就管理方式是否单独设置管理部门，世界各国医疗质量管理组织结构发展有不同类型。第一类指没有设立全国性医疗质量管理的机构，这是医疗质量管理的初级阶段；第二类指有全国性的医疗质量管理机构，但没有专门的医疗质量管理机构，医疗质量的管理由卫生健康行政部门负责；第三类指设立了全国性专门的医疗质量管理机构，或在政府机构内单独设置，或由社会第三方来设置管理，且在医疗机构内部设置独立的医疗质量管理部门。美国、加拿大、日本、瑞典、澳大利亚等发达国家均处于第三类。

美国政府负责卫生和医疗质量的部门是美国卫生及公共服务部，负责维护美国公民的健康。和美国国情相似，美国的医疗质量管理更多地依赖独立的社会第三方来管理，如美国医疗机构联合评审委员会（Joint Commission on Accreditation of Healthcare Organization，JCAHO）。JCAHO是美国最大的非营利性医疗机构评审机构，它通过自愿评审的方式完成了近2万家医疗机构的评估，其致力于促进美国医疗质量改进及保护患者安全。JCAHO发布的《医院评审标准》，基于质量管理与持续质量改进的原则，对医疗护理提供过程及标准做了严格规定，即严格根据标准来提高医疗服务及医疗护理质量，建立医疗风险评估框架，保护患者安全，降低医疗执业风险，同时加强对后勤管理的规范，确保设施运行安全，高质量满足临床需要，提高医院运作效率。

日本政府负责卫生和医疗质量的部门是日本卫生、劳动和福利部，由原健康、福利部和劳动部整合而成，全权负责卫生保健质量提高工作。日本成立的卫生保健质量委员会（Japan Council for Quality Healthcare，JCQHC），主要是作为医院授权评审的第三方评价机构。JCQHC在平衡、减少卫生保健体系中的不公平，包括私有医院和公立医院之间、城市和农村地区医院的医生数量以及医生业务能力之间的差距等方面都发挥着积极的作用。JCQHC通过牵头定期举办患者安全研讨会，建立报告系统，促进形成安全的医疗环境。

新加坡医疗卫生管理体系主要由卫生部及其直属的健康促进局和卫生科学局组成。卫生部主要负责对医疗机构实行注册、认证和管理，健康促进局主要负责疾病预防和健康教育工作，卫生科学局主要负责药品及保健品等的管理。在医疗机构管理方面，新加坡的医院管理理念先进，重视医院文化建设、医疗质量和服务质量，采取了许多提高医疗质量和服务的措施。在提高医疗质量方面，进行JCI认证、ISO认证等；实行按病种付费（DRGs），严格控制医疗费用和住院天数；建立健全医院的质量控制体系和部门，如医学护理质量改进小组、感染控制小组、病例审查小组等；重视医疗质量的持续改进，对病历进行审查，对用药和检查的适宜性和合理性进行检查，对医疗纠纷进行分析和总结，将重要的医疗指标，如感染率等明示在每个病区等；医生和护士人员比在1 ∶ 3左右；重视员工培训，提供各种培训机会。在提高服务质量方面，处处以患者为中心，无论是医院环境，患者就诊过程，还是个性化的诊疗服务，都体现出了对患者的关怀。

二、国内医疗质量管理组织

在中国，国家卫生健康委员会负责全国卫生工作，其下设医政医管局负责国家医疗质量管理的顶层设计与管理。2016年9月，《医疗质量管理办法》[国家卫生和计划生育委员会令（第10号）] 发布，这是我国首次发布“医疗质量管理”方面的法律政策，为我国医疗质量管理与控制工作提供了法律依据，进一步促进了我国医疗质量管理与控制体系的建设与发展。

国家层面的医疗质量管理组织：中国的医疗质量管理与控制体系由五大部分组成（图2-1）。一是组织体系，由各级卫生健康行政部门、各级各类医疗机构、各级质控组织，以及专业机构和学会、协会等行业组织、研究机构等构成。二是诊疗规范体系，由诊疗指南、操作规范与规程，技术管理及规范要求，卫生标准等构成。三是质控指标和标准体系，四是动态监测、预警和评估体系，这两部分是我国医疗质量管理与控制体系的关键。近年来，国家卫生健康委员会陆续发布了15个专业质控指标、15个限制类技术临床应用质控指标、4个脏器的器官移植质控指标及51个单病种质量监测信息项，并通过全国医院质量监测系统（HQMS）、国家医疗质量管理与控制信息网（NCIS）、国家单病种质量管理与控制平台等质量监测系统，采用信息化手段进行动态监测、预警和评估。五是监管体系。

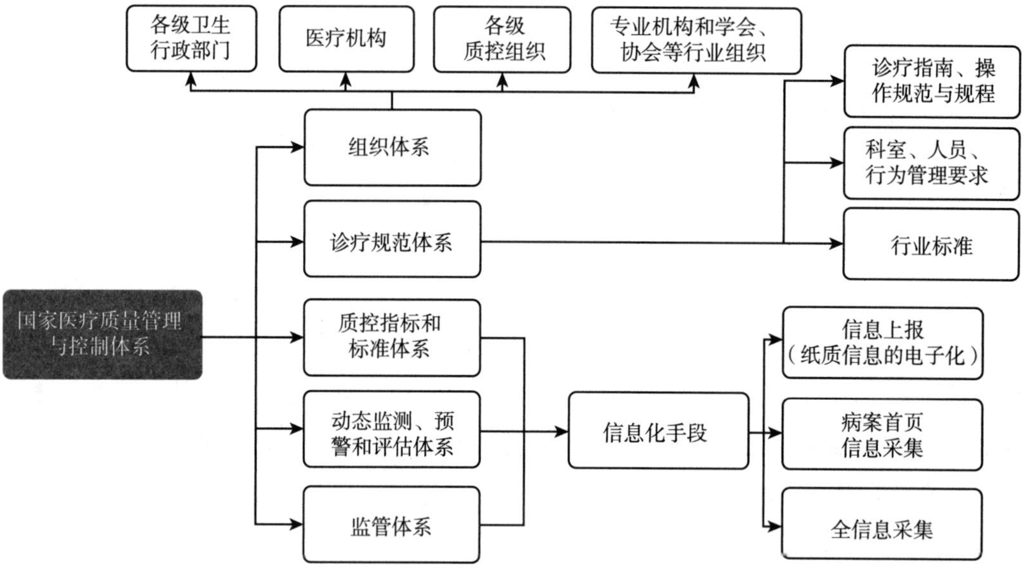

图2-1　中国医疗质量管理与控制体系框架

“十三五”期间，我国正式开始采用数据描述医疗质量，并在数据基础上，促进改善医疗质量。经过6年的积累，我国基本覆盖并完善了主要专业的指标体系，基本掌握了不同类别、不同层级医疗机构的质量基线情况，这对规范诊疗行为、改进突出问题大有帮助。自2015年开始，国家卫生健康委员会已经连续5年编制发布了年度《国家医疗服务与质量安全报告》，这对于进一步加强医疗质量与安全管理，提高科学化、精细化管理水平提供了坚实的数据基础和循证依据。

此外，为进一步加强医疗质量安全管理，持续提升医疗质量安全管理科学化、精细化水平，构建优质高效的医疗质量管理与控制体系，根据《医疗质量管理办法》，国家卫生健康委员会制定了《2021年国家医疗质量安全改进目标》，根据医疗质量安全关键领域和薄弱环节制定了十大年度国家医疗质量安全改进目标，并以此为切入点开展医疗质量安全系统改进工作，从而对引导医疗质量安全管理工作方向、激发医疗机构内生动力、广泛凝聚行业力量、提升医疗质量安全管理科学化和精细化水平产生重要意义。

在上述一系列工作的基础上，国家卫生健康委员会发布《三级医院评审标准（2020年版）》及其实施细则，标准由“前置要求部分、医疗服务能力与质量安全监测数据部分、现场检查部分”三部分组成，进一步凸显了数据的重要性，由原本的“现场检查”“主观定性”“集中检查”模式转向对全评审周期“日常监测、客观指标、现场评审，定量与定性相结合”的评价模式，进一步完善了以医疗质量数据为基础的医院医疗质量管理与控制体系建设。

三、医疗机构医疗质量管理组织

医疗机构的医疗质量管理组织可以划分为医院的医疗质量管理委员会及其他各管理组织、医疗质量管理的行政职能部门和科室医疗质量管理小组，形成多层组织和网络的医疗质量管理框架。

（一）院级医疗质量管理组织

根据《医疗质量管理办法》要求，我国二级以上的医院、妇幼保健院以及专科疾病防治机构应当设立医疗质量管理委员会。医疗质量管理委员会主任由医疗机构主要负责人担任，委员由医疗管理、质量控制、护理、医院感染管理、医学工程、信息、后勤等相关职能部门负责人以及相关临床、药学、医技等科室负责人组成，指定或者成立专门部门具体负责日常管理工作。其他医疗机构应当设立医疗质量管理工作小组或者指定专（兼）职人员，负责医疗质量具体管理工作。

鉴于我国地域宽广，各地医疗机构管理模式存在差别，根据国家医疗质量管理的政策要求，医疗机构必须明确本机构负责承担医疗质量管理的部门，但是否需要单独建制，尚未明确规定，在医疗管理部门内指定专人负责或单独成科均可，职责相同。

医疗机构医疗质量管理委员会的主要职责是：

（1）按照国家医疗质量管理的有关要求，制订本机构医疗质量管理制度并组织实施；

（2）组织开展本机构医疗质量监测、预警、分析、考核、评估以及反馈工作，定期发布本机构质量管理信息。

（3）制订本机构医疗质量持续改进计划、实施方案并组织实施。

（4）制订本机构临床新技术引进和医疗技术临床应用管理相关工作制度并组织实施。

（5）建立本机构医务人员医疗质量管理相关法律、法规、规章制度、技术规范的培训制度，制订培训计划并监督实施。

（6）落实省级以上卫生计生行政部门规定的其他内容。

医疗机构可根据本院实际情况增加该委员会的工作职责，医疗质量管理委员会应当定期向医院层面汇报工作。

（二）科室医疗质量管理组织

根据《医疗质量管理办法》，临床科室应当建立科室医疗质量管理工作小组，其主要职责是：

（1）贯彻执行医疗质量管理相关的法律、法规、规章、规范性文件和本科室医疗质量管理制度。

（2）制订本科室年度质量控制实施方案，组织开展科室医疗质量管理与控制工作。

（3）制订本科室医疗质量持续改进计划和具体落实措施。

（4）定期对科室医疗质量进行分析和评估，对医疗质量薄弱环节提出整改措施并组织实施。

（5）对本科室医务人员进行医疗质量管理相关法律、法规、规章制度、技术规范、标准、诊疗常规及指南的培训和宣传教育。

（6）按照有关要求报送本科室医疗质量管理相关信息。

医疗机构和临床科室可根据本院和本科室实际情况增加该工作小组的工作职责，科室医疗质量管理工作小组应当定期向医院医疗质量管理委员会和科室层面汇报工作。

第二节　医疗质量管理制度

一、医疗质量安全核心制度

为了贯彻落实《医疗质量管理办法》，国家卫生健康委员会对保障医疗质量和患者安全具有重要基础性作用的一系列制度凝练为18项医疗质量安全核心制度，并于2018年制定并印发了《医疗质量安全核心制度要点》。核心制度定义如下：

1. **首诊负责制度**　指患者的首位接诊医师（首诊医师）在一次就诊过程结束前或由其他医师接诊前，负责该患者全程诊疗管理的制度。医疗机构和科室的首诊责任参照医师首诊责任执行。

2. **三级查房制度**　指患者住院期间，由不同级别的医师以查房的形式实施患者评估、制定与调整诊疗方案、观察诊疗效果等医疗活动的制度。

3. **会诊制度**　会诊是指出于诊疗需要，由本科室以外或本机构以外的医务人员协助提出诊疗意见或提供诊疗服务的活动。规范会诊行为的制度称为会诊制度。

4. **分级护理制度**　指医护人员根据住院患者病情和/或自理能力对患者进行分级别护理的制度。

5. **值班和交接班制度**　指医疗机构及其医务人员通过值班和交接班机制保障患者诊疗过程连续性的制度。

6. **疑难病例讨论制度**　指为尽早明确诊断或完善诊疗方案，对诊断或治疗存在疑难问题的病例进行讨论的制度。

7. **急危重患者抢救制度**　指为控制病情、挽救生命，对急危重患者进行抢救并对抢救过程进行规范的制度。

8. **术前讨论制度**　指以降低手术风险、保障手术安全为目的，在患者手术实施前，医师必须对拟实施手术的手术指征、手术方式、预期效果、手术风险和处置预案等进行讨论的制度。

9. **死亡病例讨论制度**　指为全面梳理诊疗过程、总结和积累诊疗经验、不断提升诊疗服务水平，对医疗机构内死亡病例的死亡原因、死亡诊断、诊疗过程等进行讨论的制度。

10. **查对制度**　指为防止医疗差错，保障医疗安全，医务人员对医疗行为和医疗器械、设施、药品等进行复核查对的制度。

11. **手术安全核查制度**　指在麻醉实施前、手术开始前和患者离开手术室前对患者身份、手术部位、手术方式等进行多方参与的核查，以保障患者安全的制度。

12. **手术分级管理制度**　指为保障患者安全，按照手术风险程度、复杂程度、难易程度和资源消耗不同，对手术进行分级管理的制度。

13. **新技术和新项目准入制度**　指为保障患者安全，对于本医疗机构首次开展临床应用的医疗技术或诊疗方法实施论证、审核、质控、评估全过程规范管理的制度。

14. **危急值报告制度**　指对提示患者处于生命危急状态的检查、检验结果建立复核、报告、记录等管理机制，以保障患者安全的制度。

15. **病历管理制度**　指为准确反映医疗活动全过程，实现医疗服务行为可追溯，维护医患双方合法权益，保障医疗质量和医疗安全，对医疗文书的书写、质控、保存、使用等环节进行管理的制度。

16. **抗菌药物分级管理制度**　指根据抗菌药物的安全性、疗效、细菌耐药性和价格等因素，对抗菌药物临床应用进行分级管理的制度。

17. **临床用血审核制度**　指在临床用血全过程中，对与临床用血相关的各项程序和环节进行审核和评估，以保障患者临床用血安全的制度。

18. **信息安全管理制度**　指医疗机构按照信息安全管理相关法律法规和技术标准要求，对医疗机构患者诊疗信息的收集、存储、使用、传输、处理、发布等进行全流程系统性保障的制度。

医疗质量安全核心制度之间具有相互关联性，核心制度体系有机组合，可以促使医护人员在实施诊疗活动的过程中，以患者为中心，严格执行相关法律、规范及要求，保证医疗质量，保障医疗安全，从而最大限度地实现诊疗目标（图2-2）。

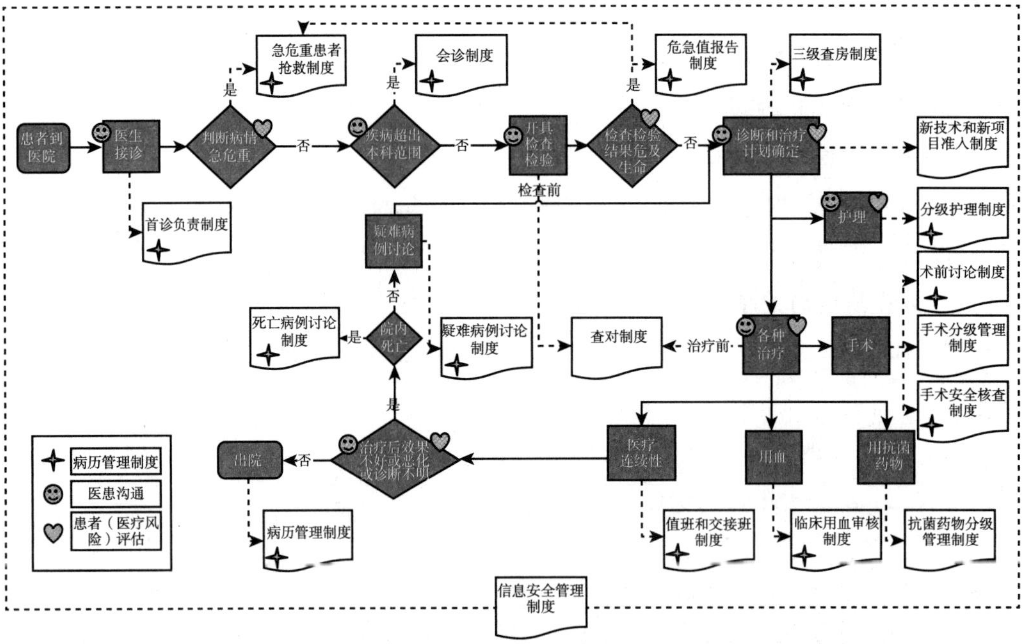

图2-2　医疗质量安全核心制度及医疗重点环节示意

二、医疗质量管理制度的三个环节

随着社会发展，各国卫生健康行业对医疗质量日趋重视。自20世纪70年代开始，学者们围绕医疗服务质量管理展开了大量的研究。多纳比第安（Avedis Donabedian）在1966年提出的“结构–过程–结果”三维质量结构模式，至今仍是行业最常采用的医疗质量管理和评估模式。其中结构质量主要从静态角度评价医疗服务质量，指医疗机构中各类资源的配置和投入，反映医疗机构提供医疗服务的基础、规模和潜在能力，也包括医疗质量管理相关的制度建设；过程质量从动态角度评价医疗服务质量，反映医疗服务的具体活动，其质量的优劣直接关系到结果质量的高低，重点在于医疗过程的标准化、规范化；结果质量是指医疗人员为患者提供各种医疗服务行为后，患者呈现的反应与结果，反映医疗服务后对服务对象及公众健康产生的影响。简言之，结构质量是前提，过程质量是重点，结果质量是产出，三者环环相扣，缺一不可。

（一）结构质量管理

结构质量管理是医院人力资源管理、财务管理、医院和医疗质量管理制度、医院环境设施、设备、业务技术、药品供应、后勤保障信息等方面的管理，是医疗质量管理中最基础的环节。

结构质量管理包含但不限于以下五方面：

（1）岗位职责、工作制度。

（2）诊疗规范、技术操作常规。

（3）医疗服务过程。

（4）医疗质量考核标准。

（5）医疗质量应急处理机制与预案。

（二）过程质量管理

过程质量管理是医疗质量管理的重点，是对医疗服务的提供与接收过程的管理，因涵盖业务活动和管理活动等各个方面，所以不确定因素较多。医疗机构应当关注以下几方面：

（1）经常教育职工自觉履行岗位职责，严格遵守各项诊疗规范和技术操作规程是过程管理的根本。

（2）重点抓好科室内的质量管理是过程管理的中心环节。

（3）抓好过程中的重点环节和薄弱环节是质量管理的关键。

（4）抓好查房（包括行政查房）、会诊、病例讨论、手术审批、查对制度、交接班制度、转诊、转科等制度的落实。

（5）抓好急危重患者、围手术期患者和特殊患者的管理。

（6）抓好临床输血工作，确保用血安全。

（7）抓好急诊抢救工作，做好急诊人员、设备、药品管理工作，对急救药品、急救器材要定期检查，使之处于完好状态，对急诊抢救人员要加强培训，定期演练，提高医院的应急能力。

（8）抓好值班制度，尤其是节假日的值班，经常定期或不定期检查交接班记录，尤其要注意不定期的随机检查（建立总值班制度）。

（9）抓好各项医疗文书的书写与管理。

（10）做好沟通工作履行告知职责，尊重、保护患者的知情权、选择权。

（11）持证上岗，严格执业人员的准入制度。

（12）抓好特色科室，重点科室质量管理，提高诊断治疗质量。

（13）在医疗过程，下一个环节要检查监督上一个环节的工作质量，并及时妥善处理纠正发现的缺陷问题。

（三）结果质量管理

结果质量会受到结构质量与过程质量的直接或间接影响，结果质量管理是通过确定病种的诊断依据、入院指征、疗效标准、出院标准来界定和规范每个病例的医疗质量，并且通过对单一病种的病例集合来评价其病死率以及病种的平均住院日、平均医疗费用等指标，以判定医疗终末质量的优劣。

医疗质量结果指标用以帮助医疗机构了解自身在医疗质量方面的现状和发展趋势以及在同类机构中所处的位置，寻找自身运行过程中存在的医疗质量问题、与同类机构间的差距，从而持续改进医疗质量。因此，基于医疗质量结果指标评价进行目标导向式的质量管理是医疗机构不断提升医疗质量的重要方式。

（四）多环节质量管理

尽管多纳比第安“结构-过程-结果”三维质量管理模式已得到认可，但在实际工作中，我们往往把质量管理的内容通过特定的管理模式加以强化，通过连续性的、涉及多环节的管理方式开展新颖的医疗质量管理，这一做法已逐步得到行业的普遍认可。

1. 单病种管理 单病种质量管理与控制是以病种为管理单元，通过构建基于病种诊疗全过程的质量控制指标和评价体系进行医疗质量管理，以规范临床诊疗行为、持续改进医疗质量和医疗安全的管理方法。单病种管理来源于美国的病种认证管理（Advanced Disease-Specific Care Certification Requirement），其可以针对疾病、手术（治疗）、医疗中心（医院）等开展质量认证。2009—2012年，中华人民共和国卫生部陆续发布三批11个单病种的质量控制指标，2020年国家卫生健康委员会发布了《国家卫生健康委办公厅关于进一步加强单病种质量管理与控制工作的通知》，包括51个单病种的质量监测信息项，并将其纳入《三级医院评审标准（2020年版）》第二部分，我国的单病种质量管理工作全面铺开。由于单病种质量管理既有过程指标，也有结果指标，故而更能科学地体现临床科室的医疗质量水平。

2. 临床路径管理 临床路径（clinical pathway）管理是基于临床路径明确的标准化诊疗模式，将涉及的关键检查、治疗、用药、护理等活动进行标准化，确保患者在正确的时间、正确的地点得到一个正确的诊疗服务，最终起到规范医疗行为，减少过程变异，提高资源利用效率，降低成本，提高医疗质量的作用。临床路径管理起源于美国，最初是为了控制医疗费用的上涨，但行业内发现规范诊疗行为不仅仅降低了不必要的医疗费用，更多的益处在于提升了医疗质量。我国卫生健康部门近年来也陆续出台了众多疾病、手术的临床路径管理政策文件，要求各级各类医疗机构广泛开展临床路径管理。

3. DRG管理 DRG是指（疾病）诊断相关分类，它根据患者的年龄、性别、住院天数、临床诊断、病症、手术、疾病严重程度，合并症与并发症及转归等因素把患者分入500~600个诊断相关组，然后比较各自的诊疗结果。DRG通过CMI（病例组合指数）、RW（相对权重）、时间指数、费用指数和低风险死亡率等指标开展医疗机构院际比较，是一个被行业管理和临床科室员工比较认可的医疗质量评价途径。

第三节　质量及医疗质量管理的原则

一、质量管理的原则

早在1995年，ISO/TC176技术委员会在策划2000版的ISO 9000标准族时，就准备对公司的管理者进行质量管理的原则进行明确，为此专门成立了一个工作小组（WG15），这个小组专门负责征集世界上著名质量管理专家的意见，并编写了一本专门的标准ISO/CD 19004-8《质量管理原则及其应用》。通过2年多的时间最终获得了TC176技术委员会的全体认同，并成为2000年ISO 9000标准族的理论基础，即8项管理基本原则。随着ISO 9001在全球的广泛应用，其得到众多管理专家的认可，ISO 9001强调持续改进，质量管理也在与时俱进不断改进。在ISO 9001 2015版把质量管理八大原则修改成了质量管理七大原则：①以客户为关注焦点（customer focus）；②领导作用（leadership）；③全员参与（engagement of people）；④过程方法（process approach）；⑤改进（improvement）；⑥循证决策（evidence-based decision making）；⑦关系管理（relationship management）。它是质量管理的最基本、最通用的一般性规律，适用于所有类型的产品和组织，是质量管理的理论基础。

二、医疗质量管理的原则

医疗服务不同于其他行业，存在患者个体差异性、病种病情复杂性，医疗服务提供者独立操作、经验判断自主性，医疗服务过程无形性、效果的感知性、医疗服务信息不对称性，甚至存在医疗服务的不可逆性、诊疗结果的无法弥补性。因此医疗质量管理体系的建设要以全面质量管理的理念为指导，充分结合医疗行业的特殊属性，并遵循以下原则：

（一）以患者为中心原则

医疗质量管理必须坚持以患者为中心，以患者关注为焦点，医疗机构和医务人员应在充分调查和研究患者的需求和期望的基础上，采取有效措施使其实现；并把它转化为质量要求，主动为患者服务；强化医务人员职业使命，体现医院的功能性。

（二）领导作用原则

医疗质量管理涉及面广、内容庞杂，需要医院和科室领导高度重视。医疗机构主要负责人和科室主任是本机构和临床科室医疗质量管理的第一责任人，领导作用原则主要是各级领导应当建立统一的质量管理宗旨、确定管理方向，并创造全员积极参与实现医疗机构质量目标的条件。

（三）全员参与原则

这是全面质量管理最显著的特点。需要各医疗机构、部门和科室协调配合、履行职责与解决问题；需要各位员工思想重视、积极响应、贯彻落实。全员参与质量管理不是被动参与，而是主动参与，参与质量管理计划的制定，控制内容的实施。

（四）全过程质量控制原则

医疗过程中的不确定因素很多，任何细小的环节都会影响到最终的医疗结局。为获得更加满意的终末质量，需建立从患者就医到离院，包括门诊医疗、病房医疗、手术诊疗和部分院外的医疗活动（如社区康复）的全程质量控制过程，以识别管理过程、明确管理职责、完善监督机制、建立畅通的反馈渠道，从而保证质量的持续改进。

（五）系统管理原则

系统管理是现代管理最主要的理论基础，医院管理是系统工程。全面质量管理、整体医疗、整体护理都是系统管理的理论在医院管理中的实践。现代质量管理运用系统原理就是要把医院作为一个整体，而不是只针对医疗业务本身开展质量管理，包括医院的后勤服务保障、信息化建设、运营管理等应统筹考虑纳入质量管理体系。系统管理就是把医院的人、财、物、设备、技术、信息、任务、时间等进行有效的、系统的质量控制。

（六）持续质量改进原则

质量改进是医疗质量管理的原动力，而质量改进的关键是持续性。通过加强医疗质量教育使医务人员增强质量意识、掌握医疗质量管理的方法手段，提升个人职业技能，促进医疗服务的良好产出；健全医疗质量管理体系，规范管理制度，坚持医疗质量持续改进，探索更有效管理方法，以达到更优的质量管理目标。

同时，持续质量改进应当建立在量化的数据管理基础上，没有量化的数据，将无法开展有效的质量改进工作。这就要求各医疗机构要做好数据管理工作，从数据的定义、采集、分析、验证和反馈应用方面建立闭环的质量管理过程。

（七）关系管理原则

虽然医疗服务是医疗机构的基本功能，医患关系是主线，但保障患者安全、维护医疗质量不仅仅是医务人员的责任，也包括医疗产品的供应商、医疗机构提供各种能源支持的后勤部门、医疗机构环境和社会的支持等，这些都是医疗服务的相关方。所以，医疗机构应当明确医疗服务相关方的利益所在，切实满足各方利益。值得一提的是，员工也是最重要的医疗服务提供者，员工的成长和发展、员工的工作负担和压力，也是医疗质量管理的内容，应当切实分析各方的利益和付出，研究如何在错综复杂的关系管理中，把握主流、把握方向，以“患者为中心”，照顾到各方利益，才是医疗机构可持续发展的保证。

三、持续优化医疗质量评价指标体系

医疗质量评价指标体系是用以帮助医疗机构了解自身在医疗质量方面的现状和发展趋势，以及在同类机构中所处的位置，寻找自身运行过程中存在的医疗质量问题，与同类机构间的差距，从而持续改善医疗质量。

（一）国际上常用的医疗质量评价指标

当前国外发展比较成熟的3种国际医疗质量评价指标体系为：美国绩效研究中心公布的国际医疗质量指标体系（International Quality Indicators Project，IQIP），美国医疗保健研究和质量局（Agency for Healthcare Research and Quality，AHRQ）发布的医疗质量评价指标体系和经济合作与发展组织（以下简称“经合组织”）研发的医疗质量指标（Health Care Quality Indicator，HCQI）项目。

1. 国际医疗质量评价指标体系　1985年，美国马里兰州医院协会在发布患者死亡及相关数据时发现，各医院的医疗质量评价指标体系难以均衡且无法比较分析，因此有必要建立一个统一、实用、有效的医疗质量评价指标体系。由此，IQIP应运而生，并发展成为世界范围内应用最广的医疗质量评价指标体系。

IQIP在综合性医院医疗质量评价方面的指标共21类267项。这21类指标包括了2类与重症监护室医疗器械相关的指标（医疗器械使用天数和医院感染发生率）、2类与手术部位相关的指标（手术部位感染率和手术前预防性使用抗菌药物的时间）、3类死亡率相关指标（住院患者、新生儿、围手术期死亡率）、3类与挂号相关的指标（已挂号患者在急诊科的停留时间，处置、完成诊疗前离开急诊科比例，取消当日门诊诊疗安排发生率）、5类非计划重返或入院相关指标（如非计划重返重症监护室或手术室、门诊诊疗后非计划入院等）、6类其他指标（如压疮发生率、剖宫产率、患者身体约束使用率等)。

2. AHRQ的医疗质量评价指标体系 AHRQ的医疗质量评价指标体系是由加利福尼亚大学旧金山分校和斯坦福大学循证实践中心在医疗卫生费用和应用计划评价体系基础上，利用现有的常规住院数据开发而成的。AHRQ的医疗质量评价指标体系共包含了4个质量指标子系统，分别是预防质量指标、住院患者质量指标、患者安全指标和儿童质量指标子系统。

3. 经合组织的HCQI 经合组织提出的HCQI旨在开发和实施国家层面的医疗质量评价。HCQI的发起是建立在两项小型国际合作项目之上的，一项由纽约联邦基金资助，另一项由北欧理事会建立。这两项小型国际合作都旨在探索建立可用于国家间比较的医疗质量评价指标。在这两项合作之上，经合组织秘书处还邀请了世界卫生组织、欧洲联盟委员会等国际组织、国际医疗质量学会、欧洲医疗质量学会等专家组织加入，通过改良的德尔菲法建立了医疗质量指标项目。发展到现在，HCQI共涉及39个国家，其中包括35个经合组织国家和4个非经合组织国家。

(二)中国的医疗质量管理与控制指标

为建立完善适合我国国情的医疗质量管理与控制体系，促进医疗质量管理与控制工作的规范化、专业化、标准化、精细化，改善医疗服务，提高医疗质量，保障医疗安全，国家卫生部办公厅于2011年颁布了中国第一个《三级综合医院医疗质量管理与控制指标(2011年版)》。该指标集包括住院死亡类指标、重返类指标、医院感染类指标、手术并发症类指标、患者安全类指标、医疗机构合理用药指标、医院运行管理类指标共7类指标。随着国家卫生健康委员会国家医疗质量管理与控制中心的建立与发展，自2015年起，专业的质控指标开始逐步建立，国家卫生健康委员会先后颁布了15个专业的质控指标，并对造血干细胞等15个限制类技术的临床应用及肺脏等4个脏器的移植技术制订质控指标。2020年6月，国家卫生健康委员会从病种层面，公布了51个单病种质量监测信息项，由此，我国的医疗质量管理与控制指标体系完成医疗机构、专科、医疗技术、病种4个层面的质控指标体系建设，并仍在逐步完善。

第四节　推行医疗质量活动的主要成功因素

医疗质量涉及的范围包括医疗技术质量、医疗服务质量和管理质量的全方位、系统化的质量管理概念。推行医疗质量活动能否成功，重点从以下因素来考虑。

一、良好的质量意识

医院质量管理不能只满足于现已达到的某些数量指标，而应该树立质量和质量管理永无止境的信念。应该避免重数量、轻质量，重硬件、轻软件，重形式、轻内涵的管理方法。良好的质量意识是医疗质量管理的原动力。

二、健全和规范的操作和管理制度

医院质量管理应成为全院性的系统的质量活动。应充分应用现代质量管理的先进理念和先进工具，建立医院质量管理体系，明确医院质量管理组织框架，避免因人设岗，部门和职能重叠的现象。各级部门管理者承担各自的管理职责，通过制定质量管理制度、质量方针和质量目标，进行质量策划、质量控制、质量保证，开展质量可持续提高的改进活动。这也是医疗质量活动的行动基础。

优质的医疗技术人才资源：医疗人员的专业水平也与医疗质量有关，这里的“水平”主要体现在以下三个层面：基础层面，即医疗人员的专业修养是否良好；技术层面，通常针对医疗专业人员在经验上的资格，这也是手术分级管理的基础，医师在达到一定经验、技术要求后可以开展相应级别的手术和诊疗操作；系统层面，指整个医疗服务过程——从规划、实施到评估的有效整合程度，整个层面强调的重点在于医疗团队或组织经过整合，能够使在其中工作的医疗专业人员最大限度地发挥自身能力。这三个层面对医疗质量的影响各有不同，基础层面的水平决定了医疗质量的最低标准，技术层面决定临床的最高技术境界，系统层面则影响着医疗质量的发展方向。

三、过程优化和持续改进

医疗质量管理是一个动态过程，受外界影响的因素较多，因此医疗质量管理自然也不能墨守成规、一成不变，而是应进行不断的自我调整。医疗质量问题往往与医疗过程不合理性紧密相关，因此质量管理需要充分结合医疗服务过程进行持续优化改进，从过程和机制上避免医疗质量问题重复出现。

四、健全的信息化管理平台

通过建立信息化管理平台，收集、整理数据，再通过大数据分析，及时、客观、有效地评估医院质量目标的完成情况，确保数据的真实性、统一性、有效性和及时性，是现代化医院管理中医疗质量管理的重要支撑和保障。

知识拓展

医疗质量管理工具是指为实现医疗质量管理目标和持续改进所采用的措施、方法和手段，如全面质量管理、质量环（PDCA循环）、品管圈（QCC）、疾病诊断相关组（DRGs）绩效评价、单病种管理、临床路径管理等。

PDCA译为“戴明环”，P是指Plan，即计划；D是指Do，即落实、执行；C是指Check，即检查、分析；A是指Action，即成果、绩效等。

1. PDCA的概念是假定质量不良的原因尚未清楚，需要分析绩效不佳的根本原因。需要先训练如何使用质量分析的一系列工具，如何鱼骨图、柏拉图、5W2H等。我们不知道真正的问题有哪些，甚至不知道主要的问题在哪里。

2. 我们要教员工如何分析以找出主要的问题。

3. 还要教他们如何列出主要问题可能的清单，在其中找出真正的问题。

4. 最后确定改进的方法。

5. 一定要告诉员工如何在掌握的现况中，保持成果。所有参加PDCA活动的人都可以获得以下的好处：

6. PDCA会议中可以有机会在大众面前讲话。

7. 彼此结交更多的朋友，有助于营造工作场所愉快的气氛。

8. 更能意识到本身工作的重要性与职责，因而对自己的工作感到自豪。

9. 改善了个性，养成专心处理问题的能力，这些PDCA的经验也可以应用到家庭生活上。

第五节　应用案例

案例：多院区一体化运营模式下的医疗质量同质化管理。近年来，我国多院区医院建设蓬勃发展，规模不断扩大，但在管理方面仍然面临着医疗质量管理同质化的问题与考验。W医院是一家大型综合型公立医院，作为区域内医疗技术顶尖的医院，其为了缓解医疗服务压力，扩大医疗辐射范围，服务更多的患者，开始探索多院区发展模式。一院多区管理模式也应运而生。目前W医院除了主院区以外，已经形成了3个全托管分院一体化运营的新模式，床位也从主院区原有的3000张扩展到5000张。在医院医疗业务量不断增长的同时，医疗质量也面临着更大的考验。医生需要在不同院区之间开展医疗活动，医护人力储备不足也导致医疗质量风险增加，各种医疗质量指标都显示出需要进一步强化不同院区之间医疗质量的管理。W医院不得不考虑如何在多院区运营模式下确保医疗质量的同质化，原有的医疗质量管理组织体系是否还适用。

讨论：①多院区一体化运营模式对医疗质量有何影响？②如何优化设计医疗质量组织和制度体系以适应医院未来发展？③多院区模式下如何确保医疗质量的同质化？

本章小结

医疗质量管理组织是医疗质量管理的基础，其先进性、完整性和适宜性从根本上决定了医疗质量管理的效能。医院的医疗质量管理体系可以划分为医院医疗质量管理委员会及其他各管理组织、科室医疗质量控制小组和各级医务人员自我管理，形成多层组织和网络的三级管理结构。医疗质量管理制度落地重点要把握好三个环节：基础质量、环节质量和终末质量；基础质量是前提，环节质量是过程，终末质量是产出，三者环环相扣、缺一不可。医疗质量管理体系的建设以全面质量管理的理念为指导，充分结合医疗行业的特殊属性，并遵循以患者为中心、领导作用、全员参与、全过程质量控制、系统管理、持续质量改进、关系管理等原则。良好的质量意识、健全和规范的操作和管理制度、优质的医疗技术人才资源、健全的信息化管理平台等均是医疗质量活动取得成功的关键因素。

（马旭东）

第三章　医疗质量指标与评估

学习目标

1. 掌握　医疗质量指标评价标准；医疗质量指标体系开发的步骤及方法。

2. 熟悉　国外不同医疗质量指标体系；国内医疗质量指标体系的改进方向。

3. 了解　国内医疗质量指标体系的历史沿革；建立医疗质量指标的意义及分类。

案例讨论

【案例】2011年12月2日，中华人民共和国卫生部发布《关于修订病案首页的通知》，为达成提高医疗机构管理水平，加强医疗质量管理工作，为我国即将推行的医疗保障支付制度改革打好基础的目标，对原有病案首页填报内容进行修订。其中增加项目包括：月龄（年龄小于1岁的患儿需填）、出生体重及入院体重（新生儿需填）、离院方式和颅脑损伤昏迷时间等；同时，新首页也根据专家意见，删除了部分填报项目，如入院时情况（危、急和一般）、入院后确诊日期和出院情况（治愈、好转、未愈和死亡）等。在某地召开的落实新版病案首页修订内容的工作会上，一些与会专家提出希望在新版首页基础上恢复出院情况栏目的填报，原因在于基于此计算的医院别、疾病别或术种别治疗率、好转率等指标一直用于该地医疗质量的评价，一旦取消，将无从连续进行该指标的监测。

【讨论】

1. 尝试举例说明修订新首页填报项目的目的和意义？

2. 如何评价医疗质量指标？如何科学地制定医疗质量指标？

第一节　医疗质量指标的定义、分类及评估标准

伴随医疗体制改革深入，医疗保障制度覆盖水平增加，中国政府在医疗服务的可及性方面已取得显著成就，人们关注的焦点也从“看病难，看病贵”转向关心医疗服务结果是否达到预期，体验的服务是否便捷高效等新的领域，同时卫生政策制定者及医疗服务购买方也开始关注如何提升医疗质量，如何通过政策的引导使得医疗机构运转更为经济、高效。而医疗质量的提升始于医疗服务的评价，评价医疗服务的关键则在于制定出有意义、可解释、在促进质量提升方面具有明显价值的医疗服务质量指标。通过指标对医疗质量的不同维度进行量化、比较，帮助政策制定者、医院管理人员及临床医生明确自身定位，发现医疗服务中的短板和缺陷，提供可能的改进线索和方向。

一、医疗质量指标的定义及用途

美国医疗机构联合评审委员会（Joint Committee on Accreditation of Healthcare Organizations，JCAHO）将医疗质量指标定义为：用于监测和评估影响患者结果的重要举措、管理、临床和支持功能质量的量化工具。而Worning等则将医疗质量指标定义为：评估特殊的医疗服务过程或结果的测量。美国国家质量论坛（National Quality Forum，NQF）《指标评价标准及其支持指南》中认为医疗质量指标用于评价美国医学研究所（Institute of Medicine，IOM）规定的六项医疗质量目标的绩效，六项医疗质量目标包括安全、及时、有效、效率、公平和以患者为中心。

创建医疗质量指标的目的不同，其用途也多样。医疗质量指标既可以用于了解医疗质量现状以及特定的服务过程；也可以用于比较相似的医疗服务提供者（医生或医院）；同时能够协助医院管理者社会问责、监管和评审；以及支持医疗机构及时发现质量问题，避免重复发生，促进医疗质量改进；同时也可以为患者选择医疗机构提供支持。

二、医疗质量指标的分类

根据目的不同，医疗质量指标有多种分类，最常见的分类是根据多纳比第安关于医疗质量的定义，将医疗质量指标细分为与结构、过程和结果评价相关的指标。

1. **结构指标**　评估医疗服务组织或临床医生提供高质量医疗服务的能力。与评价

结构相关的医疗质量指标有医院床护比、医院重点医疗设备的配置情况，如提供心血管诊疗服务的医院是否建立心导管室。

2. 过程指标 过程是指提供或接受医疗服务时进行的一系列相互关联的活动，过程指标评估医疗服务提供者为患者做了什么以及做得如何。评价过程类医疗质量指标，如急性心肌梗死患者从到达医院急诊到接受经皮冠状动脉球囊扩张的间隔时间（door to balloon time，D2B），骨折手术后使用抗凝药物预防血栓的比例等。

3. 结果指标 结果是指由医疗服务引起的患者的健康状况（或健康状况的变化）。理想的结果指标应能反映医疗服务过程对患者和人群健康的影响。结果不仅仅指长期的最终医疗结果，如死亡、残疾或罹患疾病等，也包括中间结果，即反映影响长期医疗结果的生理状态变化。评价医疗质量最终结果类指标包括死亡率、发病率或患者满意度等，而中间结果类指标，如高血压患者的血压以及糖尿病患者糖化血红蛋白（HbA1c）结果等。

除基于结构、过程和结果的常见分类外，也可以根据指标应用范围，将医疗质量指标分为通用指标和特定病种指标。通用指标常用于测量与大多数患者相关的医疗质量；而特定病种指标则是基于特定诊断，评估与特定疾病相关的医疗质量。特定病种指标常用于患者疾病构成差异大，用通用指标难以解释时，如医院住院病死率，由于不同医院尤其是不同类别专科医院收治疾病构成差异大，住院病死率的直接比较不能体现医院的真实情况，此时应选取特定病种代替通用指标进行比较。通用或特定病种结果类指标用于比较时，同样需注意风险调整问题，以使不同医院或医疗机构同质可比，据此作出结论才可靠。

综上所述，医疗质量指标是以计数、比率或平均值等形式测量医疗服务提供者实现既定目标的程度。建立指标的目的在于为临床医生、医院管理者和政策制定者提供比较基准，达成改善医疗质量和改进患者服务流程的目标。医疗质量用于测量结构、过程和结果等不同质量维度，既可以是适用于所有疾病的通用指标，也可以是描述特定病种患者服务质量的指标。

三、医疗质量指标评估标准

NQF给出了评估医疗质量指标的标准，涉及指标的重要性、科学合理性、可行性和有用性等。

1. 指标的重要性 指标重要性主要体现在以下三方面。

（1）指标有科学证据的支持：无论过程、结果或结构类指标其关注点均应在医疗服务实际工作中获得证据的支撑，即指标测量了医疗质量的重要问题，具临床意义。

例如，结果类指标急性心肌梗死患者入院后30天死亡率，急性心肌梗死治疗目的正是使患者获得更大的生存机会，从而减轻社会疾病负担，提升群体健康水平，因此该指标具备临床实际应用的意义；又如，过程类指标急性心肌梗死患者D2B时间，因研究已经证实90分钟内的冠状动脉再灌注可以降低急性心肌梗死患者的住院死亡率，因此监测并缩短心血管治疗机构D2B时间意义重大。

（2）医疗服务提供者之间质量有差距：医疗服务提供者之间质量有差距，即意味着对较差的医疗服务提供者而言其质量存在改进空间。如急性心肌梗死对于提供心血管疾病诊疗服务的医疗机构来说，是评估医院质量的理想疾病，因为它不仅是一种危及生命的常见疾病，且既往研究已经证实不同医疗机构之间患者住院死亡率以及入院30天死亡率差异大，因此监测比较提供心血管诊疗服务的医疗机构急性心肌梗死患者的病死率，既有助于发现死亡率较高的医疗机构，也能通过深入研究发展其可能存在的问题，进行针对性的改进。

（3）对干预措施敏感：一些指标评估标准还增加了指标对于干预措施是否敏感的评价。对干预措施敏感表现为引入改进措施后，质量指标监测的质量领域会得到明显提升。如针对提供心血管服务的医疗机构普及教育急性心肌梗死治疗指南、加强介入手术培训和指导等，可以提高急性心肌梗死患者生存率。

2. 指标的科学合理性　指标的科学合理性包括评估指标的信度和效度，即指标实施过程中，指标在多大程度上对医疗质量的测量产生一致（信度）和可信（效度）的结果。

信度：一方面要求指标定义清晰，规范明确，可以在机构内部和机构之间按相同标准实施；另一方面也包含测量是可重复的，表现为不同医疗服务提供者和不同测量工具（问卷、量表等）在不同时间和地点对稳定现象的重复测量获得相似结果的程度。信度对于比较不同组或同一组不同时期的结果非常重要。

效度：效度主要用于检测指标能否正确反映其所关注的医疗质量领域，并且充分辨别质量差异。换言之，效度体现指标反映其预期测量内容的程度，即测量结果与被测量对象的真实状态是否一致。一个有效的指标不但可以区分医疗质量的好坏，并且与其他测量相同质量维度的指标结果保持一致。

3. 指标的可行性　可行性主要是指计算指标需要的数据可以方便地取得，或者说在没有过多增加负担的情况下能够完成数据收集，并且在实际质量评估中实施。以临床指标为例，指标可行性即该指标能够在提供医疗服务期间常规生成和使用（如血压、实验室检查、诊断、医嘱等），或者量化数据来自于方便获取的电子健康记录。具备可行性的指标表现为收集数据策略明确（包括数据源、获取是否便捷、收集时间和收集频率等）并能够付诸实践。

4. 指标的有用性 指标的有用性是指潜在受众（如患者、医疗服务购买者、医疗服务提供者、政策制定者等）正在或可能在多大程度上基于测量结果来问责或改进医疗服务质量，以实现为个人或人群提供优质、高效医疗服务的目标。

5. 与相关或竞争指标的比较 如果一项指标符合以上四条标准，并且同时有相关指标（指标有相同的关注领域或者相同的目标人群）或竞争性指标（指标关注领域和目标人群均相同），则需要进一步精选提炼，从而选出最佳指标。

综上所述，Mainz认为理想医疗质量指标应具有以下关键特征：首先，应基于约定的定义，指标描述翔实清晰；其次，指标具备较高的特异度和灵敏度，很少出现假阳性和假阴性；指标应有效、可靠且区分度好；同时，指标应聚焦使用者关心的领域或事件，最好可用于相互比较；最后，指标应建立在循证的基础上。

第二节　开发医疗服务质量指标体系的步骤

为应对医疗服务成本上升、人口老龄化来临、市场机制失灵、质量低下、医疗差错、社会问责和公平性缺乏等问题，越来越多国家和国际组织对如何建立真正满足管理需求的医疗服务质量指标体系越来越重视。要真正达成开发医疗质量指标之初订立的测量目标，需要科学严谨的方法和规范的流程来保证。根据美国医疗保健研究和质量局（Agency for Healthcare Research and Quality，AHRQ）、经济合作与发展组织（Organization for Economic Co-operation and Development，OECD）和世界卫生组织（World Health Organization，WHO）发展各自医疗服务质量指标体系的经验，在开发初期，需提前规划设计拟开发质量指标体系的概念框架或发展模型，然后经历质量指标的制订、实施、维护及退出四个通用步骤并循环往复，不断强化并保持其长久的生命力。

一、确立指标的概念框架

在试图测量评估医疗服务质量或绩效时，决策者和研究人员需要先期清晰勾勒出想要测量的内容以及卫生政策希望达成的目标，并将其转化为可测量的指标。医疗服务质量指标测量的维度应该是那些能够被清晰定义、最好是可量化的系统属性，并且这些属性与维持、恢复或改善健康功能相关。指标的概念框架可以从以下几个方面来创立：

1. 厘清概念 厘清指标概念就是赋予指标内涵的过程。包括指明通过指标的测量来提升哪个医疗质量领域或维度？该指标究竟用于评价医生、医院还是区域质量？例如，当质量改进目标为降低手术患者手术伤口发生感染的风险时，可以将指标具体落实到I类切口感染率，测量的是医疗服务质量的患者安全领域，该指标可适用于医院、医生之间评价。

2．明确视角　医疗服务质量可以从不同的视角来评价，比如患者、临床医生、医院管理者以及政策制定者。患者视角要求指标从患者角度评价就医体验，指标可以选择住院患者满意度；而临床医生可能更关注某些临床过程指标，如心脏内科介入医生关注的急性心梗患者D2B时间；而医院管理者或政策制定者可能更关注疾病早期干预及社区卫生服务质量相关指标。

3．确立方法　确立方法即是阐明如何进行指标测量，制订出指标测量规范。首先，需要明确数据来源、数据收集方法以及数据分析计划等，需要收集的数据最好从常规渠道就能取得，同时建立研究对象的纳入排除标准；其次，说明指标测量的类型，如NQF定义的测量类型包括结果、中间结果、过程、结构、患者体验、可及性和效率；另外，需要将测量关注的概念与可观察的事件联系起来，例如，通过可观察到的并发症来测量患者的安全性。一旦阐明数据源、测量类型及可观察事件，就可全面清晰地制订出指标测量规范，可以在组织内部和组织之间一致实施，且具可比性。

如果建立指标的目的是用于比较，在上述测量规范的基础上，还需要根据可能影响结果的相关混杂因素明确风险调整方法。混杂因素既包括年龄、性别、吸烟、饮酒和教育水平等患者基本特征，也包括患者合并疾病、疾病严重度和预后等临床特征，以及医院收治特定疾病患者数量、医院级别和是否配备特定医疗设备等医院层级的特征。

4．预期应用　质量指标既可能因响应质量改进的要求而建，也可能为达成机构之间比较的目的而建。开发质量指标的目的不同，测量方法可能存在差异，因此，应根据建立指标的目的和用途，进一步细化指标概念框架。

从某种意义上说，确立指标概念框架这一过程是反复的，即使在开发指标之初已经就概念框架和发展模型达成了一致意见，用于指导指标的开发过程，但后续对各种质量指标证据的收集分析可能导致概念模型不断改进完善。

二、质量指标的制订

完成质量指标的概念框架构建以后，就开启了建立质量指标第一阶段——为感兴趣主题领域制订候选指标，分两步：

1．确立候选指标　通过文献研究查阅相关主题领域公开文献及灰色文献，据此初步确立候选指标；在此基础上，组建专家小组规划医疗服务质量指标的概念框架，专家小组成员全程参与建立质量指标的全过程。

2. 评估候选指标 制订质量指标的第二步聚焦于候选指标评估。候选指标的评估应遵循NQF的质量指标评估标准，通过文献研究、实证分析和专家小组审查指标的重要性、科学合理性、可行性及有用性。

质量指标定义的初始测量规范是基于原有文献，初始测量规范的审查修订则是通过：再次的文献研究，侧重于查找质量指标的循证证据；改良德尔菲法或名义群体法，评估指标的表面效度，同时通过组织多个专业的专家参与来提高指标开发的透明度及进一步完善指标的测量规范；风险调整和相关方法的引入使得质量指标具可比性；实证分析有助于进一步验证测量规范，填补证据空白，指导风险调整的制定，并为指标的应用提供指导。通过上述方法评估每个候选指标的优缺点，并提出强化候选指标的建议以及精选候选指标，据此形成最终的测量规范。一般来说，最终精选的候选指标具有较高的表面效度、循证证据的支持、临床专家小组的认可以及通过实证分析证明有效。

知识拓展

医院住院患者是否发生低风险DRG组死亡是常用的医院医疗质量的指标之一。DRG组死亡风险是通过一个地区或者国家较长时间段的大数据测算，根据各DRG组发生死亡的概率大小将不同DRG组的死亡风险划分为低风险、中低风险、中高风险和高风险死亡四个DRG死亡风险组。既往研究认为：低风险死亡DRG组的患者疾病多不危及生命，一旦出现死亡病例，意味着死亡原因很可能不在疾病的本身而在临床过程，需要医院管理者主动追溯医疗服务过程，分析患者死亡原因，并针对可能存在的问题制订改进措施。

某医院在2017年出现一例行腹腔镜下胆囊切除术死亡的患者，针对该例低风险死亡患者，该医院在后续追踪时未发现医疗过程异常情况，但患者年龄超过90岁。既往研究均证实年龄是与死亡风险高度相关的影响因素，如果不考虑年龄因素影响，仅仅从医院出院患者发生低风险死亡DRG组死亡判定医院的医疗质量存在问题，这样的结论可能有失偏颇。

三、质量指标的实施

完成质量指标的制订后则进入开发质量指标的第二阶段，主要是在不同国家或地区用户的实际环境中试点测试质量指标。通过在实际环境中的应用，可以收集用户在指标数据收集、填报及指标应用过程中存在的问题，包括：相关数据是否容易取得，填报是否存在歧义，指标是否满足用户需求，是否与实际情况相符等一系列问题，并通过有效的问题反馈机制，再次审核及修订质量指标。

为确保质量指标的实施，首先需要借助信息团队完成质量指标的软件模块开发并投入实际应用；然后通过实际应用环境测试质量指标及软件模块，以确保准确性和一致性；在此基础上，编制用户说明文档，包括最终确认的医疗服务质量指标的测量规范（包括指标说明、分子、分母、排除标准和风险调整等）、用户指南和软件说明等。

四、质量指标的维护

为了保持质量指标的重要性、科学合理性、可行性和有用性，必须定期维护和强化质量指标。包括：分析新报道的证据、响应用户反馈、更新测量规范、组织专家小组定期审查，以及跟进行业内最新可用的数据和方法学进展。

1. 新证据　新证据的取得途径之一是通过围绕开发质量指标的持续文献研究，审核通过后纳入新证据时更新指标的说明；第二条新证据来源途径是对试点实施过程中用户反馈问题的收集，如用户报告的假阳性案例。

2. 定期审查　除伴随新证据的出现，进行质量指标修订完善以外，还需定期参照质量指标评估标准审核医疗服务质量指标，从而保证实现开发质量指标的目标。

3. 专家小组　如果需要就新证据或者试点过程中用户反馈问题做进一步的研究判断，可以再次组织专家小组审查指标的重要性、科学合理性、可行性及有用性。

4. 新收集的数据和方法进展　指标测量通常选取常规渠道容易获取的数据，当更好的数据从常规渠道能够获取时，或者更好的分析方法出现时，新的数据和方法应该纳入质量指标的测量规范中。

5. 技术标准更新　当与质量指标相关的技术标准更新时，例如国际疾病分类（ICD-10）、手术操作分类（ICD-9-CM3）以及疾病诊断相关组（DRGs）等，涉及该部分内容的质量指标需同步更新。

五、质量指标的退出

应该认识到，虽然一方面应保持质量指标体系的稳定性，以便随着时间的推移持续跟踪评估医疗服务质量，但同时也应该根据循证证据及用户反馈增加或删除现有质量指标，以保持对质量指标真实应用环境变化的响应。

知识拓展

当完成医疗服务质量指标开发后，医院管理者非常关注如何解释质量指标以及利用指标如何提高质量。而正确解释和利用质量指标的关键点在于明确指标的导向性，即确定指标属于高优、低优或适宜性指标。高优指标是指数值越高越好，如三级公立医院绩效考核的出院患者四级手术比例，根据分级诊疗的要求，三级医院应该以收治疑难复杂疾病为主，因此医院出院患者四级手术比例越高，越能够突显其在分级诊疗中的作用，故该指标属于高优指标。反之，如急性心肌梗死住院患者病死率为低优指标，要求数值越低越好。适宜性指标要求数值既不是越高越好，也不是越低越好，而是适宜就好，往往是一些反映资源利用情况类的监测指标，如床位使用率、病床周转率。

第三节　国际医疗质量指标体系及特点

自20世纪80年代开始，由于认识到临床实践中的广泛差异、医学循证证据的增加，以及人们对医疗服务质量日益关注等因素，人们对质量比较和评估的兴趣大大增加。因此一些国际组织和国家开始尝试开发质量指标体系，用于比较和评估医疗服务质量。其中最具代表性的国际医疗质量指标体系及特点如下。

一、国际医疗质量指标体系

1. IQIP　国际医疗质量指标体系（International Quality Indicator Project，IQIP）是美国马里兰州医院协会（Maryland Hospital Association，MHA）于1985年在马里兰州7家医院启动的项目，该项目主要用于医院内部临床服务质量评估。IQIP并不以惩罚和识别异常作为目标，而是提供信息，将其作为医院持续提高质量的一部分。1987年该项目有40家急症性医疗机构参与，涉及10项住院指标。到1996年，该项目在美国已有1100多家医疗机构申请加入，同期加入的还有英国、日本和加拿大的医疗机构。到2004年，IQIP也在原住院指标的基础上，逐步扩充了门诊、日间病房、精神卫生、长期性看护和儿科类医疗服务质量指标。

IQIP急症性医疗机构（相当于我国的综合医院）的医疗服务质量指标涉及医疗机构服务的各个方面，主要指标类型如图3-1所示。

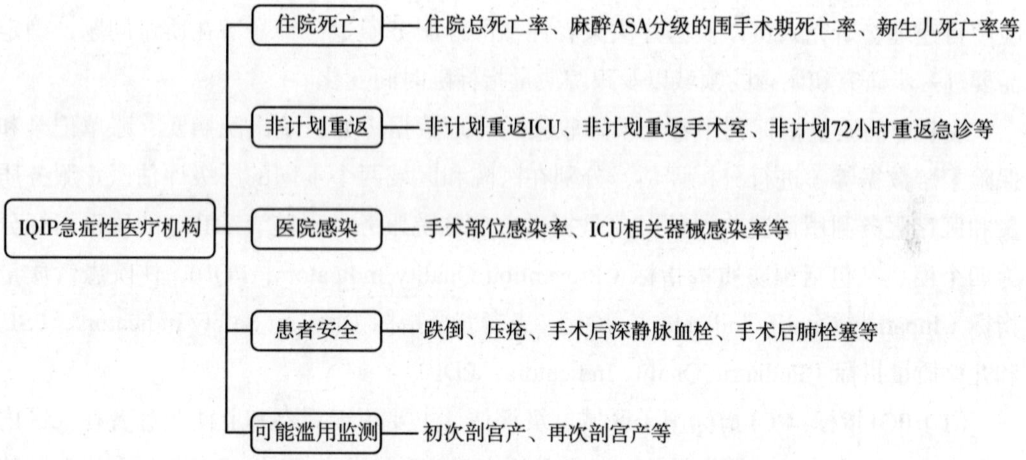

图3-1　IQIP急症性医疗机构的医疗服务质量指标

IQIP的一个关键特点是自愿参与，匿名反馈比较数据，支持内部质量改进，既不进行外部比较亦不对外公布数据。该项目的理念在于：指标不是质量的绝对衡量标准，而是作为旗帜或监测手段，应将注意力导向需要进一步分析和解释的领域。IQIP认为无论指标显示的差异如何，改善的机会总是巨大的，因此将指标视为描述性和观察性工具，不以寻求医疗机构之间指标的统计差异为目标，而是关注其运行的模式和趋势。IQIP的另一个关键特点是其在指标数据收集、解释和使用方面广泛的培训和支持系统。

综上所述，IQIP基于成熟的指标体系和教育方法，通过在多国医疗服务机构的广泛应用，已成为世界上运行时间最长且使用最为广泛的国际医疗质量指标项目。

2. UK QIP　英国国家医疗服务体系（National Health Service，NHS）在1991年推行改革时，经前期充分调研，尝试用MHA的IQIP质量指标替换原有广受批评的本国医疗服务质量指标，有7家NHS医院参与，由NHS和MHA联合资助，英国亦成为北美以外第一个参与IQIP的国家。在2004年，结合英国10年以及美国近20年经验，在原IQIP框架内研发的英国质量指标项目（United Kingdom QIP，UK QIP）正式推广实施，英国约三分之二的私营急症性医院参与，目的在于支持机构和部门内的质量改进以及政府审查等外部需求。

因UK QIP传承自IQIP，故UK QIP同样覆盖住院、门诊、急诊、日间病房、精神卫生、长期性看护和家庭护理等医疗服务质量指标。医疗服务质量指标同样包括死亡类指标、非计划重返类指标、医院感染类指标和不良事件类指标。

3. AHRQ的质量指标 应医疗成本和利用项目（Healthcare Cost and Utilization Project，HCUP）的要求，美国AHRQ于1999年尝试开发质量指标，旨在为美国医疗保险项目经理、研究人员以及医疗决策者评估医疗服务质量，突显潜在质量问题，确定需要进一步研究和调查的领域以及跟踪质量指标随时间变化。

AHRQ的质量指标利用常规渠道收集的管理数据（如医院出院摘要、账单记录和保险索赔数据等）进行分析评估，分别在医院和区域两个不同的层级评估医疗服务质量和医疗服务利用情况，评估对象是提供急症住院服务的医院。AHRQ的质量指标分为四个模块，包括预防质量指标（Prevention Quality Indicators，PQI）、住院患者质量指标（Inpatient Quality Indicators，IQI）、患者安全指标（Patient Safety Indicators，PSI）和儿科质量指标（Pediatric Quality Indicators，PDI）。

（1）PQI指标：PQI指标用于区域层级评估，主要用于观察和监测当患者在社区内获得高水准医疗及疾病预防服务时，可避免住院的疾病发生情况。PQI指标利用医院住院患者管理数据这一视角来观察社区健康和社区的医疗服务系统。

（2）IQI和PSI指标：IQI和PSI可以同时在医院和区域两个层级评估的医疗服务质量指标，最初仅用于质量监督和改进，现已被纳入美国《国家医疗服务差异性报告》（National Healthcare Disparities Report，NHDR）和支付计划，而不再局限于内部质量改进。

IQI主要反映医院住院医疗服务质量，包括某些手术和疾病患者的住院死亡率，以及以反映医疗服务利用情况的指标（针对可能存在过度使用、使用不足和滥用问题的手术）。PSI指标是通过一组与安全相关的不良事件来识别住院期间潜在的并发症。该指标既可以让医院了解自身不良事件的发生率，也可以用于医院间比较。

（3）PDI指标：AHRQ认为儿科的医疗服务质量指标与成人有差异，故将其从其他3个指标模块中单独提取出来，专用于儿童人群（年龄<18岁）。PDI指标同样从医院和区域两个层级评价儿科医疗质量和儿科人群健康。2021年PDI模块包括7个区域的预防质量指标和7个医院医疗服务质量指标。

图3-2列举了2021年AHRQ部分医疗质量指标，其指标开发基于发展模型，严格遵守美国NQF指标评价标准并定期审核，指标所使用的数据来源于常规渠道收集的医

院管理数据，从诞生之初至今的持续应用均从侧面证明了指标的重要性、科学合理性、可行性及有用性。基于此，AHRQ的质量指标得以保持旺盛的生命力，值得致力于质量指标体系开发的后来者参照借鉴。

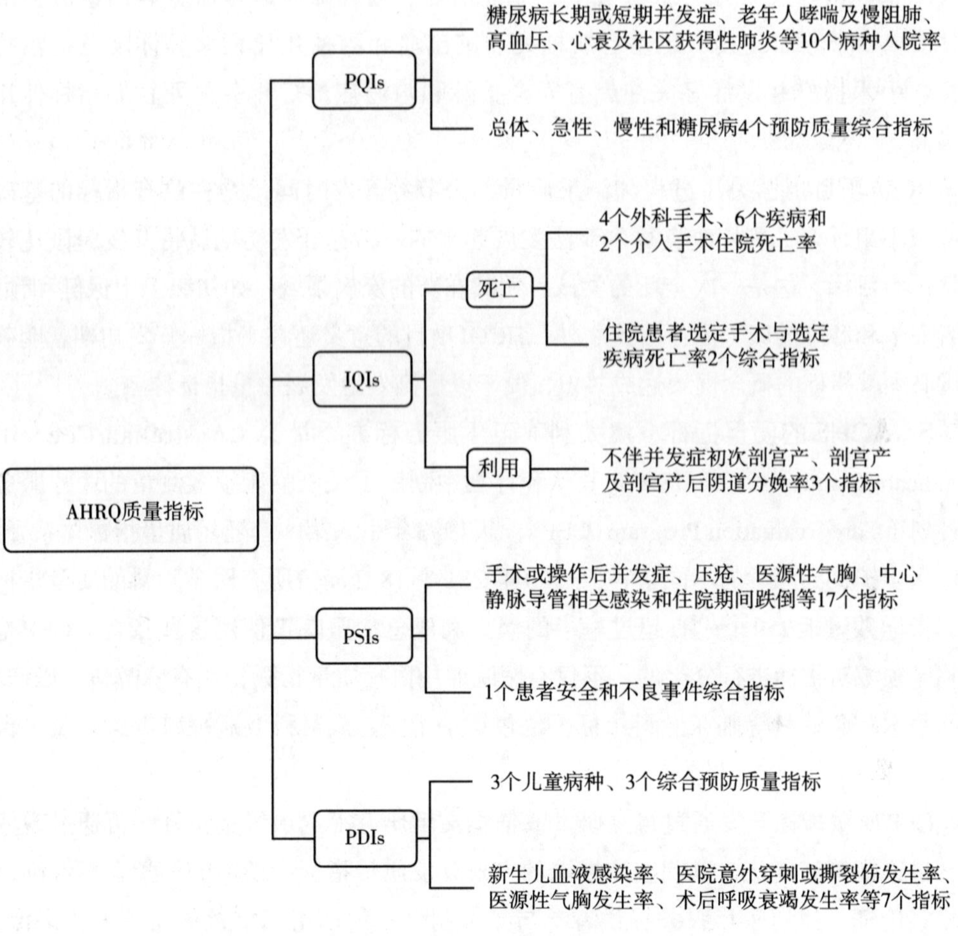

图3-2　2021年AHRQ公布的医疗服务质量指标

4. HCQI　OECD是一个政府间经济研究机构，拥有30个发达国家成员，共同致力于民主政府和市场经济。OECD于2001年开始着手开发其医疗质量指标（Health Care Quality Indicators，HCQI），目的在于希望通过参与国家的共同努力，制定一套经合组织成员国通用的指标体系，便于发现参与国家可能存在的医疗服务质量问题。该项目指标体系开发历时4年，首先在23个参与国广泛建立共识，在此过程中，选择了5个优先领域——心脏疾病、糖尿病、心理健康、患者安全和初级卫生保健和预防，并制订出指导指标开发的概念框架。通过成立国际专家小组，最终确定具有临床重要性、科学合理和可行的指标。指标于2006年3月发布，共86项，其中9个糖尿病指标、12

个心理健康指标、17个心脏疾病指标、21个患者安全指标、27个初级卫生保健和预防指标。HCQI经过不断的发展并结合实际运行中的问题调整，2014年OECD发布了《15个成员国使用经合组织HCQI指标情况报告》，指标包括：慢性疾病治疗和可避免的住院、急症治疗、处方、患者安全、癌症治疗、精神障碍医疗服务和门诊服务的患者体验共7个方面。其中急性心肌梗死、脑出血和脑梗死死亡率等体现急症治疗的指标、手术操作并发症等关注患者安全指标和与癌症治疗相关的死亡率指标使用频率最高。

HCQI项目指标关注过程和结果质量，为节约开发时间，是在已有指标的基础上经专家小组评议，利用改良德尔菲法发展起来的。指标开发初期就将开发跨国比较的指标作为目标，这是一次全新的尝试，尤其在新的疾病领域，如初级卫生保健和预防、患者安全和心理健康方面；除此之外，HCQI项目的意义还在于指标开发初期就明确成员国必须就指标的概念框架达成共识，便于以后高效地发展质量指标体系。

5. ACHS的质量指标 澳大利亚卫生服务标准委员会（Australian Council on Healthcare Standards，ACHS）在其认证计划中制定了关于临床绩效测量的医疗服务评估计划（Care Evaluation Program，CEP），从1993年引入第一套通用质量指标体系开始，指标逐步扩展到医学的不同学科，2000年CEP有18套涵盖所有医学学科的质量指标体系，指标数量近250个，有超过一半的澳大利亚急症医院正使用这些指标。CEP是根据临床领域对指标进行分类的，不仅有医院通用医疗质量指标，还有麻醉科、妇产科、日间手术和急诊科等临床专科指标，也包括手术室、放射科及病理科等医技及平台科室指标。

CEP质量指标开发通过自主研发或依据文献研究筛选出候选指标，再通过现场测试、精选提炼后确认，以调查或推论的方式开发质量指标；指标的科学合理性则是通过专家论证，邀请医疗服务提供者参与指标制订及定期指标审核更新等方式来保证；另外，ACHS对表面效度和内容效度有信心，但对信度不确定。

CEP质量指标主要用于医疗服务的过程和结果评价，过程指标包括：医疗文书记录（麻醉前麻醉师访视记录等）、时间相关指标（急性心肌梗死患者到达后30分钟内接受溶栓治疗的平均时间等）和预防类指标（高危患者进行静脉血栓预防治疗等）。结果类指标同样是重返类指标、死亡类指标、医院感染类指标及患者安全指标等。

ACHS的CEP质量指标特点在于囊括的医学学科范围广以及医疗服务提供者参与指标制定。但ACHS也认识到并非所有指标都具有相同的价值，应该根据指标的重要性和科学合理性论证，进一步提炼精简指标。

6. PATH 2003年，WHO提出开发医院质量改进绩效评估工具（Performance Assessment Tool for Quality Improvement in Hospital，PATH），目的在于帮助医院评价

自身绩效，并将评价结果用于医疗质量改进的行动中。经文献研究世界上不同的绩效指标体系并由专家就PATH指标的概念模型达成协议，得到6个维度和18个绩效指标，于2004年2月在6个区域和国家的51家医院试点，就指标的可行性和有用性进行评估。试点后的系统评估表明，PATH指标定义需要更为清晰，需进一步提升指标的有效性，增加常规数据的使用，更加及时地反馈结果，更加注重国际基准，加强对结果的解释。

PATH指标关注结构、过程和结果的评价，指标的开发通过半结构化、访谈、专家评议、标准化和问卷（五点式Likert-type量表）等形式发展；指标的有效性是通过专家意见、受访者对指标赞同比例超过80%或不赞同的比例小于50%来保证的；指标涵盖临床有效性、效率、员工培训、回应性治理、安全和以患者为中心6个质量维度。

二、国际医疗质量指标体系特点

1. 建立概念框架指导医疗服务质量指标开发　在AHRQ、OECD和WHO开发各自的质量指标体系之初，均建立了质量指标概念框架或发展模型来协助开发人员总结概括项目当前和后续阶段应获取的医疗服务质量主要概念和测量领域，包括厘清指标概念、明确观察视角、确立计算方法和测量规范，并根据预期应用要求丰富完善指标。通过先期清晰勾勒开发指标测量的内容以及卫生政策希望达成的目标，可以更高效地完成开发，并在后续的实际开发过程中不断完善强化质量指标。

2. 医疗服务质量指标均参照指标评估标准审核　上述主流国际医疗服务质量指标的相关文献报道均显示在指标开发及应用的全过程中，均不同程度的参照指标评估标准定期或不定期地进行指标重要性、科学合理性、可行性及有用性审核，以保证医疗服务质量指标达成测量目标并保持持久活力。

3. 注重培训和教育　美国的IQIP及英国的QIP在不同国家和地区使用过程中，基于其建立的支持体系在指标数据收集、解释和应用方面开展全面培训，现已成为世界上运行时间最长且使用最为广泛的国际医疗质量指标项目。同样，HCQI、PATH、ACHS和AHRQ质量指标在开发及试点过程中，也非常重视通过完善软件说明书、使用指南、用户手册以及形成质量报告等方式详细说明质量指标的定义、选择指标的原因、测量规范、风险调整方式及结果解释，以此来宣传和指导指标的使用。

总体上，国际知名的医疗服务质量指标体系重视与医疗质量直接相关的结果类的指标；关注与患者安全密切关联的不良事件发生情况；强调质量指标用于机构及地区之间比较的基础在于同质可比，因此需明确指标测量规范，引入影响测量结果的风险因素（如年龄、性别及合并疾病等）并建立科学的分析模型进行风险调整。

第四节 国内医疗服务质量指标体系现状及发展方向

除中国台湾地区外，中国大陆的医疗服务质量指标体系起步较晚，但随着我国医疗保障覆盖面和医疗服务可及性增加，政策制定者及民众关注的重点逐步转向重视医疗服务的质量及公平性。因此，亟须建立起一套被广泛接受的医疗服务质量指标体系，从而帮助医疗服务提供者了解自身定位，发现质量存在问题，并促进其医疗服务质量持续改进。同时也可以将医疗服务质量指标与医疗保障支付制度改革相结合，树立鼓励优质、高效及强调公平的“价值医疗”服务绩效导向，促使医疗机构加强自身管理，全面提升我国医疗服务水平，增强人民群众的幸福感和获得感。

一、国内医疗服务质量指标体系现状

我国有一定应用基础且较成体系的指标主要有：

1. 医院评审的医疗服务质量指标 我国医院分级管理与评审工作始于1989年国家卫生部发布的《有关实施医院分级管理的通知》和《综合医院分级管理标准（试行草案）》。医院评审工作在其后持续推进过程中对于促进我国医院发展、推动医院建设发挥了重要作用，但同时也发现个别医院重形式、突击评审等问题。针对该类问题，2001年国家卫生部成立“医疗机构评审课题组”，通过总结前期评审经验并借鉴学习JCAHO等国外医院评审的理念，明确医院评审的实质是针对医院质量、安全的认证，要遵循“质量、安全、服务、绩效”指导方针设立医院评审标准指标体系。此后，国家卫生健康委员会又分别于2011年和2020年推出了一系列成体系的医院服务质量指标应用在医院评审中，配合国家推进医疗体制改革，助力新时期医院高质量发展。

医院评审标准的一系列变迁，尤其是基于客观评价的医疗服务质量指标的变化，体现我国医疗服务质量指标体系逐渐融合国际、国内先进理念、工作方法和标准，更加契合当前形势和贴近实际工作的发展进程，通过强化定量指标条款和融合简化现场条款，使得评审工作从原来的主观定性为主向现在客观定量为主转变，评审结果也更加客观可信。以最新的《三级医院评审标准（2020年版）》为例，其第二部分为医疗服务能力与质量安全监测数据，包括5章74节240个指标，与2011版相比变化较大，指标一致率不足10%。除第1章涉及的资源配置与运行数据指标为结构类指标；第2~第5章均是与结果和过程相关的指标。2020版三级医院评审指标，如图3-3所示。

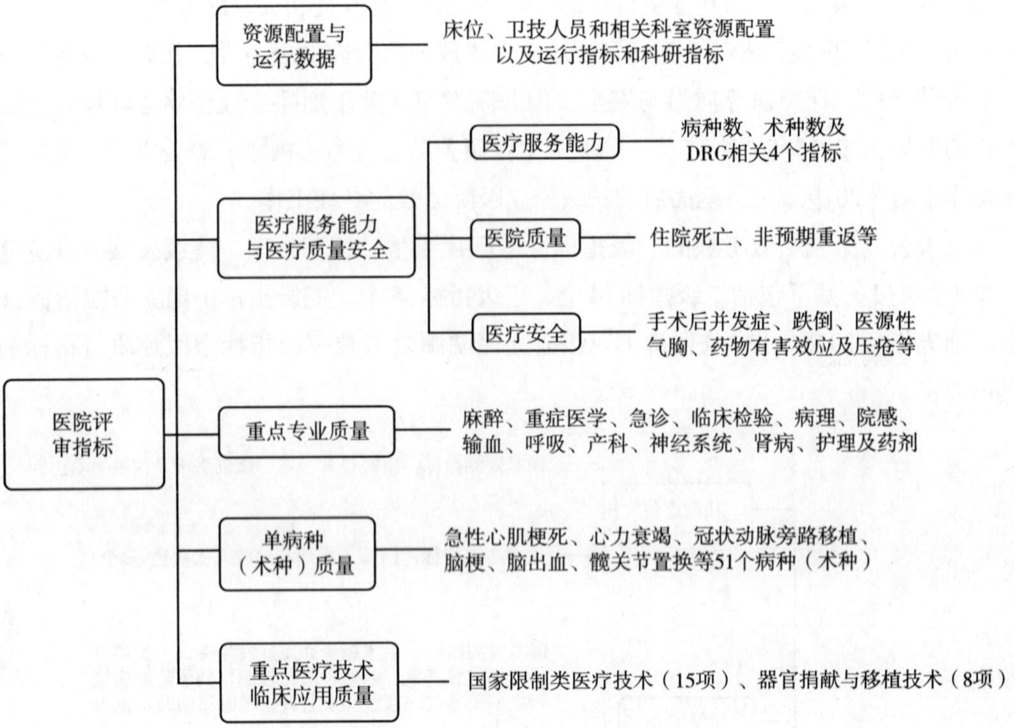

图3-3　2020版三级医院评审指标

总体上，新的评审标准更注重过程和结果类的质量指标，引入风险调整的思想开始尝试进行不同医疗机构之间的比较。

2. CHQIS　为配合我国医疗体制改革的进程，促进医疗服务质量持续改进及医院管理的科学化、规范化、标准化，亟须创建一套既符合我国具体国情，又同时符合国际质量指标标准要求的医疗服务质量指标体系。2005年国家卫生部医政司委托卫生部医院管理研究所，组织研发中国医疗质量评价指标体系（China Healthcare Quality Indicator System，CHQIS）。

CHQIS是以首先通过文献研究建立候选指标，然后经专家群体决策法精选优化指标和最后经实证研究来验证指标的有效性方式发展的。CHQIS重视医疗质量结果的评价，建立指标标准基于国际比较性原则、实用性原则、可比性和可操作性相结合的原则，最终确立住院死亡、非计划重返及不良事件三大类11个1级指标和33个2级指标，共计730个单项指标和4610个复合指标，这些指标的数据来源多数可以从常规收集的病案首页渠道获取，可操作性强。以此作为基础，2011年国家卫生部医政司发布《三级综合医院医疗质量管理与控制指标（2011年版）》，包括住院死亡类、重返类、医院感染类、手术并发症类、患者安全类、合理用药和医院运行管理类7大类指标，标志着

CHQIS成为我国医疗机构和卫生行政部门医疗服务质量改进和提升的重要工具。

3. 公立医院绩效考核 2019年1月，为体现公立医院的公益性，强调以患者为中心的价值导向，保障医疗质量与安全，国务院发布《关于加强三级公立医院绩效考核工作的意见》。2019年5月31日，国家卫生健康委员会发布《国家三级公立医院绩效考核操作手册（2019版）》，全面启动三级公立医院绩效的考核工作。

三级公立医院绩效考核的一级指标覆盖医疗质量、运营效率、持续发展、满意度评价4个维度，其下包括二级指标14个、三级指标55个。三级指标中国家监控指标26项，地方指标29项。图3-4列举了三级公立医院绩效考核一级指标中医疗质量指标的具体内容。

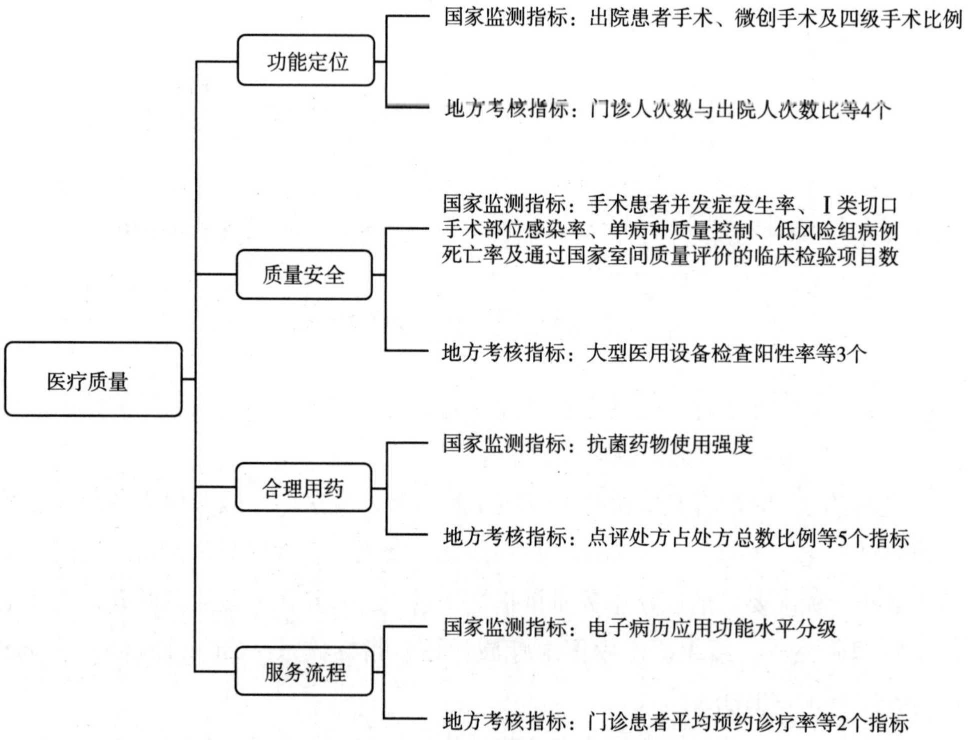

图3-4 三级公立医院绩效考核一级指标医疗质量指标

公立医院绩效考核指标特点：首先充分应用信息化手段，以常规渠道上报的出院患者病案首页数据及医院自行填报的数据作为评价标准，尤其26个国家监测指标中，7个来自出院患者首页数据，占26.92%；体现医疗质量的指标数量最多，共24个，占三级指标的43.64%。另外，以定量指标为主，共50个定量指标，占三级指标的90.91%。最后，指标都标注明确的导向性，逐步提高的指标有26个、逐步降低的指标有10个、监测比较的指标有19个。

2019年中国大陆地区三级公立医院正式参加绩效考评，2020年将二级公立医院全面纳入，公立医院绩效考核指标体系实际已经成为我国参与群体最为广泛的质量指标体系。但陈晔等在《我国三级公立医院绩效考核指标体系解读与评价》中指出，公立医院绩效考核指标体系未公开指标研究的相关文献，指标的科学合理性、重要性及可行性等亦未见相关研究报道给出评价；指标体系的逻辑结构有待优化；有关医疗质量与安全的指标，包括结果类指标和安全类指标有待补充，需要在后续的持续推进过程中进一步研究提升。

4. TQIP　1999年，中国台湾地区卫生管理部门成立了台湾医院评审联合委员会（Taiwan Joint Commission on Hospital Accreditation，TJCHA），其终极目标是整合和升级医疗质量体系。同年，TJCHA针对112家地区教学及以上等级的医院调查结果显示：75%的医院在收集用于分析医疗质量指标的数据，33%的医院将其用于院际间的比较，但因指标定义不统一，不同医院之间比较困难。为此，TJCHA借鉴美国IQIP的成功经验和国际基准，于2000年启动了台湾地区质量指标项目（Taiwan Quality Indicators Program，TQIP），包括三种类型的质量指标：急症医疗服务质量指标、精神疾病质量指标和长期护理质量指标。至2004年，台湾地区已有72家医院加入TQIP。

TQIP是一个独立且客观的台湾地区医疗服务测量基准平台。TJCHA以IQIP的引入为契机，使得台湾地区医疗服务质量管理得以借鉴国际成功经验，实现质量指标规则本地化并定期用于医疗服务质量监测。对于参与的医疗机构而言，可以利用TQIP的分析和报告，量身定制针对性质量改进措施，同时满足台湾地区医院评审要求。

5. THIS　1999年，中国台湾地区卫生管理部门认为需要建立一个符合台湾医院需求的本地医疗质量指标体系，因此资助中国台湾医疗管理学院（Taiwan College of Healthcare Executives）开发中国台湾地区医疗指标系列（Taiwan Healthcare Indicator Series，THIS）。

THIS建立之初，顺应绩效测量注重结果和过程的国际趋势，仅保留少量结构类指标，指标的开发和效度主要通过参考国际成熟指标体系，同时结合专家小组决策来保证，初期指标涵盖门诊、急诊、住院和重症监护，共计139项。THIS于2001年正式启动，医院自行决定是否参与，参与医院上传数据后，由台湾医疗管理学院处理数据并向其反馈结果，包括所有指标的平均值、标准差、波动范围、百分位数等。反馈信息仅提供给参与医院使用，不对外公布。参与医院从2001年的45家增加到2006年的227家，其中8家医疗中心，53家区域中心医院，33家地区教学医院，133家地区医院，地区教学医院参与比例最高，达89.2%。图3-5列举了THIS部分指标：

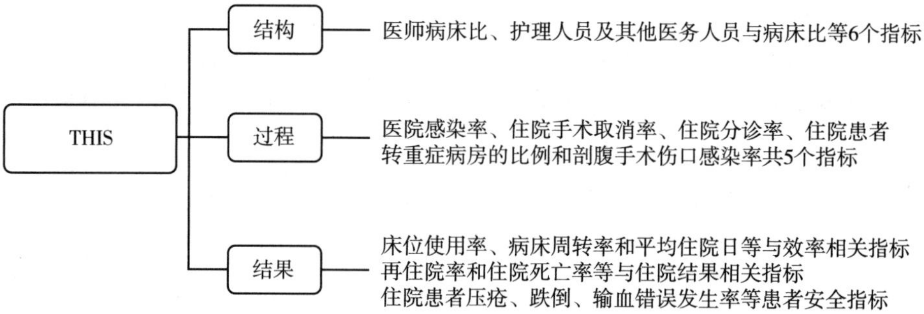

图3-5 THIS部分指标

从2005年开始，台湾地区健康保险局（Bureau of National Health Insurance，BNHI）将年度总报销预算的0.155%用于按业绩付费计划。鉴于THIS的成功，BNHI建议将其作为质量补偿标准之一。

二、国内医疗服务质量指标发展方向

我国医疗服务质量指标总体发展较晚，不成体系，存在重视结构类指标而忽略结果和过程类指标以及较多采用间接指标等问题。通过研究学习国际上主流的质量指标体系，我国医疗服务质量指标体系的开发与完善需要注意以下几点：

1. 建立医疗服务质量指标概念框架，指导指标开发 开发医疗服务质量之初，应先期建立指标概念框架，指导候选指标选择、候选指标确立、指标实施、指标保持及指标退出全过程。例如，在选择候选指标时，可以依据概念框架提前排除那些虽符合国内传统但实际与医疗质量关联不大或主要依赖主观评价的指标，如住院时间、住院费用、诊断复合情况、甲级病案率等。通过概念框架明确开发医疗服务质量指标的目的及测量的质量维度，并通过文献研究、专家小组审核等方式将其落实到紧密相关的指标，通过指标严谨的开发步骤，最终构建与医疗质量维度相符的医疗服务质量指标体系，从而真正帮助医疗机构明确自身定位，促进医疗服务质量改进。

2. 借鉴国际指标评估标准经验，完善强化医疗服务质量指标 参照国际开发医疗服务质量指标的经验，在指标开发及实施过程中定期应用指标评估标准评估质量指标体系，并公开指标评估结果，保障指标具重要性、科学合理性、可行性和有用性；当出现新的循证证据或数据源时，再次审核评估原有指标，不断丰富强化质量指标体系，保持其活力；通过清晰指标定义，明确测量规范，可以在机构内部和机构之间按相同标准实施，以及当医疗服务质量指标用于比较目的时，引入影响比较结果的风险因素，并选择适宜的模型方法，加强指标的可比性。

3. 加强质量指标体系的培训和指导 医疗服务质量指标在开发完成后及实施过程

中，应就医疗服务质量指标体系开展全面的培训，并通过软件说明书、使用指南、用户手册以及质量报告等方式详细说明质量指标的定义、选择指标的原因、测量规范及风险调整方式和方法，来宣传和指导指标的使用；在试点和实际实施过程中，也可以通过信息反馈及质量报告的形式来解释结果，帮助用户理解并应用医疗服务质量指标。

第五节　应用案例

案例：美国剖宫产后阴道分娩的兴起和衰落。1981年，美国国立卫生研究院（National Institutes of Health，NIH）在经历过剖宫产的产妇成功实施阴道分娩后，开始推行剖宫产后阴道分娩（vaginal birth after a prior cesarean delivery，VBAC）试验。美国妇产科学会在1984年和1995年强调，针对有剖宫产史的产妇，如果胎儿是头位，有1个或多个子宫横切口且无已知阴道分娩禁忌证，只要患者知情同意，可以选择VBAC。在20世纪90年代，管理式医疗组织经测算认为提高VBAC率是缩短住院时间和降低治疗成本的方法，在组织内部提倡增加VBAC率。因此，1981—1997年，与美国剖宫产率增加20.8%相比，剖宫产后阴道分娩率从3%上升到27.4%；但同期的临床循证证据显示，子宫破裂等不良事件发生率增加。以洛杉矶南加州大学医学中心为例，该医学中心根据一次成功的VBAC比再次剖腹产少花费2300美元的测算，于1993年要求所有符合美国妇产科学会要求的有剖宫产史的产妇尝试阴道分娩，但到1997年，洛杉矶地区支付了2400万美元，解决了49起与VBAC相关的不良事件索赔。最终美国妇产科学会在1999年重新修订VBAC实施标准，允许仅有1次或2次剖腹产的患者尝试VBAC，一年后，又进一步将VBAC限制在只经过1次低位横切剖宫产的患者中，且只能在能够对产妇或胎儿紧急情况作出即时反应的医院中实施。

讨论：①尝试说明为何VBAC率作为AHRQ资源使用情况的监测指标；②该案例说明什么问题？

本章小结

医疗质量的提升始于医疗服务的评价，评价的关键则在于开发制订出能够准确、有效测量医疗服务质量绩效的指标。针对医疗质量指标的评估包括指标的重要性、科学合理性、可行性和有用性等。医疗质量指标的开发需首先构建质量指标体系的概念框架，然后经历质量指标的制订、实施、维护及退出四个步骤并循环往复，不断强化指标，从而让其保持长久的生命力。国外影响力较高的医疗质量指标体系包括美国MHA的IQIP、UK QIP、AHRQ的质量指标体系、WHO推出的PATH、OECD发展的HCQI以及澳大利亚ACHS开发的CEP。我国大陆地区成体系的质量指标发展较晚，主要有医院评审的医疗服务质量指标体系、卫生部医院管理研究所开发的CHQIS和公立医院绩效考核指标等。通过借鉴学习国外质量指标体系的开发经验，我国未来质量指标体系开发应提前设计概念框架指导开发全过程。在指标的整个开发和实施过程中，应定期或根据需要不断进行质量指标的评估和审核；在指标体系实施和推广时，需要结合多种手段对使用者进行全面的培训和教育。

（莫春梅）

第四章　医疗质量管理的工具与技巧

学习目标

1. 掌握　PDCA循环的概念和步骤；6σ、6S、零缺陷管理法、品管圈、全面质量管理法的基本概念。

2. 了解　6σ、6S、零缺陷管理法、品管圈、全面质量管理法的内容和适用范围；新旧七种质量管理手法。

案例讨论

【案例】某院住院患者人数逐年增加，床位使用紧张，平均住院日有较大的缩短空间。综合2015—2019年该院平均住院时长达11.28天，缩短医院的平均住院日即是医院进一步缓解床位紧张的压力的需求，也是国家对医院的要求。医院对该院156位患者进行调查发现，受到“病区诊疗工作”“医技辅助科室工作”“病区护理工作”“患者自身条件”“制度”“管理”方面的因素影响，造成平均住院日延长的人数为80人。医院设立质量改进目标，在确保医疗质量与安全的前提下缩短平均住院日，实现资源成本最小化，同时减少患者的直接和间接费用。

【讨论】

1. 应采用什么工具分析医院平均住院日过长的原因？

2. 哪些原因是造成医院平均住院日过长的主要原因？如何确认？

3. 缩短医院平均住院日应从何处入手？

第一节　PDCA循环——有效控制管理过程和工作质量的工具

一、基本概念

PDCA是英语单词plan（计划）、do（执行）、check（检查）和act（修正）的第一个字母的组合，PDCA循环就是按照这样的顺序进行质量管理，并且循环不止地进行下去的科学程序。

PDCA循环由美国著名的质量管理专家戴明（W.E.Deming）博士提出，也称为“戴明环”。PDCA循环分为四个阶段、八个步骤。PDCA循环反映了质量管理活动的规律，是提高产品和服务质量、改善组织经营管理的重要方法。

二、主要内容

（一）PDCA循环的具体阶段和步骤

1. 计划阶段（plan） 对方针和目标进行确定，并对活动计划进行制定。主要经过四个步骤：①分析现状、找出存在的质量问题。②分析产生质量问题的各种原因或影响因素。③从各种原因中确定影响质量的主要原因。④针对影响质量的主要原因，制定措施，提出行动计划。

2. 执行阶段（do） 对前一阶段制定的计划予以实施，实现计划中的内容。

3. 检查阶段（check） 对计划执行中的情况或计划执行后的结果进行检查和监测，看其是否按照计划执行，并达到预期目标。

4. 处置阶段（action） 计划执行完毕，对总结检查的结果进行处理、总结。主要通过两个步骤完成：对成功的经验予以肯定，并予以标准化，或制定作业指导书，便于以后推广；对失败的教训加以总结，尚未解决的问题转入下一个PDCA循环。

（二）PDCA循环的主要特点

1. 四个阶段紧密衔接，连成一体 PDCA循环的四个阶段是按照时间顺序逐步完成，紧密衔接，连成一体。处理阶段的最后工作完成时，循环并没有结束，而是继续开始第二阶段的循环，如此往复。

2. 循环前进，阶梯上升 由于多数问题都是由许多的小问题所组成的，一般不可能通过一次“PDCA”循环就完全解决，必须进行不断地循环。而每完成一次

"PDCA"循环就能解决一部分问题，比循环前上升到一个更高的水平，如此通过不断地循环，就能一步一步地达到较高的水平。

3. 大环套小环，小环保大环　"PDCA"循环的四个阶段中，每一个阶段都可形成本身的小"PDCA"循环。不断细分的更小的循环过程，将质量管理工作落实到细节处。上一级的管理循环是下一级管理循环的根据，下一级的管理循环又是上一级管理循环的组成部分和具体保证。通过各个小循环的不断转动，推动上一级循环，带动整个循环不停地转动。

（三）PDCA循环用到的主要工具

PDCA循环作为质量管理的基本方法，在应用的过程中，需要搜集大量数据资料，并综合运用各种管理工具、技术和方法。表4-1总结了PDCA循环的各个步骤可能用到的主要工具或方法。

表4-1　PDCA循环各个步骤的主要工具和方法

阶段	步骤	主要工具或方法
计划阶段	1. 分析现状，找出问题	过程图、直方图、控制图等
	2. 分析各种影响因素或原因	因果图、散点图
	3. 找出主要原因	排列图
	4. 针对主要原因，制定措施计划	对策表、箭条图等
执行阶段	5. 执行、实施计划	回答"5W1H" 为什么制定该措施"why"？ 达到什么目标（what）？ 在何处执行（where）？ 由谁负责完成（who）？ 什么时间完成（when）？ 如何完成（how）？
	6. 检查计划执行结果	直方图、控制图、对策表等
处理阶段	7. 总结成功经验，形成标准化	制定或修改工作规程、检查规程及其他有关规章制度
	8. 找出差距和尚未解决的问题，转入下一个循环	—

三、适用范围

PDCA循环主要用于探索和寻求某一具体质量问题的有效改进措施。PDCA循环是全面质量管理体系运转的基本方法，需要收集大量数据资料，并综合运用各种管理技术和方法。PDCA循环广泛地应用于医院质量管理的每一个环节改进和每一个方面流程的改进，可以成为医院院、科两级质量管理组织的日常工作。

第二节　6σ——世界先进的质量管理法

一、基本概念

六西格玛（Six Sigma，6 Sigma）又称“6σ”，西格玛（σ）是希腊字母，是一个统计学单位，在统计学中用来表达总体数据集的标准差，反映数据的离散程度。标准差越小，数据偏离平均值μ（数据间的差距）就越少，反之亦然。通常在研究一组数据的状态时，不能仅仅讨论平均值维度，还要考虑离散程度，应用6σ就是在质量管理中降低流程的缺陷次数，防止变异的产生，提高整体品质。达到六西格玛意味着每百万个操作中缺陷率仅允许3.4的质量水平，非常接近“零缺陷”的要求。六西格玛的核心是追求零缺陷生产，防范产品质量风险，降低成本，提高生产率和市场占有率，提升顾客满意度和忠诚度。

六西格玛的管理理念是以以患者为中心，对患者需求高度关注；基于事实和数据的管理；关注流程、管理和改善；积极主动的管理方式；变革管理；追求完美，容忍失误。

二、主要内容

（一）六西格玛的组织管理

合理高效的人员组织体系是六西格玛管理的首要基础工作，包括建立完整的组织体系和结构，进行培训，并赋予相应的职责。六西格玛管理中最受推崇的各种特征之一就是创建一支由高层领导、倡导者、黑带大师、黑带、绿带等所组成的持续改进专家队伍。

（二）六西格玛的实施步骤

六西格玛对业务流程的改进遵循五步循环改进法，即DMAIC模式。

1. 界定（define） 六西格玛成功的关键是找出合适的突破性项目，即项目界定。界定阶段主要包括五大步骤：项目选择、确定项目流程范围、项目定义、项目预期效果和项目实施计划。

2. 测量（measure） 掌握过程的现有水平，找出对其有影响的所有潜在影响因素变量并筛选出关键的影响因素。主要包括对项目的现况测量和对潜在关键影响因素的初步筛选。

3. 分析（analyze） 通过数据收集，应用统计工具对测量阶段得到的重要原因变量进一步分析，找出关键的原因变量。

4. 改善（improve） 基于分析阶段找出的问题的根本原因，制定可行的解决方案，找出相关变量的最佳水平并进行检验。

5. 控制（control） 对改进过程进行监测和控制，以固化所取得的改进绩效，确保相应的缺陷不会再次出现。主要步骤包括制定控制计划、实施控制计划和文件化/共享。

三、适用范围

最初六西格玛主要用于解决质量问题。随着六西格玛的发展，它也应用于组织流程的优化设计和系统的改进方面。六西格玛逐渐与精益生产、平衡计分卡、并行工程等理论和方法进行整合，形成新的管理模式，如精益六西格玛。

第三节　6S管理法——现场科学管理避免差错的基础工具

一、基本概念

6S管理法是由被誉为日本经济腾飞的两大法宝之一的日本企业独特的现场管理模式5S发展而来，其为现代管理提供了一套全面的、可参考的管理规范。6S管理法包括整理（SEIRI）、整顿（SEITON）、清扫（SEISO）、清洁（SELKETSU）、素养（SHITSUKE）、安全（SECURITY）六个要素，是对实验、实操、办公和生产现场各要素（尤其是与“物”有关要素）所处状态不断进行整理、整顿、清扫、清洁，提高员工素养、质量安全的活动，目的是提高整体工作质量。

1986年，首本5S管理法著作问世，在丰田公司的倡导推行下，5S管理法对于提升企业形象、安全生产、标准化的推进、创造令人心怡的工作场所等方面的巨大作用逐渐被各国管理界所认识。20世纪80年代，5S管理法传到美国，美国企业把5S进行了延伸，加上一个S（SAFETY，安全）将5S管理提到了6S管理，目的是更加强调“安全管理”的核心要义。中国航空工业集团航空总医院是国内最先导入6S管理法的医院。

二、主要内容

6S管理法有6个实施步骤：整理、整顿、清扫、清洁、素养、安全。遵循“有物必分类，分类必定置，定置必标识，标识必规范”原则，通过实施6S管理法，使工作规范化，提供安全保障，提高工作效率和工作质量。6S管理法强调全员参与，强调全过程，强调全效率，强调地/物明朗化，强调人的规范化。

整理（SEIRI）：将工作现场的所有物品区分为法必需的和非必需的，去除非必需的物品，留下必需物品。目的：腾出空间，空间活用，防止误用，保持清爽的工作环境。

整顿（SEITON）：将必需物品按照使用状况分门别类，依照规定位置摆放整齐，做好标识，统一管理。目的：使工作场所一目了然，消除寻找物品的时间，创造整整齐齐的工作环境，消除过多的积压物品。

清扫（SEISO）：将工作场所彻底清扫，清除灰尘、污垢、油渍和异物等，保持工作环境处处清洁、清新、亮丽，防止污染的发生。目的：稳定品质，减少工业伤害。

清洁（SEIKETSU）：将“整理、整顿、清扫”制度化、标准化和规范化，并贯彻始终。目的：创造明朗现场，维持上述3S推行成果。

素养（SHITSUKE）：培养每位成员养成良好的习惯，并遵守规则做事，具备积极主动的精神（也称习惯性）。目的：促进良好行为习惯的形成，培养遵守规则的员工，发扬团队精神。

安全（SECURITY）：将工作场所潜在安全问题的根源予以排除，预防安全问题的发生。重视成员安全教育，每时每刻都有安全第一观念，防患于未然。目的：建立及维护安全生产的环境，所有的工作应建立在安全的前提下。

“6S”之间彼此关联，整理、整顿、清扫是具体内容；清洁是指将上面3S实施的做法制度化、规范化，并贯彻执行及维持结果；素养是指培养每位员工养成良好的习惯并遵守规则做事，开展6S容易，但长时间的维持必须靠素养的提升；安全是基础，要尊重生命，杜绝违章。

三、适用范围

6S管理的应用方法已经趋于成熟，在物品管理、器械设备使用管理、患者满意度、医务人员工作效率、时间消耗、药品安全、制度规范、作业流程优化等方面的应用均可以取得满意效果。

6S管理法可以与其他管理方法、工具联合应用，以达到更精、更细、更优、个性化的管理品质。

第四节　零缺陷管理法——质量管理方法的又一次革命

一、基本概念

零缺陷管理法，亦称零缺陷、无缺陷、缺点预防、零缺陷品质管理。零缺陷管理的思想主张企业发挥人的主观能动性来进行经营管理，生产者、工作者要努力使自己的产品、业务没有缺点，并向着高质量标准的目标而奋斗。零缺陷并不是说绝对没有缺点，或缺点绝对要等于零，而是指要以“缺点等于零为最终目标，每个人都要在自己工作职责范围内努力做到无缺点”。零缺陷特别强调预防系统控制和过程控制，要求第一次就把事情做正确，使产品符合对顾客的承诺要求。

零缺陷思想是由菲利浦·克劳斯比（Crosbyism）在20世纪60年代提出的，最早应用于美国马丁马里塔公司（Martin Marietta Materials Inc.）的奥兰多事业部。后来在日本制造业中全面推广。

二、主要内容

（一）基本内涵和基本原则

基于组织的质量宗旨和目标，通过对经营各层面的全过程全方位管理，保证各环节、各层面、各要素的缺陷趋向于“零”。

（二）零缺陷管理的实施步骤

1. 建立推行零缺陷管理的组织　通过建立组织，可以动员和组织全体员工投入零缺陷管理，提高员工主动参与的积极性，应重视每个人的合理化建议，在组织内进行充分的经验交流。最高管理者要亲自参加，组织要确定领导人，制定制度，对员工进行培训。

2. 确定零缺陷管理的目标　确定零缺陷小组或者个人在一定时期内所要达到的具体目标，包括目标项目、评价标准和目标值。

3. 进行绩效评价　明确小组的职责与权限，由小组自己评议所确定的目标是否达到。

4. 建立相应的提案制度 小组及个人发现了系统或组织的错误原因，可以提出建议和有关的改进方案。组织的领导者和提案人一起对建议和方案进行研究和处理。

5. 建立表彰制度 对组织内无缺陷的小组和个人定期进行表彰。表彰制度是表彰无缺陷者，不斥责错误者；不是指出人们有多少缺陷，而是告诉人们向无缺陷的目标奋进。

大量的实践告诉我们，只进行“超级检验”是远远不够的，那是一种既昂贵又不切实际的做法，必须用超乎寻常的检查水准才能维持。更应该做的是如何防患于未然。零缺陷通过向员工展现组织管理的期望，使领导者的心愿一清二楚地表达出来，员工再按照主管们的心愿去做事，从而达到改进质量的目的。

三、适用范围

开展零缺陷管理可以为组织降低成本，提高产品的质量，减少废次品和返修、检验等费用，提高员工的工作技能和无差错进行工作的动机，增加员工信心，从而增强组织的竞争能力。

零缺陷管理法在医院中各个层面均可以应用，要求医院进行事先、实时监控，最大限度地调动医务人员的主观能动性和执行各项规章制度和医疗规范的自觉性，消除或减少医疗隐患，保证各环节、各层面、各要素的缺陷趋向于“零”，以实现质量的根本性改进，最大限度地满足患者对医疗服务的要求。

第五节　品管圈——广为认可的质量管理方法

一、基本概念

品管圈的英文全称是quality control circle（QCC），也称QC小组。品管圈的创始人是日本学者石川馨。日本科学技术联盟（1970年）给品管圈下的定义是：由同一现场的人员，自动自发地进行质量管理活动而组成的小组。此小组是全公司质量管理活动的一环，在自我启发及相互启发的原则下，活用各种统计手法，以全员参与的方式，持续不断地对工作现场进行改善与管理。

医院品管圈分为问题解决型品管圈和课题研究型品管圈。问题解决型品管圈是品管圈的最初形态，主要针对既有的、延续的工作中现状与标准出现的差距，以既有的工作方法为前提予以解决，在实施中追寻原因，对现状工作作出部分改进。课题研究型品管圈是建立在成熟的品管理念和新品管手法基础上的产物。主要是针对新的、无既往经验的工作，在新的期望与目标产生后，圈员不以既有的工作方法为前提，而是运用新的思维方式与品管手法，通过探讨对策、手段，创造出新的工作方法达成新的期望值，最终实现“新规业务（操作）的应对”“现状突破”“预测防止”和“魅力性品质的创造”。

二、主要内容

（一）品管圈的实施步骤

在融合了PDCA循环的理念后，品管圈将行动划分为4个阶段、10个步骤，同时还采取了7大品质管理手法，成功地将理念、行动与管理方法融为一体。

1. 选择主题　组织圈员们采取头脑风暴等方法列出日常工作中的常见问题，或是从工作的总结和反省中提炼出问题。圈员们通过投票确定主题。

2. 拟定计划　按一定的时间顺序来拟定活动计划，以一个完整的PDCA循环来分配各步骤所需的时间，采取绘制甘特图、箭条图等方式调控活动进度。

3. 现状调查　最主要的目的是了解问题的现状、严重程度，收集客观真实的数据，为设定目标提供依据。

4. 设定目标　以“完成期限+目标项目+目标值”的表达方式来明确目标值。目标值的设定要明确，要具有一定的可行性和挑战性。

5. 确定主因　对问题产生的原因进行深入分析，并确定主要影响因素，常用鱼骨图、系统图和关联图等方式。

6. 拟定对策　针对前一步骤所确定的要因，提出改善对策，对策要有可操作性、针对性、创新性。

7. 实施对策并检讨　对策拟定后，根据对策分派工作；在对策实施过程中，及时收集相关数据以监测管理效果；在实施过程中可根据情况重新调整对策。

8. 效果确认　目的是确认实施品管圈的效果，分析对策实施后结果是否有所改变，有无真正效果；有无其他效果或反效果，程度如何；所取得的效果是否具有可持续性，能否推广和承认。如果对策实施仍有尚未解决的问题，重复步骤6~8，直到找到能够产生良好效果的对策及实施条件。

9. 标准化　是品管圈实践经验的总结，为使对策效果能够长期保持稳定，需要对取得的有效措施进行标准化，作为今后遵照执行的依据。

10. 检讨及改进 讨论在活动中所发现的优缺点，明确今后持续改进的问题，可以通过此步骤确定下一期品管圈的活动主题，以持续进行PDCA循环。

（二）品管圈新旧七大手法

现代医院质量管理者在进行医院关联过程中，面对的数据量、数据类别和问题纷繁复杂，需要运用系统、科学的方法进行处理。由日本质量管理专家发明的新旧各七种质量管理手法对解决问题大有裨益。旧七种质量管理手法包括调查表、分层法、直方图、散点图、排列图、因果图和控制图。新七种质量管理手法包括关联图、亲和图、系统图、矩阵图、矩阵数据分析法、PDPC法和箭条图。十四种质量手法既能单独使用，又可以根据质量问题混合使用，特别是新七种手法更能够为医院的决策者提供有价值的信息，从而提高医院的工作效率和服务质量。

新手法是日本科学技术联盟于1972年组织一些专家运用运筹学或系统工程的原理和方法，经过多年的研究和现场实践后于1979年正式提出用于质量管理的。新七种手法的提出不是对"旧七种手法"的替代，而是对它的补充和丰富。"旧七种手法"的特点是强调用数据说话，重视对过程的质量控制；而"新七种手法"则基本是整理、分析语言文字资料（非数据）的方法，着重用来解决全面质量管理中PDCA循环的P（计划）阶段的有关问题。表4-2总结了新旧七大手法的对比。

表4-2 新旧品管圈七大手法对比

手法	名称	作用
旧七大品管圈手法	调查表	收集、整理资料
	排列图	确定主导因素
	散点图	展示变量之间的线性关系
	因果图	寻找引发结果的原因
	分层法	从不同角度、层面发现问题
	直方图	展示过程的分布情况
	控制图	识别波动的来源
新7大品管圈手法	关联图	理清复杂因素间的关系
	系统图	系统地寻求实现目标的手段
	亲和图	从杂乱的语言数据中汲取信息
	矩阵图	多角度考察存在的问题，变量关系
	PDPC法	预测设计中可能出现的障碍和结果
	箭条图	合理制定进度计划
	矩阵数据分析法	多变数转化少变数资料分析

三、适用范围

问题解决型品管圈通常解决的是问题点层面的问题，课题研究型品管圈通常解决的是体系或者系统层面的问题。课题研究型品管圈活动主要应用于以下四类情况：第一类是新规业务（操作）的应对，欲顺利完成没有经验的业务，并达成目标，应设法提出各种可能的方策构想，透过最适方策的评估与评价，选出最佳方策，创造出能达到期望的新工作方法，完成新业务的目标。第二类是现况突破，欲将现况水平大幅度提升，达到更高的目标时，必须适当抛弃原有的想法与做法，找出新的方策并创造出达成目标的新方法，追求大幅度的改善。第三类是为创造魅力性品质，只做到现有的水准，患者是无法感到十分满意的，欲创造患者认为有魅力性的品质，必须创造出新的、具有吸引力的产品、服务或工作方法，探究其达成方法，创造有魅力的品质。第四类是预防体系，防患于未然，事前解决问题、完善系统是减少损失和提高品质的最佳方法。

第六节　全面质量管理——促进医院质量管理向纵深实施的重要方法

一、基本概念

全面质量管理，即TQM(total quality management)。国际标准ISO 8402：1994《质量管理和质量保证——术语》中，将全面质量管理定义为“一个组织以质量为中心，以全员参与为基础，目的在于通过顾客满意和本组织所有成员及社会受益而达到长期成功的管理途径”。

全面质量管理是在20世纪50年代末由美国的费根堡姆提出的，后来在西欧与日本逐渐得到推广与发展。它应用数理统计方法进行质量控制，使质量管理实现定量化，变产品质量的事后检验为生产过程中的质量控制。全面质量管理类似于日本式的全面质量控制（TQC）。首先，质量的含义是全面的，不仅包括产品服务质量，而且包括工作质量，用工作质量保证产品或服务质量；其次，TQC是全过程的质量管理，不仅要管理生产制造过程，而且要管理采购、设计直至储存、销售、售后服务的全过程。

二、主要内容

（一）核心内涵

1. 强烈地关注顾客 全面质量管理要求必须把以顾客为中心的思想贯穿到组织业务流程的管理中，各个环节都应该牢固树立“顾客至上”的思想。

2. 质量的持续改进 全面质量管理是一种永远不能满足的承诺，“非常好”还是不足够，质量总能得到不断改善。组织持续不断改进产品或服务的质量和可靠性，在竞争中才能立于不败之地。

3. “三全”思想 全面质量管理强调“三全”，即“全员参与的质量管理、全过程的质量管理和全面的质量管理”。全员参与的质量管理要求全部员工，无论高层管理者还是一线员工，都要参与质量改进活动。全过程的质量管理必须在产品生产和服务提供的各个环节都把好质量关。全面的质量管理是用全面的方法管理全面的质量。全面的方法包括科学的管理方法、数理统计方法、通信技术等；全面的质量包括产品质量、工作质量、工程质量和服务质量。

4. 预防为主 注重产品和服务的设计阶段，以“预防为主”为核心，变“管结果”为“管不良因素”，消除质量隐患。

5. 以数据说话 有效的决策建立在对数据和信息分析的基础上，全面质量管理以事实为依据，通过定量化的分析才能获得质量控制的最佳效果。

（二）医院全面质量管理内容

1. “三全”规范 在医院执行全面质量管理、全过程质量管理、全面工作的全面质量管理。医院的各级人员、每个医疗过程、医院的各方面工作，都要进行严格的全面质量管理，以患者为中心，达到患者获得最佳治疗效果、医院高效率和高质量发展的目标。

2. “三级”质量管理结构 三级质量是指医院的基础质量管理、环节质量管理、终末质量管理。医院质量管理严格按照基础结构质量管理–环节过程质量管理–终末成果质量管理的三级结构进行有序、高效运行。

3. “四严”思想 即质量管理组织的严密性、质量管理制度的严肃性、医疗技术操作的严格性、临床思维的严谨性。从组织、制度、操作、思维四个方面，严格进行全面质量管理规范。

三、适用范围

全面质量管理的内涵不断增加，比如质量小组活动、质量文化、质量教育、质量保证、质量改进、质量经营、质量进步等，这些内容充实和不断完善全面质量管理的概念，使之更加全面。全面质量管理在全世界广泛传播和发展，已成为当代世界质量管理的最现代化管理方法。医院管理者可以依靠全面质量管理的全面性、理论性、科学性、现实性和必要性，在医院的整体层面应用全面质量管理方法。

第七节　应用案例

案例：某三甲医院将6S管理法融入医院中长期发展目标。医院创制了一整套6S管理标准和评价体系，并在持续十年的6S管理实践中每一步都遵循“PDCA”。计划：科学决策、建立组织、明确目标、制订制度标准。实施：宣传培训、试点先行、全面推广。检查：常态督导、评价考核。改善：持续改进。医院常态化推行6S管理，始终围绕医疗服务、质量安全等中心工作进行，并与“三甲”评审、品管圈（QCC）、平衡计分卡等紧密结合，经历了从“形式化”“行事化”“习惯化”到“文化养成”四个阶段的推行过程，才最终实现了从粗放式管理到精益管理的蜕变。

通过持续十年推行6S管理法的探索与实践，医院环境彻底改观、流程不断优化、服务持续改善、管理更加规范、品质显著提升、职工面貌焕然一新。

讨论：①如何将6S管理与工作实际结合、与人员素质结合，避免推行6S管理仅仅停留在“形式主义”？②每一种管理工具都不是单一推行的，多种管理工具如何在实践中有机结合，发挥最大的效果？

本章小结

医疗质量管理是医院管理的重要部分，必须借助一些管理工具和技巧来改善管理效果。质量管理工具的使用，将会进一步促进医院建设与发展向着标准化、规范化、科学化迈进。在质量管理的过程中，无论是分析问题还是实施改进措施，正确地使用工具和方法会起到事半功倍的效果。但每种质量管理工具都有各自的理念内涵和适用范围，在医院质量管理中，没有哪一种工具能够独自实现改善医院质量管理的所有问题。作为医院管理者，应该在掌握各种工具的情况下，根据医院的自身状况，选择适当的管理工具，进行创新的结合使用。

（李　慧　李佳佳）

第五章　循证医学

学习目标

1. 掌握　循证医学的定义及目的。
2. 熟悉　循证医学的意义及重要性；循证医学的实践模式。
3. 了解　个案研究与讨论循证医学的实践模式。

案例讨论

【**案例**】你有没有问过，为什么患者在医院里情况稳定、急需睡眠的时候，每2~4个小时就会因为生命体征而被叫醒？或者想知道手术前为什么一定需要备皮？你有没有问过，为什么同样的诊断，不同的医生使用的抗生素不同？你有没有想过，如果所有初级保健服务提供者都遵循循证建议，每年可以节省数百万元的医疗保健费用？你有没有质疑过，为什么从研究中产生的改进医疗质量的证据转化到现实世界中，往往需要几十年的时间？

【**讨论**】

1. 何谓循证医学与经验医学？
2. 医院实施循证医学的定义与目的是什么？
3. 循证医学对医院、医护人员、医保局与患者的影响为何？

第一节　循证医学概论

循证医学（evidence-based medicine，EBM）被誉为21世纪的临床医学，其以临床问题为出发点，以临床流行病学、生物统计学和医学信息学为支撑，是指导临床医疗服务提供者以患者为中心开展临床实践的一种思维模式，对促进医疗质量和安全、确保患者权益和推动医学进步具有重要的价值。

一、循证医学产生的背景

（一）有限的卫生资源与不断增长的健康服务需求之间矛盾突出

随着人口的快速增长以及经济社会的进步，人们对健康服务的需求持续增加；而总体上国家之间、地区之间的差异性决定了卫生资源的绝对和相对不足。这种有限资源和巨大需求之间的冲突，呼唤基于证据的更加科学合理的卫生决策，以更加有效地配置资源并促进其高效使用。

（二）临床实践差异巨大，迫切需要科学证据辅助临床决策

20世纪80年代以来，许多临床研究发现：患者经常接受了不必要的治疗或没能接受到必要的诊疗，也有相当部分诊疗无效甚至是有害的。对同样一个临床问题，不同国家或同一国家的不同地区，其处理方法千差万别。例如，美国4个州的18个社区开展颈内动脉内膜切除术情况，最低手术率和最高手术率之间相差20倍；又例如，儿童扁桃体切除率在某些地区不同机构之间从8%~70%。这些临床实践的差异已经超出了临床、人口学和地域特点差异所能解释的范围，让人们对这些差异的合理性及采取这些措施的科学性产生了怀疑。

（三）临床流行病学的推广积累了大量的原始临床研究证据

20世纪30年代美国耶鲁大学John R. Paul教授首先提出了临床流行病学的概念。20世纪70年代末到80年代初期间，Alvan Feinstein、David Sackett和Robert Fletcher等学者进一步推动了现代临床流行病学的发展。通过持续的推广和传播，临床流行病学成为各国医疗机构开展临床科研的重要方法学，全世界开展了大量的临床研究，通过严格的设计、测量和评价，提高了临床科研水平，为循证医学提供了大量的原始研究证据。与此同时，针对各地区临床研究证据良莠不齐、分散、样本量较小等特点，临床流行病学还建立了系列评价各类临床研究证据的原则和方法，使医生能鉴别各类研究结果的真伪。

（四）生物统计学的发展为临床诊疗决策范式的改变提供了更多的想象空间

传统的临床决策主要依靠经验。而越来越多的临床研究结果，在生物统计学方法分析基础上，为医生诊疗决策提供了有力的客观证据，甚至颠覆了经验的认知。由于

临床疾病危险因素、干预措施和健康结局之间存在繁琐的数量关系以及不确定性，传统的单中心、小样本研究常常不能获取真实结果。随着生物统计学在临床医学领域的广泛应用，尤其表现在1976年Meta分析的提出、疾病风险调整模型的广泛使用以及真实世界环境下的比较效果研究等方法学进展，其为临床诊疗思维和决策带来了全新的范式参考。

（五）信息科学的进步为催生循证医学提供了最直接的支持

20世纪后期兴起的计算机技术、信息通信技术、互联网技术，一方面使过去分散在全球各地的研究结果得以共享与快速传播，另一方面使医学领域摆脱了耗时和低效的手工文献检索。快速、高效的互联网和标准化文献数据库建设，极大地提高了全球最新信息的获得速度和能力。

二、循证医学的概念及演进

自循证医学这一术语提出至今，学者对其定义和理解在不断演变。1996年David Sackett教授将循证医学定义为“慎重、准确、明智地应用当前所能获取的最佳研究证据为患者进行医疗决策”，强调循证医学的实践应将个人的临床专业知识与当前可得的最佳研究证据相结合。2000年David Sackett等将循证医学定义修改为“循证医学是将最佳研究证据与临床专业知识和患者价值观相结合”。2006年循证医学的定义被再次更新为“循证医学要求将最佳研究证据与我们的临床专业知识和患者独特的价值观和情况相结合”。

上述循证医学的概念体现了如下特点：①最佳研究证据本身并不等于最后的临床决策，临床决策必须在证据、经验和价值观等因素之间权衡；②“当前可得”意味着证据必须定期更新；③“最佳证据”蕴含着临床实践中，证据是有层次的，有好的证据，也有差的证据，需要开展证据质量的评价。

自20世纪90年代初循证医学概念提出以来，其价值已经远远超越了临床教学和个体诊疗领域，目前在公共卫生和管理等领域均有许多实践和研究成果。就医疗卫生服务而言，临床个体患者的诊治和护理、临床指南和路径/临床过程的制定、医疗卫生服务组织和管理、医疗卫生技术准入、新药审批、医疗保险计划的制定、医疗卫生法规和政策的制定、公共卫生和预防策略的制定、医疗事故法律诉讼等领域都越来越重视和强调证据的重要作用。

三、循证医学的实践模式

循证医学实践必然会带来一些挑战。首先，循证医学作为一种新的实践思维模式，要求临床医生不能盲从或轻信教科书或专家意见；其次，医务人员劳动负荷通常很大，而每天全球都有大量新的研究结果发表，医务人员不可能阅读所有的文献。因此，理解循证医学实践模式具有重要意义。

循证医学的实践模式主要有两种：一是doer（证据生产者），主要按照规范的循证医学实施步骤开展临床实践；二是user（证据使用者），即直接获取经过筛选和评价过的最佳证据，结合临床经验和患者价值观等因素使用。

由于临床医务人员所处的医疗条件、自身技能、拥有的医学证据数据库资源的不同，对绝大多医务人员而言，遵循循证实践的理念，做一个证据使用者即可。证据生产者和使用者两者的主要异同，如表5-1所示。

表5-1　循证医学的两种实践模式

项目	Doer （证据生产者）		User （证据使用者）
提出临床问题	+++		+++
实践要求	（1）全面查找文献 （2）严格评价文献 （3）正确应用证据		正确应用证据
主要知识技能	（1）临床经验	+++	+++
	（2）流行病学	+++	+
	（3）生物统计学	+++	+
	（4）卫生经济学	++	+
	（5）计算机技能	++	+
实践模式	团队		个体

第二节　循证医学的实施步骤

循证医学实践包括5个实施步骤，可以用“5As”来描述：ask a question（提出问题），acquire the best evidence（获取证据），appraise the evidence（评价证据），apply the evidence（应用证据），assess the performance（评估效果）（图5-1）。

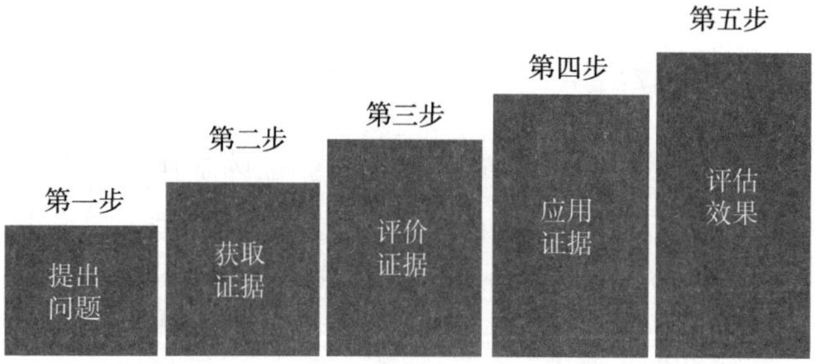

图5-1　循证医学的5个实施步骤

一、提出拟解决的问题

医务工作者每天都会面临许多临床问题，并非所有问题都能根据已有的知识储备解决。面对疾病病因、诊断、预防、诊疗、预后等不确定的实际问题，若无具体明确的问题构建范式，便很难查找到恰当的证据。循证医学倡导按PICO原则将临床工作中的实际问题转化为可以回答的科学问题，从而便于规范和查找相关文献资料。P指患者（patient）、人群（population）、困境（predicament），或是问题（problem）；I指干预（intervention）、暴露（exposure）、测试（test），或是其他因素（other agent）；C指相关问题的比较干预（comparison intervention）、暴露（exposure），测试（test）等；O指当问题彼此相关时具有临床重要性的结果（outcomes of clinical），包含时间（time）因素。

二、系统全面地查找证据

在基于PICO原则构建了明确的临床问题基础上，开展系统全面的证据检索。开展循证实践，通常推荐首选经过专家筛选和评价，根据证据的科学性和临床重要性建立的循证医学专项数据库或资源。为省时、省力且高效地回答临床问题，宜采用Brian Haynes等提出的证据“5S”金字塔模型（表5-2），每个“S”代表一种资源类型，自上而下依次检索相应的数据库资源。

表5-2　循证医学“5S”证据资源

类型	特点	局限性	数据库
systems（计算机辅助决策系统）	将医院信息系统与循证知识库整合，主动向医务人员提供循证的诊断、治疗、护理、药物及其他与患者安全相关的重要信息	尚不完善，有待进一步开发与本土化	EBMeDS，ProVation MD，ZynxCare，VisualDX

续 表

类型	特点	局限性	数据库
summaries（循证知识库及临床指南）	针对临床问题，直接给出相关背景知识、专家推荐意见、推荐强度和证据级别	覆盖领域较小，通常需要付费获取且存在潜在利益冲突	BestPractice，ClinicalKey，Essential Evidence Plus，UpToDate，Dynamed Plus，国际指南协作网（GIN），美国国家指南数据库（NGC）
synopses（证据摘要）	是对原始研究和系统评价证据的概要总结，同时专家对证据质量和结论有简要点评和推荐意见	分布零散，缺乏更新机制，不够系统	ACP Journal Club，EBM期刊
syntheses（系统评价）	针对原始研究的定性或定量系统评价	数量较多，质量参差不齐	各种医学期刊发表的系统评价，Cochrane Systematic Review
studies（原始研究）	单中心或多中心原始研究	数量庞大，质量差异极大，需严格评价	PubMed，Embase

三、严格评价证据

根据上一步骤检索证据的要求，若检索到的证据已经经过严格的评价，此步骤可省略。若检索到的文献未经过严格评价，则应采用临床流行病学和循证医学评价文献的原则或标准，严格评价文献的真实性、临床重要性和适用性。不同研究设计的文献资料的评价方法不同。

临床医生在评价证据时应该关注如下一些问题：①证据是否改善了决策？②证据能改善结果吗？③证据是否提高了临床质量或患者安全？④证据是否改善了诊疗体验？⑤证据是否提高了效率，降低了成本？⑥证据是否改善了服务？⑦证据是否改善了人们获得医疗服务的机会？⑧证据是否赋能患者和家属改善健康？

四、应用证据，知证决策

循证临床实践是科学性和艺术性的完美结合。再好的研究证据，都无法取代临床经验和患者偏好或价值观。由于不同医疗服务提供者面临的患者与文献研究中病例存在性别、年龄、并发症、疾病严重程度、种族、病程、依从性、社会因素、文化背景、生物学等特征的差异，即便是真实、可靠且具临床价值的研究证据也并不一定能直接用于某位患者。这一应用证据的过程，实质是知晓证据的决策过程，而非简单刻板地遵循证据，医务人员必须综合考虑最佳证据、临床经验、医疗保险、患者个体情况及其价值观等因素开展临床决策。严格评价后的证据，若明确显示某干预措施利大于弊或弊大于利，其主要作用是从概率上建议是否支持某干预措施，而非和最后的临床决策画等号。简言之，对明显利大于弊的证据，推荐使用；对无效或弊大于利的证据，建议停止使用；对利弊不明或尚无证据的领域，建议开展进一步科学研究。

五、后效评价，持续更新

采取循证临床实践，从概率和理论上看患者会有更好的诊疗结果，但并不表示患者就一定会获益。因此，必须持续开展临床效果的测量和分析，同时也需要不断更新证据。此外，伴随临床新技术的革新、经济社会的发展、人工智能的应用和智慧医院的建设，证据也要与时俱进。

第三节　循证医学与质量管理

循证医学的主要目的是加速有效干预措施的应用、淘汰现行医学实践中无效的措施并防止新的无效措施进入医学实践，最终提高医疗卫生服务的质量和效率。因此，循证医学对于医疗机构和医务人员重新设计、测量和评价医疗质量，开展持续改进和科学管理均有重要意义。医疗质量（healthcare quality）的内涵包括了安全、有效、以患者为中心、及时、高效和公平性。循证医学对医疗质量内涵的各个维度均可发挥重要作用。

当下，全球医疗卫生服务正在经历巨大的变革。医疗服务的范式从数量转向价值，强调价值医疗；保险支付从按项目付费转向基于价值的打包支付；服务对象从患者个体转向群体健康。为使医疗保健体系变得更加有效和高效，全球都在寻求质量、效率和费用之间的均衡或相对最优。无疑，上述一切目标都需要证据的支持。

一、循证医疗质量管理的逻辑框架

20世纪初以来，质量管理先后经历了质量检查（典型代表为提出科学管理的泰勒）、质量控制（典型代表为提出统计控制的休哈特）、质量保证（典型代表如ISO 9001）和全面质量管理（典型代表为提出该理论的费根鲍姆）。其中，质量检查和质量控制体现为“事后把关”；质量检查、质量控制和质量保证均存在缺乏持续质量改进的特点；全面质量管理是主动质量管理，强调围绕顾客的需要预防和持续改进，这与循证医学倡导的基于问题的研究、遵循证据的决策、强调后效评估而与时俱进具有异曲同工之妙。

在长期的质量管理过程中，形成了以戴明博士提出的PDCA循环理论，用于指导质量的持续改进。将循证医学实施步骤和经典的PDCA循环结合起来，就形成了循证医疗质量管理的逻辑框架（表5-3）。

表5-3　循证医疗质量管理的逻辑框架

传统医疗质量管理	循证医疗质量管理	
Plan（计划）	Plan	（1）形成质疑的文化 （2）按PICO原则提出明确问题 （3）系统全面检索文献 （4）严格评价文献
Do（执行）	Do	（5）将当前可得最佳证据与临床经验和患者偏好整合后作出临床决策
Check（检查/学习）	Check	（6）后效评价
Act（处理）	Act	（7）持续改进，结果传播

倡导循证医疗质量管理，并不是否认全面质量管理或传统的质量管理模式。但是，传统的质量管理，其效果主要取决于个人或组织的知识、经验或素养，而循证医疗质量管理则在传统PDCA循环基础上，整合了循证实践的环节/步骤，从而进一步促进了传统PDCA的精细化和科学化。从这个意义上讲，采取循证医疗质量管理，比传统的医疗质量管理有更大的概率和更完整的体系促进医疗质量持续改进。

上述循证医疗质量管理的逻辑框架，是不断循环和持续改进的总体框架。而对于医疗服务评价质量的指标而言，最常用的是Donabedian提出的结构–过程–结果模型。以下将从这三方面展开阐述。

二、循证资源配置提升结构类医疗质量

结构类质量指标主要体现在医疗资源配置的类型、数量和比例，包括设施设备和人力资源等。该类指标既是医疗质量的基础，也会给患者带来一种服务能力和医疗水平是否有保障的认知。例如，医院是否采用了电子病历记录及患者随访追踪系统，取得执业医师资格证书的医生数量，医患比及护患比等。

循证医学在结构类质量指标的科学配置过程中，主要作用是提供较为完整的参考证据和证据链。循证医学强调系统观，在资源配置方面，首先是评估本地区的医疗服务需求，根据疾病谱的状况及动态趋势，进行从宏观到微观的需求梳理；基于需求，再考虑本地区经济社会发展的总体情况，参考国内外相似地区医疗资源配置的状况，并与患者或人群健康结局进行关联，从而提出较为可靠的结构类质量指标建议。

三、证据分类与分级确保过程类医疗质量

过程类质量指标指医疗服务提供者为维持或促进健康，针对健康人群或患者所采取行动或措施。例如，实施某种药物治疗，遵从某临床路径，糖尿病患者血糖控制等。该类指标可以让接受医疗健康服务的人群或患者知晓他们将接受的健康促进或诊疗服务，并从理论上讲这些过程类质量指标会改善健康结局。

与过程类质量指标紧密相关的循证医学理念是对证据的分类和分级，以及由此衍生出来的临床路径和临床指南。

（一）证据的分类

不同的情境、需求和目的，证据分类的标准和类型不同。证据按产生来源，可分为研究证据和非研究证据，其中研究证据又可分为原始研究与二次研究两类。医学中的原始研究包括实验性研究和观察性研究，前者包括随机对照试验和非随机对照试验，后者包括队列研究、病例对照研究、横断面研究等。二次研究包括传统的综述、系统评价/Meta分析、卫生技术评估等。

按用户需求分类，可将证据分为政策制定者、研究人员、医疗保健提供者和普通用户（患者及公众）四种类型。对政策制定者而言，证据需要在法律法规框架下，简明扼要，条理清楚；对研究人员而言，证据需要有详细的方法学介绍，尽可能详尽、系统和全面；对医疗保健提供者而言，证据需要高质量，强调方便和快捷；对普通用户而言，证据需要生动形象，通俗易懂。

按临床诊疗问题，证据可分为筛查、诊断、治疗、预后和危害等类型。

（二）证据的分级

全世界各种研究不仅数量庞大，而且质量参差不齐。循证医学对医疗质量最大的贡献之一在于将医疗卫生领域的研究证据进行严格评估后的分级管理。医疗卫生领域的证据分级，不同研究机构和学者给出了不同的分级建议，但总体的核心思想和原则完全一致，即对那些高质量的研究设计或因果论证强度更高的研究设计（例如Meta分析或随机对照试验）证据级别更高更好。

2001年，美国纽约州立大学的州医学中心推出了九级证据金字塔（图5-2），较为直观地展示了证据的层次性，越在金字塔顶端的研究证据越好。需要注意的是，证据金字塔呈现的证据优先级别或“好的证据”与“差的证据”的结论是基于因果关系论证强度而言；抛开因果关联这一重要前提，就不存在所谓的最佳证据，而只有最适合的证据。

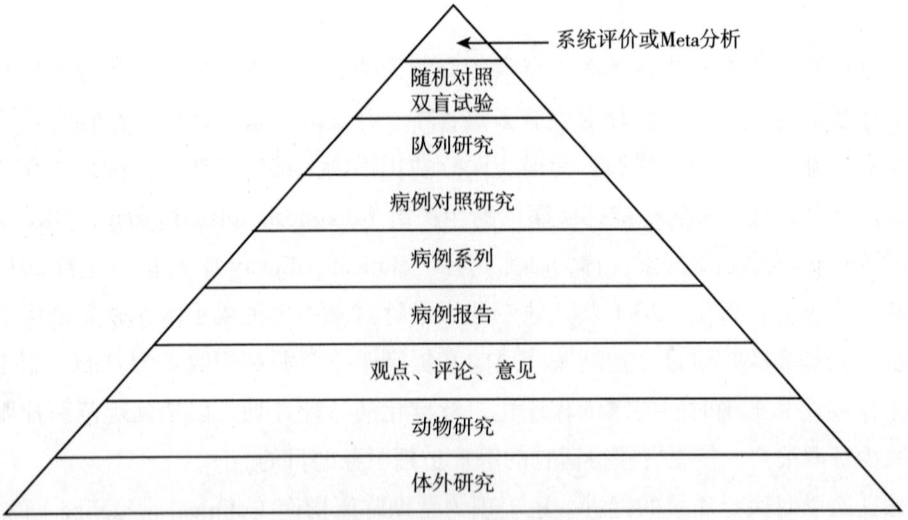

图5-2　九级证据金字塔

为进一步促进研究证据的使用和转化，自2000年开始，包括WHO在内的19个国家和国际组织共同成立了GRADE（Grading of Recommendations，Assessment，Development and Evaluations）工作组，工作组包括了临床指南专家、循证医学专家、各权威标准的主要制定者和相关研究者。经过循证研究和专家共识，该工作组于2004年正式推出了一套国际统一的证据质量分级和推荐强度标准，即GRADE（表5-4）。

和其他证据分级推荐一样，GRADE分级方法始于研究设计，但证据质量的最终评判需要考虑升级因素或降级因素，更详细的阐述可阅读循证医学相关专著。由于GRADE明确定义了证据质量和推荐强度，被广泛用于系统评价、卫生技术评估及临床指南的制定。

表5-4　GRADE证据分级与推荐强度

证据等级		描述
证据质量	高	非常确信效应估计值接近真实值
	中	对效应估计值有中等程度的信心，估计值有可能接近真实值，但仍存在二者不相同的可能性
	低	对效应估计值的确信程度有限，估计值与真实值可能大不相同
	极低	对效应估计值的确信程度几乎没有信心，估计值与真实值可能大不相同
推荐强度	强	明确显示干预措施利大于弊或弊大于利
	弱	利弊不确定或无论质量高低的证据均显示利弊相当

（三）临床路径与临床指南

全球医疗卫生服务体系都面临有限的资源无法满足民众日益增长的健康服务需求的巨大矛盾，并且在整个医疗卫生服务过程中，存在着患者、医院、医疗保险、政府等多个利益相关方的动态博弈。为遏止医疗费用不断上涨的趋势，持续改进质量，节约资源，全球开展了单病种或某疾病诊断相关组（diagnosis related group，DRG）质量管理的诊疗标准化模式探索，称为临床路径（clinical pathway）。中国卫生部2012年将临床路径定义为：医生、护士及其他专业人员针对某些病种或手术，以循证医学依据为基础，以提高医疗质量、控制医疗风险和提高医疗资源利用效率为目的，制定的有严格工作顺序和准确时间要求的程序化、标准化的诊疗计划，以达到规范医疗服务行为、减少资源浪费、使患者获得适宜的医疗护理服务的目的。

循证医学对医疗质量的促进，还表现为帮助临床指南（clinical guideline）的制定。WHO 2012年将临床指南定义为：对当前可得证据进行综合、客观评价后形成的推荐意见，为医疗服务的提供者、患者及各利益相关方进行知证决策（evidence informed decision making）提供帮助。

临床指南和临床路径二者均需循证制定、实施、评价和定期更新，且临床指南可指导制定临床路径。临床指南是系统评价当前可得证据并权衡相关干预措施的利弊，为循证优选防治方案提供的推荐意见和建议，多为行业共识和治疗准则，定的是原则，应用范围更广。临床路径是基于循证理念、证据、诊疗过程和临床指南等制定的具体治疗措施和计划，重点关注诊疗过程的规范性和时序性、相关各科室间的协同性及诊疗结果；临床路径是“实施细则”，注重本土化，因医院而异，其内容更简洁、操作性更强，是医疗机构加强医疗质量管理与控制、促进科室协作的重要手段。

四、注重终点指标揭示客观结果类医疗质量

结果类质量指标指医疗服务或干预措施对患者或人群健康状况的所有效应，包括健康状况、行为、知识、满意度和生命质量的变化，如外科手术患者的病死率、住院患者手术并发症发生率或院内感染发生率等。结果类质量指标常被视作测量医疗质量的“金标准”，但诊疗结局受到诸多因素的影响，且许多因素是医疗服务提供者所无法控制的。为消除这一影响，科学评估不同机构之间的医疗质量和水平，通常会采用疾病风险调整的数学模型来校正可能存在的混杂因素的影响。

很长时间以来，许多医疗服务提供者和患者把疾病诊疗过程的中间指标（如临床检验的生化指标）当作治疗是否有效的评判标准；循证医学强调和注重客观和终点指

标（如病死率），以期反映不同机构之间的真实医疗质量。目前，全球较为公认的结果类医疗质量指标有两个，一是出院后30天再次入院率，二是入院后30天死亡率。更为流行的评估方式是利用疾病风险调整模型，计算O/E指数（O代表观察值，E代表期望值）。显然，对负性指标如病死率而言，当O/E指数大于1，提示医疗质量和安全可能较差；当O/E指数小于1，提示医疗质量和安全可能较好。

五、系统全面的理念促进科学的质量管理

循证医学注重科学证据的真实性，更关注证据的多维性和全面性。在重视医疗质量的今天，脱离诊疗环境、资源水平、医保政策等因素讨论医疗质量，既不符合医疗服务真实情景，也失去其实际价值。这与广义质量概念具有极大的相似性。广义质量不仅涵盖了诊疗质量的内容，还强调患者的满意度、工作效率、医疗技术经济效果（投入产出关系）以及医疗的连续性和系统性。

第四节　促进循证医疗照护的策略和行动

将研究转化为实践对于临床医生来说是复杂的，但对于高质量的患者诊疗却是必不可少的。临床医生通常缺乏如何开展循证实践的知识、时间和资源，从而导致证据到实践的裂痕。这种裂痕常常导致医疗服务的过度使用、使用不足或滥用，因为所提供的诊疗措施缺乏证据且可能对医疗服务的安全、质量和成本产生不利影响。显然，从医疗服务决策者到提供者，都应该重视研究证据的作用，积极推进循证医疗照护实践。

一、实施循证医疗照护的原则

循证医疗照护不是简单模仿或使用系列技术，而是贯穿医疗照护整个周期的理念。例如，习以为常的干预措施是否一定是最好的？如何权衡诊疗获益与危害？患者出院是否代表医疗照护完成？患者是否能接受并负担得起当前最佳的诊疗措施？临床诊疗过程中各种需求总是持续不断，而证据或信息可能并不完整，医疗服务提供者会面临一个接一个的决策挑战。因此，要求采用循证医疗照护的服务提供者的每个决策都正确不现实，但掌握以下实施循证医疗照护的原则有助于组织和患者获益。

（1）建立循证医疗照护的文化，即尊重客观证据而非总是专家意见。

（2）聘用内部或外部循证医学专家进行实践指导。

（3）系统、全面、全程评价证据。不仅对某干预或诊疗措施的利弊同时进行评估，还需要综合质量、效率和成本等因素，同时注重长期效果。

（4）避免基于根深蒂固而未经检验的个人经验进行医疗照护决策。

（5）敢于面对失败，持续改进。实施循证医疗照护并不意味着一定会带来好的诊疗效果，但从概率上讲有更大可能性获益。

（6）团队而非个人提供诊疗服务。

（7）最佳证据并不直接等于最佳决策。决策必须考虑证据质量、患者偏好、医生经验、政策环境等因素。

（8）全球证据（global evidence），本地决策（local decision making）。

实施循证医疗照护并非完美，但有无好的证据支持，其结果可能大相径庭。参考当前可得最佳证据，医疗服务提供者更有把握作出好的决策。

二、促进循证医疗照护实践的策略

可从战略、结构、文化和技术4个维度制定推动循证医疗照护的策略。

（一）战略维度

战略是一种对未来定位、发展方式和服务模式的总体谋划和选择。医疗机构应该从战略层面明确将开展循证医疗照护作为基于患者价值的提升机构核心竞争力的重要手段。只有当医疗机构的管理者从战略层面明确倡导并大力推进循证医学实践，循证医疗照护才可能被广泛采用。

（二）结构维度

战略一旦确定，首先应该构建与战略相匹配的组织结构。结构维度指医疗机构支持循证医疗照护的总结构，包括工作/研究委员会、专业部门设置、任务工作组及负责实施和促进循证医学实践的个人。以四川大学华西医院为例，当医院确信循证医学是未来临床医疗照护极为重要的方向后，于1997年成立了中国循证医学中心，许多临床科室成立了循证医疗照护小组，多位临床医护人员在开展循证医疗照护过程中，对循证临床指南和临床路径作出了重要贡献，也极大地提升了医疗质量和患者安全。

（三）文化维度

文化维度主要是医疗服务提供者的信仰、规则、价值观和行为。拥有一个敢于质疑权威或他人观点的文化是开展循证医疗照护的重要前提。

（四）技术维度

技术维度意味着开展循证医学实践的相关人员需具备一些必备知识、培训和技能，可获取信息技术及设施的支持。因此，持续加大对医疗机构工作者循证医学的培训和实践指导，构建便捷的信息支持平台和循证医学数据库资源显得尤为重要。

医疗机构要切实推进循证医学实践，上述4个策略缺一不可。缺乏战略维度时，临床诊疗决策常不会考虑系统全面的证据；且当医护人员努力实践循证医疗时常常收效甚微，因为缺乏来自组织机构的优先战略支持。缺乏结构维度时，因缺乏专人/工作组负责培训和推广循证医学，可能存在散在、无关联的循证医学实践，但系统层面少有。当组织文化不支持基于证据的决策时，推行循证医学实践举步维艰，员工并不认可循证诊疗更好，或者害怕挑战权威的意见。缺乏技术维度时，组织开展循证医学实践必然受挫。推动循证管理所需的4个策略在很大程度上反映了当前循证医学实践很少被医疗保健机构真正全面采纳的原因。只有同时做好了这4个维度的准备，医疗机构才可能真正推动循证医学的发展和知识的转化。

三、传播和推动循证医疗照护的行动

未来迫切需要采取以下行动来传播和推动循证医疗照护实践：

（1）医学院校将循证医学作为必修课，培养面向未来的医疗服务提供者。经过近30年的推广和努力，目前我国多数医学院校开设了循证医学课程。

（2）出版循证医学教材和专著。

（3）各临床、护理等专业教材，应采纳循证医学理念进行疾病和健康的预防、诊断、治疗、预后、康复等知识点的编写和持续更新。

（4）开展更多的循证临床指南和临床路径的制定，并定期更新。

（5）条件成熟的机构成立循证医疗照护证据生产与转化研究中心，推动循证医学的传播并为医护人员提供证据和培训等支持。

（6）收集、整理或创建医疗照护证据数据库，提高证据可及性。

推动循证医学实践，还需要利益相关者（stakeholders）的参与。从利益相关者角度出发，不同利益相关者在推动循证临床实践和医疗质量持续改进方面均可发挥自己的作用。表5-5展示了不同利益相关者在推动循证临床实践和医疗质量持续改进方面的方法和策略。

表5-5 利益相关者推进循证医疗照护的方法和策略

利益相关者	方法和策略
医护人员	循证实践技能提升；继续医学教育；执业资质认证和再认证
流行病学家	生产系统评价；制定循证指南；提供决策支持
政策制定者	制定法律法规；预算
费用支付者	监测评估医疗质量；确定相关监测指标；结果反馈
管理者	过程改进；持续质量改进；组织变革
患者	关注患者权力；厘清投诉程序；参与医患共同决策

第五节 应用案例

案例：严重过敏反应的临床最佳急救措施。①临床状况：每天都有人因过敏反应被送到医院急诊室，每年都有许多人死于过敏。过敏反应的症状可从轻微皮疹到危及生命的呼吸问题及过敏性低血压。长期以来，对于急诊室过敏反应的最佳处理方法都没有达成共识；与此同时，用于抢救严重过敏反应的肾上腺素说明书描述了皮下注射、肌内注射、静脉滴注等使用方法，但并未推荐何种方式优先；②循证行动：2009年，英国急诊医学院发起了一项识别急诊治疗中不确定治疗方式的行动，严重过敏反应是专家首先关注的话题之一。他们成立了一个专家小组来搜索医学文献，研究如何回答这一问题。研究发现了952篇关于皮下注射肾上腺素是否优于肌内注射的研究论文。经过严格筛选和评价文献，系统评价结果显示：肌内注射能产生更好的效果；③结果应用：基于上述系统评价证据，英国急诊医学院于2009年12月发布了治疗严重过敏反应的新指南。新指南在全国急诊医师会议上发布，并在《急诊医学杂志》在线发表，以便在全英国的常规临床实践中采用。指南每三年重新评估一次，确保证据的更新和时效性。

讨论：①该案例只涉及了肌内注射和皮下注射，如果采取静脉滴注，对严重过敏反应的有效性和安全性如何？②您认为药品说明书是否应该及时更新并遵循循证指南的结果？

（案例改编自：Guideline for the management of acute allergic reaction. College of Emergency Medicine，2009.）

本章小结

循证医学被誉为21世纪的临床医学，是指导临床医务人员从事临床实践、解决临床问题、科学决策并体现以患者为中心的一种思维模式。循证医学实践包括证据生产者和使用者两种模式。对绝大多数医务人员而言，成为证据使用者是首要选择。完整的循证医学实践包括了提出明确的问题、查找证据、评价证据、应用证据和后效评价五个步骤。循证医学实践通过帮助临床医生遵循标准化的循证治疗方案、参考当前最佳证据作出诊疗决策、提高证据透明度及鼓励患者参与共同决策，提升了患者获得更好的医疗质量和健康结局的概率。要进一步推进循证医疗照护实践，应该在机构形成战略共识和循证实践的组织文化，并从组织结构和技术层面进行变革和支持。

（文　进）

第六章 临床路径与临床诊疗指南

学习目标

1. 掌握 临床路径的定义及目的。

2. 熟悉 临床路径的重要性；临床路径的实施步骤与方式；临床诊疗指南的定义与目的。

3. 了解 个案研究与讨论。

案例讨论

【案例】20世纪60年代美国人均医疗费用为每年80美元；到了20世纪80年代末，人均医疗费用上涨到每年1710美元，增加了21倍；到2018年，人均医疗费用上涨到每年10 586美元，增加了132倍。美国政府为了遏制医疗费用的不断上涨，提高卫生资源的利用率，1983年10月1日以法律的形式确定了“诊断相关分组为付款基础的定额预付款制（DRGs-PPS）”，用于老年医疗保险（Medicare）和贫困医疗补助（Medicaid）方案的住院医疗费的支付。即：同一种疾病诊断相关组（DRGs）患者均按同样的标准付费，与医院实际的服务成本无关。这样，医院只有在所提供服务花费的成本低于DRGs-PPS的标准时才能盈利。在这样的背景下，1985年美国马萨诸塞州波士顿新英格兰医疗中心（New England Medical Center，NEMC）的护士Karen Zander第一个运用临床路径，这种方法被证实既可缩短住院天数、节约医疗照护费用，又可以达到预期的治疗效果。新英格兰医学中心是公认的美国最早采用临床路径概念和在临床上应用的医院。此后，该模式受到了美国医学界的重视，许多机构纷纷效仿，该模式不断发展，逐渐成为既能贯彻质量保证法以及持续质量改进法（CQI），又能节约资源的治疗标准化模式，被称为临床路径。

【讨论】

1. 何谓临床路径?
2. 医院实施临床路径的定义与目的?
3. 有医护人员、医保局、医院、患者多赢的局面吗?(物质不灭定律)

由于各种外在因素，包括政策、经济、社会、医疗体系、医保制度与个人等因素的影响，医学上的就医、诊治与复原存在诸多差异，对同一疾病的诊治往往存在分歧，导致诊治结果存在差异。为了减少可能存在的差异，临床路径或临床诊疗指南常被用来指导医疗诊断、医疗治疗与医疗照护，其主要的目标为使临床照护流程标准化，并减低医疗诊断、医疗治疗与医疗照护过程的风险，提供具证据且有效的临床照护，以对患者进行高质量的医疗照护。2009年，我国新医改方案将优化服务过程、规范诊疗行为作为公立医院改革试点的主要内容。为规范临床诊疗行为，保障医疗质量和安全，卫生部门启动了临床路径管理工作，成立了卫生部门临床路径技术审查专家委员会。那么，什么是临床路径?为什么要使用临床路径?临床路径是如何在确保医疗质量的同时控制医疗成本的呢?医务人员在开展临床路径中应该扮演什么角色?以下将探讨临床路径与临床诊疗指南的来龙去脉。

第一节　临床路径的定义与目的

一、临床路径的定义

临床路径(clinical pathway)是指针对某一疾病建立的一套标准化治疗模式与治疗程序，是一个有关临床治疗的综合模式。临床路径(clinical pathway)，曾被称作关键性途径(critical pathways)、照顾图(care map)、合作照顾(collaborative care)、协调照顾(coordinate care)、整合照顾(integrated care)、预期康复计划(anticipated recovery plans)等。

从广义上讲，临床路径结合了所有可能预期的诊断和治疗因素，以及特定疾病类型所需的各种功能，以在一定的时间范围内实现医疗结果。临床路径是根据医疗流程及成本标准对医疗照护模式进行修正。临床路径是一个跨职能的照护计划，其中包含评估、诊断、检查、治疗、药物、照护、营养、患者健康教育、干预、治疗后康复和出院的计划等。简而言之，临床路径是一个允许预先确定起点和终点的过程。不同医疗机构的发展路径不尽相同。

临床路径是医疗机构的一组跨医疗学科专业人士，包括医生、护士、其他医学专业、医院管理等相关人员，制定针对特定疾病或手术的标准化医疗照护计划。从本质上讲，临床路径是一个预先创建的标准化工作过程，是由各学科的专业人员根据循证医学的原则将某疾病或手术的关键性治疗、检查和医疗照护活动标准化，按照预计住院天数设计成表格，使治疗、检查和医疗照护活动的顺序以及时间的安排尽可能地达到最优化，使大多数罹患此病或实施此手术的患者由入院到出院都能依此过程接受照顾。开展临床路径的目的是促进各专业人士的合作，保证治疗和医疗照护的连续性，确保患者得到最好的服务，同时保持持续的服务质量，促进改进、合理、有效资源的利用，降低医疗资源浪费，缩短住院时间。它是针对特定疾病的诊断和治疗过程，侧重于治疗过程中不同学科之间的协同作用，注重治疗效果与及时性。

临床路径体现了质量管理、循证医学、以患者为中心、与患者沟通、化解疑虑以及告知患者结果等现代医疗管理理论，使用简单清楚的方式将常见诊疗照护工作流程标准化；既可以保证医疗质量，又能降低医疗成本，患者也获得“充分信任与人性化服务”。因此，临床路径已逐渐成为医疗规范化管理中应用最广泛的具效益的医疗质量管理模式。临床路径适用于治疗比较规范的常见病和多发病，而罕见病或病情变化复杂的病例，因患者情况不同，不易做到标准化的临床路径。

二、临床路径的起源和目的

（一）临床路径的起源

临床路径源于石化行业，是在项目管理中对生产过程进行标准化管理的工具“路径”。1970年代提出将“路径”应用于临床医学，并指出医疗标准化是有益的，它还可以促进服务完整性，评估患者的进展和治疗效果。在1980年代，美国护士Karen Zander将“路径”应用于急重症医疗照护，在不降低医疗照护质量的同时，减少了医疗照护费用。临床路径被广泛接受，很重要的原因是医疗费用支付方式的改变。1983年美国政府为了遏制医疗费用的不合理增长，提高卫生资源的利用率，正式采用以诊断相关分类法为基础的定额预付款制（DRGs-PPS），即同一病种的患者在接受医疗服务时均按同一标准支付医疗费用。因此，医院只在所提供的服务费用低于DRGs-PPs的标准费用时才能盈利。为了适应这种改变，医院纷纷推出各种控制成本的措施，临床路径就是其中一种最受关注的方法。

美国波士顿的新英格兰女执事医院（New England Deaconess Hospital）是第一家开发临床路径的医院。1990年，波士顿的新英格兰医学中心（New England Medical Center）报告了其在实施临床路径方面的经验。也就是说，参与者主要是临床医疗照护人员，临床路径是医疗照护计划，临床路径是由医疗照护人员处理的患者标准。当前，国外临床路径的研究和应用处于成熟阶段，至少80%的美国医疗机构使用临床路径。英国、澳大利亚、日本、新加坡等世界各国的应用也在逐渐增加。至今，临床路径选择的疾病种类已不限于外科和一般疾病，而是从急性病到慢性病、从外科到内科、从单纯临床治疗到医院管理的各个方面进行拓展。

（二）临床路径的目的

临床路径是针对选择的疾病或手术开发标准治疗模型，医护人员根据该模型对患者进行治疗。临床路径可帮助医护人员在诊治患者时减少不必要的差异，并促进医疗照护系统之间的相互合作。实施临床路径的目的可概括如下：

（1）定义疾病或手术治疗的预期医疗结果。

（2）为医护人员提供一个通用计划，使其了解他们在整体医护中的功能与职责。

（3）选择最佳治疗计划与方案，旨在达到与非选择方法效果有显著差异或避免不必要的浪费，降低医疗费用。

（4）检查医疗照护过程的各个步骤和阶段之间的相互关系，并制定策略来调整或减少在有时限步骤上的时间。

（5）在照护患者的过程中，收集和分析有关数据，以便医护人员可以了解患者在住院期间没有依循预期疗程的频率及原因。

（6）对患者和家属提供照护计划及进行卫教，与患者及家属充分沟通，以提高其满意度。

（7）整合所有患者从入院到出院的相关数据。

（8）利用记录，以追踪的方式，整理及检讨无法预期的治疗效果变异。

（9）定期对路径检讨，修正并制作更具效益的医疗照护方式。

知识拓展

2009年7月《国务院办公厅关于印发医药卫生体制五项重点改革2009年工作安排的通知》（国办函〔2009〕75号），在“推进公立医院改革试点”工作部署中明确要求“推行常见病临床路径”，随后，中华人民共和国卫生部医政司组建了临床路径技术审核专家委员会，组织制定了22个专业112个病种临床路径，下发了《临床路径管理试点工作方案》并召开了试点工作会议。在中华人民共和国卫生部指定和各省（市）推荐的基础上，经筛选，最终确定了23个省（市）110家医院作为中华人民共和国卫生部临床路经管理试点单位。

2009年12月，全国开展临床路径管理试点工作。为实现临床路径试点工作顺利开展并取得预期成果，依据中华人民共和国卫生部医政司《关于开展临床路径管理试点工作启动阶段督导及基线调查的通知》（卫医政疗便函〔2010〕49号）的有关要求，2010年3月起，在中华人民共和国卫生部医政司的统一安排下，组成6个督导组。成员为中华人民共和国卫生部医政司相关人员、中华人民共和国卫生部临床路径管理试点工作办公室成员、中华人民共和国卫生部临床路径管理技术审核专家委员会专家及中华人民共和国卫生部医院管理研究所相关人员，对全国临床路径试点医院进行了督导。截止到2010年8月27日，督导组共完成16省86家试点医院的督导检查和基线调查工作。

第二节　临床路径的意义及重要性

一、临床路径的意义

虽然每个医院设计的临床路径不同，格式也不同，但每条路径都是为特定疾病的患者设计的。在诊治过程中，在医疗照护同行建立共识后才施行。临床路径主要着重在生理及生命信息、时间顺序或某期间的照护活动，设定理想的病情进展及预期治疗效果。临床路径之所以获得医疗界包括主管部门、临床规范制定者、评鉴者、学者、学会、医疗网等正面的关注，乃因其可以重新确认临床任务，促进连续性照护者之间的沟通，降低差异性，增进医疗效益；并可控制资源，以避免不需要的浪费，促进各部门以患者为中心，结合医疗质量管理与在职教育，提供整合性持续质量改善；同时其只包含主要的步骤，除去不需要的过程，通过系统性的数据分析，持续地改善路径，因此能促进临床资源的利用和医疗质量的管理。临床路径不仅适用于急性照护住院患者，也适用于门诊、长期照护以及居家医疗照护等其他有关医疗照护体系。

（一）临床路径对医院的作用

（1）优化适当的可用资源管理。

（2）有助于引进循证医学和使用临床诊疗指南。

（3）缩短住院时间，减少医疗浪费，降低医疗成本。

（4）预先做好适当的人力配置。

（二）临床路径对医护人员的作用

（1）以证据、最佳做法及疾病的特点与期望为基础，明确说明照护的目标与关键要素。

（2）对照护过程的变异和结果建立档案、监测与评估。

（3）经由检讨临床路径的结果，结合医疗新知修订临床路径，维持最佳医疗质量。

（4）增进不同科别之间的沟通、团队合作与照护，提高效率，改善临床结果。

（5）提供可依循的医疗原则，定义清楚的照护标准，减少不同医护人员之间的治疗差异，提高患者满意度。

（6）可帮助不同临床科别和部门医疗照护的协调和连续性。

（7）可用以训练新进医护人员，使其在短期内达到一定的水平，避免处置失当。

（8）改善医疗照护的记录，减低记录的负担。

（9）临床路径并非硬性规定，不会完全覆盖临床判断。

（三）临床路径对患者的作用

（1）促进团队成员之间以及团队与患者及家属的沟通。

（2）经由多科别照护团队成员、患者与家属的角色协调程序，协调照护的过程。

二、临床路径与医疗质量管理

临床路径可以通过设计一系列被普遍接受的治疗程序，强调标准的治疗程序和结果，减少医疗照护差异来提高医疗照护质量。事实上，临床路径反映当前的最佳实践，减少临床过程中可避免的变化，从而提高临床治疗的有效性，并提高患者医疗照护质量。

许多医院评估要求医院使用临床路径来维持医疗照护质量。此外，临床路径可以支持经验性医疗照护的发展，减少医务人员之间的医疗差异，并有助于协调和继续医疗照护。为了保持最佳治疗模式，实现质量保证和改进目标，需要通过合理的数据收集和分析结合新的医学知识来修改临床路径。

临床路径对医疗质量的影响，可能因疾病的类型不同而有很大差异。一些文献显示临床路径并不一定适用于所有情况，只能用于严重程度较低、需住院时间较短、需照护天数较少、死亡率较低的疾病。例如，某三甲医院实施乳腺癌患者接受乳房全切除手术的研究结果显示：实施临床路径会减少1天的住院天数，住院医疗费用会降低20%，住院期间整体满意度可以增加10%；但是各项医疗质量指标及手术后患者的生活质量等，在临床路径实施前后并没有显著性的差异。另外，某三甲医院实施“经尿道前列腺电切术”的研究发现：①患者平均住院天数和平均住院费用显著降低，住院费用有效降低的财务目标。②临床路径可以影响医生的治疗模式，并显著减少了不必要的治疗，例如膀胱冲洗天数、导管放置天数和抗生素血管注射天数。③临床路径实施后，医疗质量和效果并不比临床路径实施前差。这些研究表明，临床路径可以保持现有的医疗质量，但对提高医疗质量的作用有限。

保持对临床路径的要求并提高医疗质量也是医生在治疗患者过程中的目标。如前所述，制定和实施临床路径的一些困扰来自医生的怀疑和不参与。医生是医疗过程的主体，如果他们不参与制定和规划，路径就不会完整，实施的效果必然会受到影响。临床路径是为了规范医疗过程，目的是减少变异性，不偏离临床与医疗照护的范围。此外，临床路径不是一种对临床照护过程的必要规定。因此，医师宜多重视临床路径的优点，解决各种变异，使医疗照护得到良好结果。而行政部门更应该请临床医师与医疗照护者来引导临床路径的发展与实施，如此才能顺利推展临床路径，达到改善医疗质量的目的。

第三节　临床路径的实施与困难

一、临床路径的组织实施

临床路径的组织实施，可以是行政主管部门的外部要求，也可以是医院自身管理的内部要求。在以患者为中心和价值医疗时代，临床路径的组织实施尤为关键。

（一）准备阶段

1. 探讨临床路径实施的必要性和可行性　临床路径作为一种新的临床服务模式进入医院，首先参与者对此措施有清晰的认识。因此，医院院长首先要召集各科室负责人进行调研、让大家充分了解临床路径的相关知识，明确各个部门的职责、困难和需求。

2. 选择病种开展临床路径　患者来源及特征会影响临床路径的表现，因此在选择临床路径时应考虑以下几点：①综合医院还是专科医院；②医生的专业知识；③开展临床路径的医院的结果和经验；④支付者负担得起的价格；⑤发展整体医疗照护；⑥系统实施医疗照护程序；⑦了解医疗照护人员执行医疗照护程序的能力和预防的结果；⑧医德与参训人员素质；⑨专业水平和沟通协调能力。

3. 临床路径推进组织　通过成立临床路径管理委员会推进该项工作。委员会成员构成包括但不限于：院长、分管医疗业务副院长、医疗质量控制组、医务部、护理部、临床科室、医技科室等。

4. 确立人事责任

（1）医生在进行临床路径时的职责：①决定患者是进入还是离开临床路径；②执行临床路径表中的治疗项目；③评估进展；④分析波动。

（2）护士在临床路径中的职责：①患者住院后立即通知病例管理员；②在临床合格表中执行医疗照护项目。

（3）如有变化应与医生讨论。

（4）明确临床路径管理委员会、总务处、药房、价格组的职责。

（二）成立科室临床路径实践组

（1）科室成立临床路径实践组。

（2）人员包括科室主任、主治医师、住院医师、护士长、主管护士、护理组长或病例管理人员。

（3）人事分工：为每个人执行特定的任务。例如，主治医师负责收集和统计住院患者的治疗情况和住院时间；护士使用护理程序来收集和计算通过护理方法促进或延迟患者康复的因素。

（三）数据采集规划过程与方法

在院长的带领下，医务人员讨论了共同建立本科疾病临床路径。设计如何收集数据，分析和使用收集的调查数据，选择路径结构。

1. 收集数据需要多位专家合作。

2. 确定数据收集范围。

收集近年来该病患者所在治疗机构或病房的平均住院时间；该病的常用药物、检查、治疗和其他常规；该病的日常医疗照护实践、预期结果和并发症；日常护理、医疗照护计划、疾病和意外情况的记录；国内外相关的研究成果，提供临床路径参考。各专业人员收集相关资料，进行分析，总结并参与团队的决策。

（四）建立路径

1. 路径内容及表格制定 临床路径的实施评估、临床路径的设计和表格框架的适用性。如记录治疗、检查、饮食、活动、医疗照护、健康教育、出院计划和变化等。

2. 建立规范化医嘱 所谓规范化医嘱，是指根据特定疾病的病情发展变化，针对某种疾病制定基本的、必要的、常规的医嘱，如治疗医嘱、用药医嘱等。规范化医嘱必须与临床路径的内容相对应，使其相对全面化与程序化。

3. 设置电脑测试包单 临床路径是管理质量和费用的实用模型。因此，在临床路径中，需要将特定日期、特定疾病所需的测试输入计算机。

4. 各部门教育推广 临床路径采用各种专业人士合作的模式。在正式实施之前，必须召开一次专家说明会，以便医生、护士和其他科室工作人员通过沟通协调，明确各自的角色和职责，达成共识。必要时还需要向社会、患者和家庭解释服务的目的和相关性。

5. 临床路径测试 通过测试可以检验临床路径，发现并解决存在的问题，使其成为一个比较完整、合理、可行的临床路径。

6. 实施效果评价 临床路径由一组专业人员提供，以减少医疗延误和资源浪费，并提供优质的服务，确保患者获得尽可能最好的服务。评价临床路径效果应包括以下项目：①住院时间；②医疗费用，患者的平均住院费；③医疗照护质量/临床结果；④患者/家属满意度；⑤员工满意度；⑥资源利用；⑦患者并发症发生率；⑧患者再入院率。

7. 修改和补充 实施临床路径旨在为患者提供最好的医疗照护。应根据评估结果，及时对每种疾病的临床路径进行修改和补充。

8. 跟踪评估 除了临床路径的预期结果，还需要持续的监测和评估。临床路径随医学和社会的发展而不断更新。因此，对某些疾病及其临床路径不需要跟踪评估。

知识拓展

医疗诊治是否存在变异？存在哪些变异因素？变异处理的分类与处理

1. 变异的定义：变异是假设的标准临床路径与实际过程出现了偏离，与任何预期的决定相比有所变化。

2. 变异的分类：实施临床路径时有时会产生变异，即任何不同于临床路径的偏差。变异有正负之分，负变异是指计划好的活动没有进行（或结果没有产生），或推迟完成，如延迟出院、CT检查延迟；正变异是指计划好的活动或结果提前进行或完成，如提前出院、CT检查提前等。变异可分为患者/家庭的变异、医院/系统的变异、临床工作者/服务提供者的变异。

3. 应对变异的措施：收集、记录变异，在临床路径变异记录单上记录与患者有关的变异，其他变异记录在科室的变异记录本上；分析变异，确定是不是变异，引起变异的原因，同一变异的发生率是多少，是否应该修改临床路径等。

4. 变异的后果：标记当前变异对后续医疗行为产品的后果。

临床路径是一种新的医院管理模式，它可以提高医院的运行效率，改善医疗质量，降低医疗费用，因此许多发达国家已广泛采用。随着我国医疗保险制度的进行以及医疗水平的提升，临床路径也将被广泛认识和推广。

二、临床路径实施中的困难

医疗照护是一个非常复杂和高度专业化的过程，需要来自不同学科和专业的人参与，包括医生、护士、药剂师、实验室技术人员和营养师。为了让这些专业人员能够根据预测结果，在不确定和复杂的过程中执行医疗行为，需要对临床路径进行详细的规划和系统开发以实现预期目标。实施临床路径的常见困难如下。

1. 临床医生参与热情不高　鼓励医生参与临床路径设计，但很多医院发现医生缺乏参与热情。医师阻力通常被认为是进行临床路径的最大障碍。在临床路径的早期阶段，大多数医生关注的是降低医疗成本而不是提高质量。许多医生认为，临床路径的主要目的是降低成本，与救助患者的医疗专业抵触，也就不热衷于实施临床路径。如果由医生领导订立临床路径，再与其他相关医生沟通，则有助于减少医生对临床路径实施的阻力。

2. 临床医生和其他工作人员之间存在差异　在不同疾病，患者接受的检查、测试、药物和治疗可能存在差异；即使针对相同的疾病诊断，治疗方法也可能不同；不同患者接受同样的治疗可能会有不同反应。这些问题可以利用循证医学、沟通与说明来克服。

3. 患者病情突然变化的治疗无法完全解决　临床路径采用预设和标准化的医疗照护过程，因此临床人员必须遵循状态变化的反应，可能会错误地认为不可改变或缺乏会影响病情的反应。

4. 缺乏其他医疗专业人员的参与　除医生和护士外，很少有其他专家（如药剂师、营养师等）参与机构由临床路径制定，因此临床路径的实施有时会遇到困难。

5. 缺乏医院领导与管理层参与　部分医院将临床路径的设计和实施交给基层单位，医院领导与管理层不参与。如果需要部门间合作，则临床路径实施的效果可能会不尽如人意。

6. 缺乏清楚界定的问题记录 需要记录临床路径执行过程中出现的问题，如果没有规定临床路径的记录与病历记录是否分开，则需要重新录入而加重人员的负荷，使得第一线医护人员的接受度比较低。如果将临床路径的记录与护理记录或病程记录结合，可以达到记录目的而不增加人员的负担。

7. 缺乏对变异和结果的反馈、检讨与改善 若没有检讨与改善路径产生的变异，也没有将实施的结果反馈给执行人员或单位，则不可能顺利推展临床路径。

第四节 临床路径的管理

一、选择成员加入路径小组

在临床路径实施前、中、后进行临床路径管理，路径小组成员应该致力于临床路径的制定、执行与管理，期初建立路径指南和说明，提供在职教育，期末评估路径的效果。有许多医院实施临床路径常见的问题之一是缺乏临床专业人员的接受与使用，最大的原因是因为没有让医师和其他有关的临床人员参与早期发展临床路径的过程，导致他们有失去掌控自己的专业和无助的感觉。如果从一开始医师和其他有关的临床人员就参与，这样他们在路径发展的过程中就会表达自己的看法，对于路径会有更高的接受度，那么路径在推出时的阻力就会减小。

二、确定临床路径的一致性

第二个临床路径执行的问题是没有一致性，原因是缺少好的支持基础，包括路径指南、登录系统及患者教育的材料等，使员工缺乏在职教育以致对路径的执行不够了解。在职教育内容应包括路径内容、路径表单的记录及如何利用路径提供医疗照护。另外，关键用词必须定义清楚并保持一致性，例如，“一天”是按照日期算还是按24小时算：第一天是从患者与医院开始接触算起到当天的午夜，包括患者在急诊室的时间等。

教育必须是持续进行的，包括向新进职员介绍路径，以增进路径执行的一致性；教育患者提高其参与度从而促进合作。为了避免患者被遗漏而没有进入路径，必须制定预防遗漏路径的机制，例如将路径表单摆在急诊或办理住院的护理站，当患者到达病房时，路径表单也跟着到达，医护人员即可依据路径表单上的指引照护患者。最理想的方法是建立信息化的路径系统，通过应用系统直接进入某项路径。

三、大数据信息收集的完整性

临床路径执行结果的数据管理是另一项问题，任何路径预定要执行的事项没有执行，或执行不同于路径上所规划的事项，或未在规划的时间执行，都称为变异。变异的种类分为“系统性”“医疗提供者”及“案主”三类。医院的仪器设备损坏或系统故障等问题为“系统性”变异；医生、护士、呼吸治疗师、康复治疗师、检验师、营养师、社工人员等任何一位为患者提供临床医疗照护的个人所引起的变异，为“医疗提供者”变异；患者或其家属导致的变异为“案主”变异。变异可以提供资料给我们分析现今的医疗质量，所以临床路径不仅是管理的工具，也是审查的工具。

临床路径的功能并不是快速解决问题，而是提供一个长期发展持续性无止境的改善。由此可见路径执行结果的数据管理是很重要的；但是路径项目繁多，如果每一项变异都收集可能耗费人力资源，应表明路径的主要目标和重点，收集数据时不必将不直接影响主要目标和重点的变异列入，这样就不必收集太多的数据项，也不会导致医护人员因为收集太多数据，最后仅能执行临床路径而无法测量对患者的照护结果。

四、管理工具选择

临床路径的监测与评估是路径修正与质量保障的重要参考依据，因此没有在路径的预期内达成的目标皆应视为变异，必须完整记录。但是临床事务繁忙，无法记录所有的变异，因此最好的解决办法便是将路径信息化，直接在计算机记录并结合软件程序，因其能够辨认变异分析结果，也能够比较标杆路径案例的医疗照护结果；如果目前不用软件收集分析数据，那么将需用很多人力，也很难有效率地分析变异。另一个方法是选择潜在变异性低的案例发展路径，这样可以减少变异产生，易于路径管理。实务上，常见的管理工具如第三章及第四章所述，在恰当时机使用适当的质量管理工具，避免收集无用又耗费大量人力与时间的数据。

第五节　临床诊疗指南

一、临床诊疗指南的定义

临床诊疗指南（clinical practice guideline，CPG），又称为医学指南（medical guideline）、

临床指南（clinical guideline）等，是对特定临床问题治疗过程的系统描述，其作用是确保医生对患者作出正确诊断，从而使患者得到最合适的医疗照护。创建临床诊疗指南的方法有三种：基于专家意见（expert opinion）、基于一致性方法（consensus methods）和基于证据方法（evidence-based methods）。其中，基于证据方法的临床诊疗指南总结了许多相关系统评估的结论，形成了针对特定疾病的临床诊断和治疗标准，用于指导循序渐进的临床行为。

1990年，美国医学研究所（Institute of Medicine，IOM）将临床诊疗指南定义为："系统制定的声明，以帮助医生和患者针对他们的特定情况作出适当的医疗决定"。美国IOM临床诊疗指南包括清晰、有效、可靠、临床适用和灵活的指南、证据强度、可预测的结果和发展指南；包括跨学科参与、定期审查和适当的文件格式。随着时间的推移，CPG的定义发生了变化。IOM在2011年的*Clinical Practice Guidelines We Can Trust*报告中重新定义CPG为"可提供最佳的患者照顾，并具系统性文献回顾及评估各种可能治疗益害的证据、附带有建议的陈述"，此定义对CPG采用的实证依据作了更明确的界定，也揭示CPG应该提出具体供临床执行的建议，报告中更提出CPG发展的八大标准，包括：①建立透明化机制；②利益冲突声明；③CPG发展小组的组成；④系统性文献回顾；⑤CPG建议的证据依据及强度；⑥清楚地呈现CPG建议；⑦外部评估；⑧CPG更新。

二、临床诊疗指南的评估工具

（一）评估工具

以循证为基础的临床诊疗指南，可以适时反应客观的文献证据、提升照护质量。我国医疗照护质量，必须要有具公信力的审核标准，而临床诊疗指南是其中的重要工具。国内医疗界正推广以循证为基础的诊疗指南，近年来，已经产生相当数量的指南。第一个临床诊疗指南是IOM于1992年出版的评估工具。近三十年来发展出的各种临床诊疗指南，其中有些差异性相当大。循证医学对于医疗质量的改善，主要通过临床诊疗指南的建立。临床诊疗指南是针对特定临床病症，以系统性方式发展出来的诊疗指南，可协助医师及患者决定何为最适当的医疗照护。临床诊疗指南对医疗质量改善的重要性在文献中多有描述，美国学者Diamond认为，循证医学是将临床研究中的最佳证据应用于目前患者，同时融入患者期望与医师经验的判断，目的在于提供各种医疗信息及证据。因此，循证医学的主要目的在于以严谨的方式整合目前最佳的技术文献、临床经验以及患者的实际感受，使得诊断、治疗及照护获得最佳结果，从而提升患者的医疗及生活质量。借由临床诊疗指南，可形成明确易使用的标准，作出客观的决定；

另外，临床诊疗指南可告知患者或医护人员当前的最佳治疗方式，精进医疗的成本效益，或当作管控的工具。随着临床诊疗指南的发展逐渐受到重视，有相当多的评估工具尝试用来辨识临床诊疗指南的质量。系统性文献回顾研究报告中指出，从98篇文献内辨识出24种指南评估工具，对这些指南评估工具进行相似性与差异性的比较评估，在24种评估工具当中，共包含469个问题，依据性质可将其归类为50个项目及10个领域。这10个领域分别为：临床诊疗指南的正确性（validity）、可信度（reliability）、临床应用性（clinical applicability）、临床使用弹性（clinical flexibility）、透明度（clarity）、定期回顾（scheduled review）、发展团队（development team）、执行（implementation）、传播（dissemination）、评估（evaluation）。根据Cluzeau所发展的评估工具中唯有AGREE（Appraisal of Guidelines Research and Evaluation）经过效度研究且为量化分析，是目前国际最具公信力的临床诊疗指南评估工具。

（二）临床诊疗指南AGREE简介

AGREE（Appraisal of Guidelines Research and Evaluation）是目前全球公认的评估临床诊疗指南的量化工具，由来自13个国家的专家耗费4年（1994—1998年）完成。AGREE初稿由195位专家评读11个国家的共100个指南；第二次草稿则从100个指南当中，每个国家随机挑选三个指南，交由70位新遴选的专家来评读。AGREE评估工具共包含6个领域23个项目，每个领域可以用来评估临床诊疗指南各独立面向的质量。AGREE主要用于临床诊疗指南研究和评估的鉴定，始于指南评估者（appraisers）和政策制定者间，为国际合作及促进临床诊疗指南的质量与有效性，成立并建构一个关于指南发展、发表及评估的共享组织框架。AGREE的宗旨为发展评估指南的工具，并协调欧盟间指南的发展，让重复的情况降至最低。AGREE工具评估内容包括临床诊疗指南的方法学、最后建议的内容和相关影响因素。AGREE可以用来评估指南的预期有效性及达成预期效果的可能性，但并不评估临床诊疗指南对患者所产生的健康结果冲击。根据AGREE报告显示，95%的指南评估员认为AGREE工具对于指南的质量评估很有帮助，可广泛应用。AGREE可评估的范围相当广泛，包含新的指南、现行的指南更新版。由地区、区域、国家、国际组织或政府机构所发展的指南，AGREE亦可评估。同时，AGREE为一致性高的工具，可以评估各种疾病的指南，包括疾病的诊断、治疗、医疗干预、健康促进与健康维护等。

三、临床诊疗指南的特性

临床诊疗指南是针对特定临床情况有系统地发展而来，以协助医疗照护人员讨论并订定对患者进行的检验、检查与医疗干预措施等；临床路径则是用于订定医疗介入措施的顺序，可以避免重复的检验、检查与医疗处置而减低医疗费用。

（一）临床诊疗指南的影响因素

国内外常通过发展临床诊疗指南来改变临床诊断与治疗方式，而临床诊疗指南本身的特性会影响其是否在临床上被采用。依据研究，影响临床人员采用临床诊疗指南的因素包括：①有较严重疾病多为慢性疾病；②有较佳的研究证据支持；③有具体的临床成效；④有相对简单明了的决策。

（二）高质量临床诊疗指南的特性

只有发展出高质量的临床诊疗指南，才能广被采用实施，得到有效的结果。高质量临床诊疗指南应该具有以下特性：①具易懂性，容易被临床医师和患者明确了解；②具重复性的证据，其他临床诊疗指南会得出相同的结果；③具有成本效益，以减少不适当的使用资源；④具有多科别代表性，协调关键的团体并平衡彼此利益；⑤有效地引导得到临床诊疗指南的期望结果；⑥订定相关的期望与满足患者的需求；⑦注明审查的日期和过程；⑧进行临床稽核，能够成为明确审核标准。

（三）高质量临床诊疗指南的标准

依据AGREE评量而言，高质量临床诊疗指南的评量标准包括：

（1）具体声明总体目标与临床问题的范围和目的，并说明哪些患者是目标对象。

（2）提供关于组成临床诊疗指南发展团队相关专长的资料，并有患者参与临床诊疗指南的发展。

（3）严谨地发展临床诊疗指南：提供详细数据，选择纳入和排除样本的标准，以及使用制定指南的方法。在临床诊疗指南出版之前已有外部的审查，而且提供有关更新临床诊疗指南程序的详细信息。

（4）资料准确度：考虑不同的可行方案，提供适当照护患者的具体建议。建议可以很容易找到准确资料，提供完整文件和患者的正确数据。

（5）适用性：讨论应用临床诊疗指南的建议时，显示监测临床诊疗指南的使用审查标准。

（6）发展自主性：资助机构的意见即使是没有利益影响的明确声明，团队成员也必需声明是否有可能发生利益冲突。

四、临床诊疗指南的潜在风险

临床诊疗指南的潜在风险是其提供的建议有疏失或是不正确。除了因成员忙碌或疲惫造成疏忽的人为因素，在发展与实施临床诊疗指南时的潜在风险包括：

（1）临床诊疗指南开发不够周密，并非由相关的多科别代表所共同发展出来。

（2）在发展临床诊疗指南时并没有考虑到证据的缺失、科学证据不足、被误导或误解，导致提供不正确、无效或有害的建议。

（3）临床诊疗指南的发展团队往往缺乏时间资源和技能，没有详细收集和审视证据。

（4）诊疗团队所做的价值判断，对个别患者而言可能是错误的选择。

（5）提出建议做法时，患者的需求可能不是唯一的优先考虑，医师、风险管理人员的意见也可能包含在内。

（6）与不同专业科别的临床诊疗指南有冲突，使临床人员混淆。

（7）因为临床诊疗指南的僵化，让医师没有足够的专业空间可依患者个人的需求和情况作出合宜的照护，可能对患者造成伤害。

五、临床诊疗指南的痛点

医院决策者为了提高医疗成效与质量管理，热衷于对临床工作高质量发展由粗放式至精细化管理，以提高临床工作者的标准化程度和一致性。然而，医护人员，尤其是医师，对于使临床诊疗更规范和透明的行动意愿不高。很多的证据显示，医师对临床诊疗指南的认知、支持和临床使用程度有一定的限度，因为专业性质不同会产生不同的看法。对于临床诊疗指南是否能增加安全性并对临床工作实践有贡献，医师与护理人员有不同的意见。医师往往不赞成书面规则，避免执业与专业的自主权被剥夺。相较之下，护理人员将遵从指南视为具有一致标准的行为准则。许多临床医师不赞成临床诊疗指南的常见理由包括：

（1）临床诊疗指南无效，而且不一定适用。

（2）临床诊疗指南会造成“食谱式”的诊疗，减少临床的自由度和灵活性，降低临床判断。

（3）不完全适合所有的患者。

（4）不适合所有的医疗情况以及符合患者的差异。

六、临床诊疗指南的实施

临床诊疗指南能否改变患者的医疗照护与临床诊疗指南的实施策略及指南本身的性质有关。例如，美国胸腔学会（American Thoracic Society）由专家和循证发展出小区性肺炎诊断和治疗指南，但是因为指南过于复杂而无法有效应用，而且没有证据显示该指南有助于改善患者的医疗照护。选择传播和实践指南时，应考虑产生的障碍和促进因素。虽然有很多的方法被用以改善临床诊疗指南的实施，但是这些方法所产生的效果不尽相同。改善方法包括：

（一）培训

培训是最常使用的方法。大多数研究显示，在实施临床诊疗指南的过程中，传统的培训方法或继续医学教育，往往不能对诊疗效果产生持续的改变，即使有改变也是短暂的。对于使用不同临床诊疗指南的团队成员进行不同的培训，所需要的费用并不高，但是培训之后的效果可能是最有效的，并且可能是决定临床诊疗指南能否成功实施的因素。

（二）意见领袖

意见领袖的意见已被用于改变医师行为，促进指南的实施。这些指南包括实施微创手术、改善用药的做法、改善心绞痛患者适当的留院时间等。

（三）回顾性研究

有些回顾性研究文献的结果，可以作为改善临床诊疗指南的依据。

（四）立即反馈

立即反馈可以采用面对面或通过电话、个人对个人的方式提供，或是通过网络，由手机提示。虽然立即反馈可以使医疗照护效果起到显著的变化，但是一旦停止立即反馈，医疗照护效果往往会恢复到立即反馈开始之前。信息化是支持立即反馈的有效方法。

（五）个案管理

虽然有些文献认为个案管理对改变医疗照护行为的效果有限，但是证据显示，以临床诊疗指南为基础的个案管理，可以在临床上有意义地降低癌症治疗相关的发病率和死亡率。

（六）对医师的奖励

直接或间接对医师进行奖励，可以改变医师的行为而符合临床诊疗指南的建议。

（七）对患者的教育及奖励

对患者直接提供指南的信息有助实施以预防为目的的指南，如增加接受子宫颈及乳房筛检的患者数。

第六节　应用案例

案例：某三甲医院施行临床诊疗指南时所遭遇的困难。包括①医师方面：部分医师缺乏对临床诊疗指南的认识、临床诊疗指南内容繁琐不易理解，导致医师使用不容易、不方便；临床诊疗指南内容违反医师诊疗患者的习惯，导致医师缺乏使用动机。②患者方面：患者不遵从，不觉得有需要。③环境方面：缺乏提醒系统，缺乏教材，没有足够的工作人员或顾问的支持，实施的成本增加等。推广具有循证基础的临床诊疗指南时，其具体障碍和采取的行动随着每个临床诊疗计划的不同而有差异，绝大部分临床医护人员对临床诊疗指南都有相当程度的认识，所以“少部分临床医护人员缺乏对临床诊疗指南的认识”是推广时必须克服的问题。即使给予财务上的奖励，大多数临床医师也不可能实施他们不认可的指南，这也说明临床诊疗指南要有高遵从度，必须有执行者对临床诊疗指南之科学证据的认同。

讨论：①施行临床诊疗指南时遭遇哪些困难？②为什么施行临床诊疗指南时会遭遇这些困难？③如何解决施行临床诊疗指南时所遭遇的困难？

本章小结

临床路径和临床诊疗指南的最终目标和价值在于它们对患者医疗照护的影响，包括提高医疗照护质量、降低安全性和成本以及提高患者满意度。许多因素决定性地阻碍或刺激了临床路径和指南的有效性，这些因素不仅包括专家决策，还包括患者行为、团队管理、变革的组织、资源、经济或法律环境等。也就是说，在复杂的医疗照护环境中，必须通过各种不同的方法，才在能够达到更好的照护质量，并通过临床路径与指南、成效指针和反馈、患者的自主意识与权力、质量管理、组织的改变、工作职场文化、团队合作和卓越领导、建立必要的财政奖励等方法达成医疗高质量发展的目标。

（王炳龙）

第二篇

医疗安全管理

Part 2

第七章　医疗安全的理念及理论

学习目标

1. 掌握　医疗安全的定义及目的。
2. 熟悉　医疗安全的意义及重要性；医疗安全的实践模式。
3. 了解　个案研究与讨论。

案例讨论

【案例】随着医学技术水平的发展，越来越多的疾病得到了有效的治疗。在关注医学科学发展的同时，医疗安全也成为决定医疗质量和患者生存的重要问题。据报道，欧美等发达国家住院患者发生医疗不良事件的比例约为3.5%~16.6%，因医疗伤害导致的成本费用每年约为60~290亿美元；发展中国家约50%的医疗设备存在安全隐患，77%的药物使用存在安全隐患，49%的给药过程至少发生一次错误，其中1%为严重错误。面对这一严峻现状，医疗安全问题逐渐引起全球各国重视，并成为医学科学的重要分支。

【讨论】

1. 何谓医疗安全？
2. 医院实施医疗安全的定义与目的？
3. 医疗安全对医院、医护人员、医保局与患者的影响为何？

第一节　医疗安全概论

一、什么是医疗安全

医疗安全是医疗服务质量的首要特征。通常意义上讨论的医疗质量更多是指患者安全，即医院在实施医疗保健过程中，通过采取必要的措施，避免或预防患者出现不良结果或受到伤害，包括预防错误、偏差与意外，使患者免于由于医疗照护过程中的意外而导致不必要的伤害，如心理、机体结构或功能损害、障碍、缺陷或死亡等问题。

广义上，医疗安全也包含医院和医务人员的安全；在保证患者医疗安全的基础上，避免医院和医务人员在医疗服务中发生经济风险、法律责任风险和人身风险，医疗场所环境污染、放射性危害、有毒有害作业等对医院职工的人身危害也属于医疗安全探讨的范畴。医疗安全的核心内容是医疗机构的医疗质量。

二、什么是医疗不安全

医疗不安全指患者在医院医疗过程中，由于医疗系统的低能状态、医疗管理过失或医务人员医疗不当等原因，给患者造成允许范围以外的心理、机体结构或功能上的障碍、缺陷或死亡。常见的医疗不安全事件包括漏诊、误诊、院内感染、用药错误、患者跌倒、自杀等。

值得注意的是，医疗安全与医疗不安全是相对的，不同时期、不同主客观条件下有不同标准。在评价医疗安全与否时，不应超越当时所允许的范围和限度；如限于当时的医疗技术水平和客观条件，发生难以预料的意外或难以避免的后遗症时，不能认为是医疗不安全。

三、医疗安全包含哪些方面

如前所述，通常意义上的医疗安全主要指患者安全，又叫患者安全（patient safety）。患者安全是提供优质卫生服务的根本。近年来，随着医疗系统日益复杂和医疗机构中患者伤害的增加，患者安全逐渐成为医疗卫生行业的一门新兴学科，得到越来越多的关注。根据世界卫生组织2018年发布的报告，诸如用药错误、医源性感染、不安全外科手术程序、不安全的注射操作、诊断错误、不安全的输血操作、放射错误、脓毒症、静脉血栓栓塞、精神卫生机构中不安全医疗等均是患者安全重点关注的内容。

广义的医疗安全范畴又包含了医院及医务人员在执业过程中的安全行为，包括对从事放射工作的医务人员提供必备的保护设备；建立专门的传染病、精神病医院对特殊的患者进行分类诊治；病区内容的消防工作等。近年来，由于类似患者或家属在医疗场所内发生摔伤等后果而引发的安全问题日渐增多，医疗安全探讨的范畴也逐渐扩大。本书后续主要讨论患者安全或患者安全的相关内容。

四、影响医疗安全的因素

影响医疗安全的因素纷繁复杂，概括起来主要包括以下几方面：

（一）医源性因素

包括医务人员的言语、行为不当或过失造成了患者不安全感或不安全结果，如药物不良反应、用药失误、手术不当、诊断错误、器械不良反应、血液输注、执行医嘱失误等。

（二）医疗技术因素

指医疗技术人员水平低下、经验不足或集体协作技术能力不高，对患者安全构成威胁，如手术并发症或由于技术原因导致的漏诊、误诊等。

（三）药源性因素

主要指由于使用药物而引起不良后果的因素，包括用药不当、用药过失、无效用药等行为造成药源性疾病，导致医疗不安全结局。

（四）医院卫生学因素

包括院内感染（如各种交叉感染、手术感染、输血或输液感染等）、环境污染（如有害物质和细菌、病毒对室内外空气、地面、水源等的污染等）、食品污染（如有害物质或致病菌的污染，如因食堂管理不善引起患者食物中毒等）、射线损伤（如因各种带射线的设备陈旧失修、漏电或用量过大等因素给患者或医务人员造成的不安全）等。

（五）设备器材因素

包括医疗设备器材品种不全、性能不良、规格不符不配套、供应数量不足不及时、质量不好等，对患者安全造成危害。

（六）组织管理因素

主要指医院内部纪律松散，管理约束机制不健全，要求不严格，工作责任心不强，思想觉悟低，规章制度不落实，业务技术素质不高等复杂因素，对医疗安全造成不良结局。

除上述分类标准外，影响医疗安全的因素可分为人为因素和系统因素。前者包含个人技术水平、个人精神状态、工作态度、团队合作等；后者主要指整个医疗系统的管理行为，包括国家、医院和科室三个层面。

第二节　医疗安全的沿革及理论

安全和风险是针对同一事件不同的表述。为保障医疗安全，医院需采取必要措施来预防及减少患者的意外或伤害事件，以达到降低医院因此所造成的财务损失或威胁的目的；上述措施即被称为医院风险管理。风险管理是医疗安全的核心，因此，要弄清医疗安全这一学科的由来与沿革，需从风险管理的发展讲起。

一、风险管理的由来

作为医疗安全的根本，风险管理起始于1930年；美国宾夕法尼亚大学所罗门·许布纳博士在一次保险问题会议上正式提出了这一概念，指出风险管理（risk management, RM）是一门对经济损失的风险予以发现、评价，并寻求对策的管理科学。由此开启了风险管理这门学科的发展。从20世纪30年代到70年代，美国众多企业开始采用科学的方法将风险管理理论运用到企业管理领域中，并逐步积累了丰富的实践经验，使得风险管理逐渐以学科形式萌芽，并形成系统的理论体系。其标志性事件是1964年美国风险管理专家威廉姆斯和汉斯在《风险管理与保险》一书中进一步明确风险管理的概念，即通过对风险的识别、衡量和控制，以最低的成本使风险所致的各种损失降到最低限度的管理方法。此后，风险管理正式以一门学科的形式开始发展。

从20世纪70年代开始，世界各国相继引入风险管理的理念，分别建立起全国性或区域性的风险管理协会。在1983年的风险和保险管理协会年会上，全球学者探讨并通过了“101条风险管理准则”；随后，欧洲11个国家在1986年又召开了“欧洲风险研究会”，进一步扩大了风险管理影响范围。直至20世纪90年代，风险管理逐步规范化、标准化和程序化，持续从企业管理领域扩展到社会管理领域，成为政府管理和决策制定的重要参考依据。

进入21世纪以后，2001年“9·11”恐怖袭击和2003年严重急性呼吸综合征（SARS）疫情暴发进一步推动了风险管理的发展。各国政府纷纷投入大量人力、物力、财力，支持风险管理的理论研究和实践。在此阶段，民间和企业是风险管理技术的使用者，科学家是风险科学研究者，政府则是风险事务的管理者。

二、医疗风险管理的发展

一直以来，社会普遍认为医疗事故是个体偶然事件；随着风险管理学科的发展，医疗风险逐渐得到了系统关注。1982年4月，美国广播公司制作了题为《深睡》（*The Deep Sleep*）的电视节目，提及每年有6000名美国人死于或遭受因麻醉事故引起的脑损伤，使得美国麻醉师协会在1984年创立了“麻醉患者安全基金会”，并首次提出了“患者安全”这一概念。

随后，美国在1991年公布了一份名为《哈佛医疗实践研究》的报告，通过分析纽约州30 000名出院患者发生的医疗差错类型和严重程度，发现高达2.9%的患者在住院过程中因医疗管理原因遭受伤害。随后美国其他州也开展了类似研究并得到相同结果，其中这一比例在犹他州比例高达3.7%。进一步研究发现，其中一半以上的医疗伤害是可以预防和避免的，其中纽约州的比例为59%，而犹他州的比例为53%。

此后的几年间，医疗风险逐渐引起社会各界的重视，相关不良事件时有报道。1994年美国波士顿环球报健康专栏作者Betsy Lehman因服用过量化疗药物致死；一位7岁小男孩在接受扁桃体切除手术时因过量注射肾上腺素死亡；一名接受截肢手术的男性被错误地切除了健康肢体。诸如此类医疗不良事件不胜枚举。

基于上述背景，相关政府机构逐渐发现仅仅谴责个人或质疑医务人员个人能力无法从根本上改变现状。1996年美国健康保健促进研究所启动了名为“减少药物不良作用”的项目；随后，美国卫生保健机构联合认证委员会又在1997年启动了自愿报告政策。有关机构开始尝试从系统上预防医疗不良事件，由此翻开了医疗风险管理的新篇章。

三、患者安全的历史沿革

患者安全的里程碑事件发生在1999年，美国医学研究所（Institute of Medicine，IOM）针对患者安全发布了报告《凡人皆有错：构建一个更安全的医疗系统》（*To Err is Human*：*Building a Safer Health System*）。该文指出：美国每年死于医疗事故的患者有44 000人，居当年十大死因第八位，高于乳腺癌、交通事故、艾滋病的死亡人数。基于上述严峻现状，IOM于2001年提出21世纪医疗体系的六大目标，其中患者安全居于首位。

随后，世界卫生组织也采取了积极行动提高患者安全。2002年世界卫生组织首次把对医疗质量和患者安全的全球需求提交给世界卫生大会；WHA55.18号决议“医疗质量：患者安全”敦促会员国对患者安全问题给予最密切的关注，并通过制订全球患者安全议程、召集专家、促进合作、建立网络、发布指导等方式，呼吁各成员国采取适当行动改善患者安全，提高医疗质量。2004年，世界卫生组织启动了世界患者安全联盟，利用全球患者安全挑战的模式，促进改善成员国医疗卫生安全。2005年世界患者安全联盟开展活动的主题为“清洁卫生更安全”，旨在通过改善手部卫生来减少医源性感染；2008年主题为“安全手术拯救生命”，同时推出《安全手术核对表》，采取措施降低手术相关风险；2017年主题为“避免用药伤害”，旨在5年内在全球范围内将可避免的严重用药伤害水平降低50%。

在我国，患者安全也得到了充分关注。2019年中国医师协会发布患者安全目标，包括争取识别患者身份、确保用药与用血安全、强化围手术期安全管理、预防和减少健康保健相关感染、加强医务人员之间的有效沟通、防范和减少意外伤害、提升管路安全、鼓励患者及家属参与患者安全、加强医学装备安全与警报管理、加强电子病历系统安全管理，通过医学、人文等多种途径保障患者健康，促进医疗卫生资源的最大化利用。

四、相关理论模型

关于医疗风险及医疗安全，不得不提到“瑞士奶酪模型”。1990年，英国曼彻斯特大学精神医学教授Reason等在“Human Error”中提出这一模型，又称为“累积的行为效应”。该模型认为：每一片奶酪代表一层防御体系，每片奶酪上的孔洞代表防御体系中存在的漏洞或缺陷，这些孔的位置和大小都在不断变化。当所有奶酪上的孔洞排列在一条直线上时，便形成“事故机会弹道”，风险就会突破所有防御机制中的漏洞，导致事故发生。这一理论目前被广泛应用于医疗卫生相关研究中。

通常而言，预防事故发生的防御机制包括工程机械因素，如警报、物质障碍、自动切断等机制；人为因素，如医生、护士、技师、药师等；以及制度和行政控制措施。而导致上述防御机制出现漏洞的因素可以归结为以下两类：自行破坏（active failure）、潜伏状况（latent conditions）。其中，自行破坏指直接与患者或系统接触的人引起的不安全行为，包括疏忽、过失、错误及制度违反等。自行破坏对系统防御的影响通常是直接且短暂的，且一经证实便不会对其原因进行深入追究。而潜伏状况则是系统内难以避免的“常驻病原体”，源自于制度制定者等上层管理人员的决策，并潜在地根植于系统内部。一方面，潜伏状况在特定的工作环境内（如时间压力、人员配备不足、设备缺乏、疲劳、经验不足等）可诱发自行破坏；另一方面，潜伏状况还可引起防御体系长时间的漏洞或缺陷，如错误的警报和信号指示、难以实现的制度等。不同于自行破坏，潜伏状况可以在系统内隐匿很长时间，直至事故发生。

试图完全消灭自行破坏和潜伏状况是不现实的。为避免事故发生，优化并提高风险管理能力是最重要的措施，具体包括风险评估、风险控制、风险回顾、风险沟通等步骤，力求在事故发生前及时识别相关风险，以便采取有效措施避免进一步发展。

第三节　医疗安全的意义及重要性

医疗安全是医务工作者、患者及家属共同的追求，是医疗行为正常开展的基础，也是医疗与管理水平的重要标志。

世界卫生组织报告中明确提出：患者安全是全民健康覆盖的基本组成部分。为更好地理解医疗安全的重要性，不得不提到联合国制订的可持续发展目标（sustainable development goals，SDGs）。为应对全球极端天气变化、自然灾害、贫富差距等挑战，联合国于2015年提出了17项可持续发展目标，包括无贫穷、零饥饿、优质教育、减少不平等、良好健康与福祉等，确保在促进经济繁荣的同时保护地球环境。其中，可持续发展目标3主要关注健康领域，具体为“确保健康的生活方式，促进各年龄段人群的福祉”；而其中的具体目标3.8侧重于实现全民健康覆盖，“包括提供金融风险保护，人人享有优质的基本保健服务，人人获得安全、有效、优质和负担得起的基本药品和疫苗”。针对这一具体目标，世界卫生组织进一步追求实现有效覆盖，将全民健康覆盖作为一条改善健康的途径，确保安全地为患者提供优质服务。在这一过程中，保证医疗安全可有效降低与患者伤害相关的医疗费用、提高医疗卫生系统效率，同时有助于保证和恢复社区对医疗卫生系统的信任。因此，医疗安全是加强医疗卫生系统和实现有效全民健康覆盖的先决条件，也是促进实现联合国可持续发展目标的重要途径。

具体而言，保障医疗安全的重要意义体现在以下几方面。

一、医疗安全是实现优质医疗服务的基本前提

医疗安全和医疗效果是并存于医疗活动中的因果关系，没有完善的医疗安全措施，就无法获得良好的医疗效果。此外，优质医疗服务体现在生理、心理及社会各个层面，安全问题无法保障，则上述一切都无从谈起。

二、医疗安全是保障医院功能的重要基础

医务人员和医疗设施是医院功能的体现。医疗安全除保障患者人身安全外，还涉及医院从事医疗护理及医学工程技术等人员的健康和安全；此外，医疗场所的各种污染、放射性危害、物理化学有毒制剂等也会对院内工作人员和社会群体构成威胁。因此，提高医疗安全水平，可保障医务人员和医疗设施的正常运行，进而保证医院功能的有效发挥。

三、医疗安全是保障患者权力得以实现的必要条件

医疗不安全行为可能造成患者身心伤害，严重者甚至危及患者生命，侵犯患者生命健康权。因此，保证医疗安全对于维护患者基本权利有着重要意义。

四、医疗安全是优化社会经济效益的有效途径

医疗不安全常常导致治疗时间延长、治疗手段复杂化；可使轻病变重病，重病变残疾或死亡；使一病变多病，简单疾病变复杂疾病。对于患者而言，不仅增加患者痛苦，延长住院时间，也增加医疗支出，加重经济负担；对于医院而言，除降低经济效益外，还可能引起医疗事故、引发医疗纠纷；对于社会层面而言，还造成了医疗卫生资源的极大浪费。因此，保障医疗安全可迅速提高医院经济效益，最大化利用医疗卫生资源，并优化社会资源分配。

第四节　医疗安全管理的架构

为切实保障医疗安全、预防不良事件发生，许多国家的相关组织或医疗机构都积极探索并制定了相关的患者安全管理框架和要求，对认识医疗安全和改进实践具有重要的参考价值。

人体生理的差异和医疗过程的复杂往往会导致医疗差错的频繁出现。为了防止和杜绝差错的重现，人们会出现以下的传统认识：①人为错误是问题和麻烦产生的原因；②必须要找出人所犯的错误，进行判断和评估；③系统越复杂越安全；④不可靠，不稳定的人削弱了系统的安全性；⑤通过规范人们的行为提高系统的安全性。

在旧有的认知体系中，人的原因被认为是错误发生的根源，因此严厉的惩罚能够让身处其中的人员提高警惕，从而提高医疗质量。但事实情况或许并非如此简单，哈佛大学公共卫生学院教授Dr. Lucian Leape认为：在医疗行业，对于防止错误发生最大的障碍便是“我们惩罚犯错的人”。《设计心理学》作者Don Norman曾说：“是人皆犯错，犯错就会导致事故，甚至死亡。我们标准的解决办法是惩罚当事人。但是，改变人而不改变系统，错误会继续发生。”基于此，学者Frank Federico认为：①人犯错是系统缺陷的表现形式；②应去了解为何人会作出当时的行为和判断；③系统越复杂越不安全；④系统的安全和高效是博弈的关系；⑤安全的建立必须通过各个层面的努力。

显然，在对于人为错误的认识旅程中，惩罚文化是让每个人负责，无惩罚文化又可能会导致人员管理的失控。因此，从系统或组织层面设计医疗安全管理框架至关重要。以下简要介绍几种医疗安全管理框架。

一、美国医疗改进研究所患者安全框架

美国医疗改进研究所（Institute for Healthcare Improvement，IHI）是一家独立的非营利性组织，旨在与全球医疗和健康行业的领导者、前瞻者及一线从业人员交流合作，从而更好地改善医疗服务体系和医疗机构的管理水平。IHI的研究者提出了一个患者安全系统框架，包括：①将安全与组织战略和资源连接；②定义安全文化；③通过应用人为因素和可靠性科学来持续改进；④区分不同持续学习系统（组织和单元层级）；⑤描述患者安全管理；⑥将患者安全与患者为中心统一。

二、澳大利亚医疗安全和质量框架

澳大利亚医疗安全和质量委员会2010年发布了医疗安全和质量框架，该框架规定了安全和高质量照护的三个核心原则：①以患者为中心；②信息驱动；③以安全为重点。框架列出了卫生系统所有人员可以采取的21个行动领域，以改善所有医疗机构提供诊疗的安全性和质量（表7-1）。

表7-1　澳大利亚医疗安全和质量框架

安全且高质量医疗的核心原则	对消费者或患者的意义	医疗系统从业人员采取行动的范围
以患者为中心：①提供患者在需要时可及的医疗。②确保医疗保健人员对患者的选择、需求和价值观给予尊重和回应。③在患者、患者家庭、照护人员和医疗保健服务提供者之间建立合作关系	能在需要时获得高质量的医疗保健服务	研发方法和模型来帮助患者在有需要时获得诊疗服务
	能获取可以理解的信息，来帮助对自身的诊疗措施作出决策；可以帮助提高自身诊疗的安全度	（1）提高健康素养 （2）和消费者、患者、患者家人以及照护者合作，共同进行诊疗措施的决策 （3）在提供诊疗服务时，尊重和谨慎对待不同文化背景的患者 （4）使消费者、患者和照护者参与到医疗安全和质量的规划中
	诊疗措施是井然有序的；医生、护士和管理者能协同合作；感到安全且被悉心照料	（1）改进诊疗的延续性 （2）将临床交接时的风险最小化

续　表

安全且高质量医疗的核心原则	对消费者或患者的意义	医疗系统从业人员采取行动的范围
以患者为中心：①提供患者在需要时可及的医疗。②确保医疗保健人员对患者的选择、需求和价值观给予尊重和回应。③在患者、患者家庭、照护人员和医疗保健服务提供者之间建立合作关系	了解医疗保健权利	促进医疗保健的权利
	如果出现问题，诊疗团队会进行照料；会收到道歉和对于问题出现的详细解释	如果出现问题，要毫不避讳地让患者知晓并给予相对应的帮助和支持
信息驱动：①采用最新的知识和证据指导诊疗决策。②收集和分析安全及质量数据，并持续改进。③采取措施来提升患者体验	诊疗措施是基于最好的医疗知识和证据	(1)在诊疗过程中使用指南来减少不合理的变异 (2)收集和分析安全及质量数据来提高诊疗水平
	诊疗结果和经验会被用来提高诊疗水平	(1)从患者和照护者的经验中学习 (2)鼓励并应用研究来提高医疗安全和质量
以安全为重点：让安全成为指导医疗保健机构如何运行、从业人员如何工作和资金如何规划的核心	知道医疗团队、管理者们和政府机构都很重视医疗安全问题	(1)医疗职能部门人员要为确保安全采取措施 (2)医疗专家要为确保安全采取措施 (3)管理者和临床负责人要为确保安全采取措施。 (4)政府机构要为确保安全采取措施
	医疗体系是为了给患者、患者的家庭和看护者提供安全、高质量的诊疗服务而设计的	(1)确保筹资模式旨在支持医疗安全和质量 (2)支持、实施和评估远程医疗 (3)围绕保证安全来设计和运行医疗设施、设备及工作流程
	当问题出现时，会实施相应措施来防止类似问题发生在他人身上	采取行动来防止和最小化诊疗差错带来的伤害

三、加拿大卫生服务质量和患者安全框架

加拿大健康标准组织（Health Standards Organization，HSO）及其附属组织加拿大认证（Accreditation Canada，AC），以及加拿大患者安全协会（Canadian Patient Safety Institute，CPSI），共同关注医疗服务的质量和安全。为此，HSO和CPSI在2018年发起成立了加拿大质量和患者安全咨询委员会，该委员会与来自全国各地的数百个合作伙伴合作，共同创建了加拿大质量和患者安全框架——一个侧重于整个医疗保健系统

的国家计划——包括加拿大在患者安全和质量改善方面的五个目标：以人为本的医疗，安全的医疗，可及的医疗，恰当的医疗和整合医疗（表7-2）。该框架是在所有部门和环境中实现高质量、安全的医疗保健和服务的基础。

表7-2　加拿大卫生服务质量和患者安全框架

目标	目的	结果
以人为本的医疗：在规划、发展和监测方面，把卫生服务使用人视为平等的合作伙伴，以确保医疗卫生服务满足其需求并获得最佳结果	以谦逊的态度，全面、尊重和有尊严的方式提供医疗卫生服务 指标：患者对所提供医疗卫生服务尊重程度的评分	（1）患者作出与其诊疗相关的知情决策 （2）不同族群，包括原住民、因纽特人、梅蒂斯人、非社会主流传统的性别或性取向的人、移民以及农村和偏远社区的人，都能得到文化上安全的医疗卫生服务
	使患者和医疗服务提供者共同设计医疗卫生服务的各个方面 指标：患者和医疗服务提供者参与诊疗计划、管理和评估（如患者顾问）	建立正式和非正式的患者伙伴关系，并得到各个层级的一致支持
	使患者和医疗服务提供者有正面的医疗卫生服务体验 指标：患者对医疗卫生服务体验的总体评价	（1）采集、报告和展示患者报告体验指标（patient-reported experience measures，PREM）和患者报告结局指标（patient-reported outcome measures，PROM） （2）无论患者是什么背景和情况，都能参与和报告其所接受的医疗卫生服务体验 （3）医疗服务提供者参与、报告医疗卫生服务体验并从中不断学习
安全的医疗：医疗卫生服务是安全的，并且没有可预防的伤害发生	使安全文化贯穿整个医疗服务过程 指标：评估组织在监测、审查和处理患者安全事件所做的努力；在各组织各层级开展质量改进和患者安全方面的培训	（1）鼓励和支持患者、提供者和领导者报告患者安全问题和事件 （2）根据组织的政策，一旦知道并记录患者伤害事件，应立即向患者和/或家属披露 （3）患者安全事件由包括患者在内的跨学科团队进行分析和处理 （4）受到伤害的患者能够得到心理支持 （5）在心理和身体都安全的环境中工作的医务人员，可以获得心理支持项目

续　表

目标	目的	结果
安全的医疗：医疗卫生服务是安全的，且没有可预防的伤害发生	提供和监测安全有效的医疗卫生服务 指标：可避免的死亡率（医院内外）；患者伤害事件发生率	（1）实施循证实践 （2）主动推动安全实践，审查医务人员诊疗流程，报告结果趋势
	把医疗卫生服务安全视为公共卫生问题 指标：公开报告患者伤害事件的发生率和可避免的再次入院率	（1）医疗卫生机构积极参与资质认证 （2）公开报告患者伤害率和其他反映医疗机构安全的指标
可及的医疗：人们可以及时和公平地获得优质的医疗卫生服务	使所有人都能公平和及时地获得诊断、治疗和服务 指标：通过社会人口变量、地理变量和/或剥夺指数分析某地医疗卫生服务、治疗和流程的等待时间以及基层医疗访问率	（1）不同的人，包括原住民、因纽特人、梅蒂斯人、黑人、不符合社会主流传统的性别或性取向的人、移民以及农村和偏远社区居民都能获得安全、公平和及时的医疗服务 （2）测量和公布医疗服务可及性目标 （3）提供医疗服务备选方案，包括与虚拟和面对面访问
	使人力资源与人口需求有效匹配 指标：医疗服务提供者具备既满足医疗卫生服务指南要求，又满足服务人群的需求的综合技能	（1）具备基于需求的人力资源配置策略，包括为员工提供适宜的综合技能 （2）卫生服务提供者的诊疗范围根据证据确认和优化
恰当的医疗：医疗卫生服务以证据为基础，以人为本	根据人口的需要来规划和提供医疗卫生服务 指标：基于需求评估提供医疗卫生服务	有证据表明健康促进和疾病预防得到了解决
	积极促进和监测恰当的医疗卫生服务，并最大限度地减少不必要的变化 指标：针对当地选择的干预措施，把恰当的医疗卫生服务的变化记录下来，并为质量改进过程提供信息	（1）治疗全过程都基于证据展开，并尊重患者的偏好 （2）将缺乏证据的诊疗变异降到最低
	使新兴的治疗方法和技术在医疗卫生服务中得到系统评估和实施 指标：为满足患者需求，开展医疗卫生服务创新，包括风险管理、培训和评估	（1）对治疗、技术、医疗器械和设备进行评估和监测，以确保其合理使用 （2）医疗团队具备使用新治疗方法和技术的能力

续　表

目标	目的	结果
整合医疗：医疗服务是连续的、相互协调的，促进了医疗卫生服务的整合性	使患者体验到不同机构医疗服务的顺畅性	（1）有转诊所需基础设施和问责制
	指标：基层医疗机构全科医生与专科医生之间的沟通	（2）有专人在不同的卫生服务机构之间负责协调医疗服务
	使患者本人和不同医疗机构的服务提供者均可获得患者信息	（1）医疗服务提供者能够访问患者整合的电子健康病历
	指标：与患者进行电子通信交流的比例；整合电子健康病历的比例	（2）患者可以很容易和及时地查询他们的健康信息

四、英国国家医疗服务体系患者安全事件响应框架

医疗保健的内在风险和复杂性意味着完全避免安全事件的发生是不现实的。发现安全事件，识别受影响者的需求，检查发生了什么，了解原因，并采取行动降低风险，对于改善医疗保健的安全至关重要。创建这样的系统是一项复杂、具有挑战性和持续努力的事情，需要正确的技能和流程。

英国国家医疗服务体系（National Health Service，NHS）构建了一个患者安全事件响应框架，该框架主要“本着反思和学习的精神”，而不是作为“问责框架”，促进对更广泛的患者安全事件进行研究性审查。该框架包括了事前准备、响应事件和监督审查三部分（图7-1）。

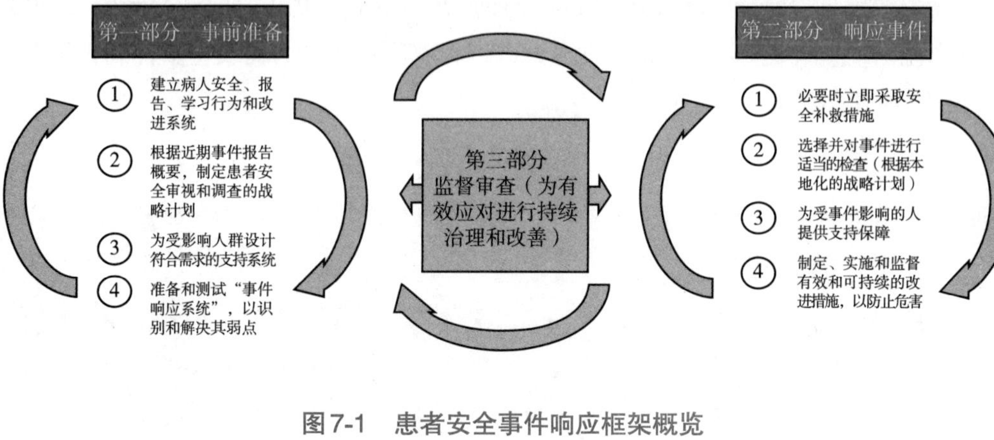

图7-1　患者安全事件响应框架概览

第五节　应用案例

案例：患者安全事件调查（patient safety incident investigation，PSII）。某医院患者安全小组审查了过去3年的患者安全事件报告数据，以及过去12个月完成的投诉、死亡审查程序、死因裁判研讯、诉讼索偿、感染预防和控制相关检查，以及其他相关临床审计的患者安全问题。

根据患者安全事件发生的频率、严重程度和产生的费用，评估揭示了三个高风险事件：住院跌倒、儿童用药途径错误和脊髓压迫漏诊。该小组仔细检查了这些安全事件报告，通过对问题的详细理解，并确定最大风险的分布情况，对跌倒数据的回顾分析显示，跌倒最常发生在清晨老年病房。

该小组随后决定，作为患者安全事件应对计划的一部分，在每个区域（共15个区域）进行为期12个月的全面患者安全事件调查。这些工作将由6名受过训练的患者安全调查员负责（每个高危区域两名）。两人一组工作，一名调查员担任首席调查员，另一名调查员担任辅助调查员，视需要得到患者安全小组、临床主管和沟通小组的支持。

该小组还对与高风险区域有关的所有其他事件进行了案例分析和公开讨论，这些事件的结果是中度及以上的伤害，而且先前没有进行患者安全事件调查。

安全事件调查组同时进行的任务不能超过两个。为完成上述总体任务，并确保调查质量，调查人员必须在“住院患者跌倒相关事件”和“儿童用药途径错误”这两个患者安全事件中，选择优先调查何种事件，以及开始进行调查的时间点。

（资料改编自：Patient Safety Incident Response Framework 2020，NHS；March，2020）

讨论：①患者安全风险评估通常考虑的因素有哪些？②为何安全事件调查组同时进行的任务不能超过两个？

本章小结

医疗安全是医务工作者、患者及其家属共同的追求，是医疗行为正常开展的基础，也是医疗与管理水平的重要标志。本章首先对医疗安全的内涵和外延进行了阐述，然后描述了医疗安全/风险和患者安全的沿革及其涉及的理论模型。最后分别介绍了美国医疗改进研究所患者安全框架、澳大利亚医疗安全和质量框架、加拿大卫生服务质量和患者安全框架以及英国国家医疗服务体系患者安全事件响应框架。

（程永忠）

第八章　医疗安全管理体系

学习目标

1. 掌握　医疗安全管理体系；如何构建医疗安全环境。
2. 熟悉　医疗安全信息系统。
3. 了解　医疗安全事件的检讨与改善方法。

案例讨论

【案例】某医院因为管理工作松懈，医院安全管理制度不健全、不落实，新生儿医院感染检测缺失，未按照规定报告医院感染等问题，导致新生儿在住院期间由肠道病毒引起了院内感染事件，致使5例患有新生儿肺炎等基础疾病的患儿死亡，共14例患儿感染的严重医疗安全事故，涉事机构和人员也因此被严肃查处……

【讨论】

1. 何谓医疗安全管理体系？如何构建安全的医疗环境？
2. 医院有哪些医疗安全事件检讨和改善的方法？
3. 如何建立医疗安全文化？

第一节　医疗安全管理体系的要素

医疗机构及医务人员在实施医疗活动的过程中，应当保障医疗安全，即通过采取必要的措施，避免或预防患者出现不良结果或受到伤害，包括预防错误、偏差与意外，使患者免于由于医疗照护过程中的意外而受到不必要的伤害。医疗安全是医疗质量的基础，是医疗质量的重要内容，保证医疗质量与患者的医疗安全是医务工作者的责任。

医疗安全与医疗效果是因果关系。不安全医疗会导致患者病程延长和治疗方法复杂化等后果，不仅增加了医疗成本和经济负担，有时还会导致医疗事故引发纠纷，影响医院的社会信誉和形象。因此，医疗安全问题的重要性不言而喻。全世界每年有上亿患者受到安全问题的威胁，越来越多的人认识到患者安全和医疗服务质量是全民健康的关键。许多和患者安全有关的理论被提出来讨论，其中最有名的就是瑞士奶酪（Swiss Cheese）理论。瑞士奶酪在切成片之后会有很多小洞，如果没有人为因素，用一条直线贯穿每片奶酪上的小洞的概率极低。很多患者安全事件发生之后，仔细计算发生概率，就跟用一条直线穿过瑞士奶酪的小洞一样，概率很小却发生了。所以，患者安全事件不可以被当成一种随机发生的事件或是一种不可避免的风险，医院管理者们应该认真思考如何避免患者安全事件发生。真正要解决医疗安全问题，需要构建系统化的医疗安全管理体系。

一、完善医疗系统的设计

随着医院的规模变大，管理体系越来越复杂，工作也就多了很多需要反复检视的环节。在此过程中，很多检视环节需要重复执行，这也在一定程度上降低了过程的效率，如果在系统设计时没有考虑其他环节的需求，医疗服务的质量也会随之产生问题。这些问题发生在患者身上，就成了患者安全的不良事件。有些医院认为不良事件是概率事件，只是将其隐藏起来而不立即改进，事实上，即使是概率事件，也会逐渐演变为系统错误。完善的医疗系统设计可以实现多个环节互补的医疗检视程序，及时发现医疗系统中存在的潜在错误或风险，不仅可以把错误发生的可能性降到最低，也能借此不断提升管理系统的水平。

二、建立持续改进体系

持续改进是杜绝患者安全事件的重要机制。由于医疗业务繁忙；缺乏自我反省的机制，或即使有，也以敷衍的态度处理；或者出现问题后总是检视别人的错误，不能通过一次医疗安全事件从根源上发现出现问题的原因而持续改进医疗服务过程和安全管理中的问题，以致无法彻底解决问题，再次出现医疗安全事故的风险依然很高，因此必须建立医疗安全的持续改进体系。

三、构建医疗安全文化

患者安全文化就像是一个警报器，随时会提醒医院注意患者安全。医院文化中若没有患者安全的理念，医院很容易发生患者安全不良事件，因为威胁患者安全的事件发生时没有受到重视，所以再次发生的概率会很高。医院要形成患者安全文化，就要将推动患者安全作为医院的首要任务。例如通过加强患者安全培训，对于患者安全从上自下形成一整套体系，在医院的所有工作中贯穿患者安全相关的理念。在医疗机构内形成员工时刻关注患者安全的文化氛围，让患者安全的概念在医院员工的心中长期存在，影响医疗活动的实施。

第二节　打造医疗安全环境

医疗过程中的每个环节都包含一定程度的内在不安全，需要作出复杂的全系统的努力，其中涉及提高绩效、环境安全和风险管理方面的范围广泛的行动，包括感染控制、安全使用药物、设备安全、安全的临床实践和安全的医疗环境。患者安全是医疗机构的首要任务，为世界各国医疗卫生机构所重视。为了帮助医疗机构关注患者安全热点问题，许多政府机构、研究机构、公益性组织制定了形式不同的患者安全方案、患者安全目标、患者安全问题等。美国急救研究所（ECRI）近年来每年发布医疗机构关注的十大患者安全问题。建置安全的医疗环境，主要应从以下几个方面加强。

一、加强安全管理组织保障

要充分认识患者安全管理的重要性，将患者安全管理纳入整个医院的管理体系之中。建立患者安全管理组织，完善医院管理制度，建立目标考核机制，设立专职部门负责监督管理工作。以创建和谐医院、平安医院为目标，围绕患者安全目标管理内容和要求，持续改进医疗服务质量，提升医疗技术内涵，不断创新服务举措，使医疗质量、服务质量、技术创新等全面提高。

二、建立并完善医疗不良事件上报系统

医疗不良事件上报有助于识别不良事件，通过分析影响患者医疗安全与质量的因素，监测患者受不良事件伤害的程度并建立符合实际的策略，有效地避免错误再次发生。可以借鉴英国、美国等医疗不良事件上报系统较为成熟国家的一些经验，结合我国的具体实际，建立我国医疗不良事件上报通用格式或标准，使各个医院之间数据具有可比性，促进我国医疗不良事件数据的可用性，避免信息孤岛，为减少我国医疗不良事件

助力。

三、加强安全教育培训

广泛开展患者安全知识培训，建立医疗安全教育档案，提升全院医疗服务水平。加强卫生宣教，鼓励患者及家属积极参与患者安全行动。加强医疗风险意识教育，对各种不安全因素进行控制，使安全教育和管理制度化、标准化和规范化。通过安全教育使医护人员从被动接受安全管理检查转变为自觉维护医疗安全，形成“人人讲安全、人人讲质量”的安全文化氛围。

四、加强安全工作指导

完善患者安全事件报告系统，对诊疗过程和报告事件提出相应建议；建立医院患者安全管理工作指南，研究制定医疗质量和患者安全监测评价系统，对患者安全事件进行科学预测和早期预警；对开展的新技术、新方法、新检查进行规范管理和严格准入制度；加强医疗护理过程和系统的持续改进，前瞻性发现和降低医疗护理服务的内在风险等。

五、加强安全管理研究

注重医疗护理安全管理工作的科学研究，运用流行病学分析法、人群因素分析法、模拟现场事件分析法等，结合医院患者安全事件，总结有价值的经验和教训，在实际工作中不断研究和创新，建立新的患者安全管理体系，不断推动医院医疗质量的持续改进和稳步提高。

第三节　医疗安全信息系统

一、医疗安全信息系统的定义

全球信息化时代的来临，冲击着健康产业整体的结构与系统，当生命议题面对即时性、互动性的信息化时代，得以提升健康产业与医疗质量并且降低成本的同时，如何建立安全的网络交易环境以确保生命资料在网络传输过程中不遭受伪造、篡改，同时保障个人生命隐私权利等问题及咨询安全解决方案，如确保医疗健康信息在传输过程中的完整性、机密性、不可否认性，降低民众对于医疗信息电子化后，对患者隐私保障的疑虑等，是医疗系统安全刻不容缓的议题。

美国国会在1974年推出隐私权法后，陆续于1986年推出电子通讯隐私权法，1987年推出电脑安全法，1991年推出通讯消费者保护法，1996年通过医疗保险法案–健康保险与可及责任性法案（Health Insurance Portability and Accountability Act，HIPAA），可见医疗系统安全对于健康照护产业具有重要影响。

医疗安全信息系统的特征主要包括：①网络传输的安全性；②暂存病历的私密性；③患者对个人病历资料的自主性；④医师存取病历资料的合法性

医疗资讯安全信息系统是一个建构于Web Services交换平台上相关安全加密标准的电子病历交换平台框架。相关医疗院所可参考该框架中各种医疗信息安全标准的特性与适用场合，用于符合加密标准的信息交换系统中。确保在Web Services的环境下交换电子病历时，能够具备足够的信息安全性且符合国际标准，而不致影响系统之间的互通性。

二、医疗安全信息系统的需求

（1）资料完整性（integrity）：确保所收到的资料不被篡改、重送、遗失；

（2）资料来源认证（authentication）：确保所收到的资料确实为某人所传送。

（3）存证（non-repudiation）：使发送端不可否认送出某资料，接收端不可否认曾接受过某资料。

（4）资料隐秘性（confidentiality）：防止敏感资料被窃取、非法取得或泄露。

（5）存取控制（access control）：防止非法存取资料。

三、电子病历的安全需求

1. 不可否认性 伴随着医院信息系统的各种功能不断取代传统看病诊断的同时，医护人员从纸质诊断书到认可一份电子版文件的过程中，对于患者诊断结果的责任归属是否明确，是影响到电子病历信息化能否取代传统纸质版病历的重要因素。因此，在用户身份真实的基础上，需要附加可靠的电子签名核实，并且制定医院电子病历管理系统的责任机制，确保医疗数据的责任归属具备不可否认性。

2. 私密性 医院信息系统多数运行在局域网上，信息系统终端和服务器之间的信息传输安全通常会被忽略，导致信息有可能被窃取和篡改，不能确保医务人员在终端上输入和查看电子病历内容的正确性。这就需要确保电子病历系统具有私密性。

3. 完整性授权 电子病历的生成、修改与访问的时间节点敏感度高，然而目前这些主要都是由信息系统服务器时间产生的，可能会发生在场时间记录不准确的问题，从而造成医疗行为时间缺少公信力。因此在确保时间源可信的基础上，需要对全部关键操作实施时间戳并记录，确保提供完整的授权。

4. 身份认证 医院信息系统的封闭性弱化了身份认证的强度。目前，医护人员登录信息系统一般使用“用户名+口令”，伴随着医院对信息系统依靠程度的加深，这种弱认证方式的弊端不断凸显，造成医生间用假名顶替，实习医生代替主治医师出诊断报告等状况。因此，医院电子病历信息系统身份认证机制的高度安全性、可靠性，以及确保登录系统的用户身份的真实性，在医院电子病历系统建设过程中显得特别迫切。

第四节 医疗安全管理原则

医院要让安全管理落地执行，必须针对患者安全管理的重点，利用适当的改善方法和管理工具，从战略、战术、执行方面自上而下地解决患者安全的问题。战略层面：医院在中长期的战略规划中就应该把医疗机构的资源投入到医疗安全上，制定医疗安全管理的中长期目标，并且融入医院的价值观，确立患者安全在医院价值观上的重要地位。战术层面：以科室为单位，不断地将患者的安全知识，应用到跨专科（业）的活动中，从国内外经验来看，一家医院在战术活动上能够灵活地使用各种管理工具，就可以及时解决已发生或者未发生的医疗安全事件，做到防患于未然。执行层面：医院不仅要给员工持续灌输患者安全的相关知识，还要在各种实践场合（最好是日常工作中）让员工运用这些知识。

一、患者参与

患者的参与对于改善医疗安全至关重要，这是利雅得会议所传达的重要信息。这一观点得到伦敦帝国学院（Imperial College London）全球卫生创新研究所（Institute for Global Health Innovation）的领导兼患者安全政策高级顾问Mike Durkin的赞同，他以英国静脉血栓栓塞症减少为例，指出“患者比专业人士更能推动变革”。

曾任英国国家医疗服务体系（NHS）患者安全主任的Durkin在接受《英国医学杂志》（The BMJ）采访时表示，医生们很清楚对患者进行风险评估并让其使用抗凝血药物会降低死亡风险，但直到20世纪90年代末和21世纪初，患者和议会组成的联盟才真正采取行动以减少死亡率。

荷兰医疗健康监察局的观察员 Ian Leistikow 以复杂的儿科手术为例指出，荷兰患者在推动变革方面发挥了巨大作用。他提到“正因为患者期待医疗卫生改革，因此，在荷兰已经建立了一个专门的医疗中心”“医生过去常说患者不想改变——但如果可以使医疗服务质量有所改善，那么，他们就会愿意去做”。

瑞典 Qulturum 负责学习的首席执行官 Goran Henriks 补充称，让患者直接参与治疗过程可以降低风险。他在接受 The BMJ 采访时表示，“目前我们正在开展一个透析治疗项目，参与该项目的患者可以自己控制并完成所有治疗过程。患者可以自行操作设备、启动机器及清洗机器等，这可以避免与护理相关的感染”。

美国马萨诸塞州波士顿医疗改进研究所（Institute for Healthcare Improvement）名誉主席、高级研究员 Don Berwick 提出警告：文化障碍可能是限制患者参与治疗的重要因素。他接受 The BMJ 采访时提到“出于礼貌以及对权威的尊重，导致患者更加不便表达自己的真实诉求。一个公正安全的文化氛围是人人可以畅所欲言，并在指出问题的同时不受到指责”。

二、医疗安全文化

美国卫生和服务部（US Department of Health and Human Services）下属的医疗保健研究和质量局（Agency for Healthcare Research and Quality，AHRQ）在其开发的针对组织安全文化的调查问卷中明确定义了医疗安全文化应包括的 10 项内容：①管理者有关促进患者安全的期望和行为；②组织层面的学习；③部门内部的团队合作；④开放性的沟通；⑤有关医疗差错的反馈和沟通；⑥对医疗差错的非惩罚性反应；⑦人员配备；⑧对患者安全的管理支持；⑨跨部门的团队合作；⑩交接班和转诊。

三、教育培训

患者安全的教育培训仍然需要加强。培训课程的强度和实现方式是医疗安全中很重要的因素，但医疗机构还应该考虑培训是否有效、培训机会是否容易获得、将学习从理论转化为实践的能力等问题，这些对于管理者和医务人员来说都是至关重要的。培训仅仅传授知识是不够的，更重要的是灌输安全意识和质量意识，逐渐形成人人参与的安全文化。

四、领导力

为了加强医疗系统的安全性并建立安全文化，使整个卫生系统变得更安全，医院应该给每位员工授权：当有伤害可能性的时候可以提出反对。改进工作的领导应该来自各级组织以及患者。在推动建立安全文化的过程中，应给予患者安全监管部门相应的权力和支持。

五、信息化

传统工具，如医疗事故报告系统应完善，他们输出的结果需要被更有效地用于学习。基于信息化分析各项医疗质控数据将发现新的机会，认识到伤害发生的可能性和找出支持预防的解决方案。关键问题在于在信息化的基础上，把数据提取成一个可以理解的、有用的形式，而不仅仅是原始资料的不断堆积。

知识拓展

英国发布《患者安全2030》，“首先，请不要伤害”是医学领域的基本原则，也是高质量医疗服务的基础。然而英国每35秒就有一起患者伤害事件被报告。英国不遗余力地提升患者安全，2004年，英国NHS修订的“七步构建患者安全体系”开发了患者安全循环，至今仍值得借鉴：①审计和监控；②反馈；③报告；④分析；⑤解决方案；⑥实施；⑦审计和监控。

第五节　应用案例

案例：某儿童医院一4岁患儿因先天性心脏病、房间隔缺损入院。手术当日凌晨开始禁食水，患儿感口渴，于手术日上午9点多趁着护工不在时，从拦好的儿童床爬出，到饮水机旁接水，开水溅到患儿眼睑部位，其眼部发红。护工发现后通知护师，给予冷水袋冷敷后30分钟，眼睑处微红，持续观察，当日中午12：00将患儿送往手术室时，其眼睑下微红，面积较大，颜色较深。

讨论：①发生该医疗安全事件的根本原因是什么？②应采用何种方式进行医疗安全的持续改进？③如何避免今后发生类似的医疗安全事件？

本章小结

医疗安全是医疗质量的基础，医疗安全与医疗效果是因果关系，要真正解决医疗安全问题，需要构建系统化的医疗安全管理体制。完善的医疗系统设计可以实现多个环节互补的医疗检视程序，及时发现医疗系统中存在的潜在错误或风险，不仅可以把错误发生的可能性降到最低，也能借此不断提升管理系统的水平。持续改进是杜绝患者安全事件的重要机制，构建医疗安全文化，在医疗机构内形成员工时刻关注患者安全的文化氛围，让患者安全的概念在医院员工的心中长期存在，影响着所有医疗活动的实施。建立安全的医疗环境主要从加强安全管理组织保障、建立并完善医疗不良事件上报系统、加强安全教育培训和安全工作指导、加强安全管理研究几方面进行。同时，建立医疗安全体系需要构建医疗安全信息系统，明确医疗安全信息系统需求、电子病历安全需求。

（程永忠　白　雪）

第九章 医疗安全管理工具

学习目标

1. 掌握 根本原因分析法。
2. 熟悉 医院脆弱性分析方法。
3. 了解 失效模式与效应分析法。

案例讨论

【案例】根本原因分析是聚焦系统流程改善的有效手段。运用根本原因分析法分析事件的目的是为了找出潜在的失误及其根本原因，从而改进系统，以避免类似事件再次发生；而并非关注个人因素。通过运用根本原因分析法发现并修复系统流程状态失误，减少其存在的时间，建立安全的医疗环境，可从根本上杜绝错误发生的可能。比如自改良手术通知单信息至今未出现手术患者身份识别错误事件。例如，通过取消手术通知单上的患者床号信息，避免了因个人疏忽而仅核对床号不核对其他信息的可能性；在通知单上增加患者住院号，使得核对住院号成为操作前必须执行的步骤之一。同时，也应当创建安全的医院文化，鼓励不良事件上报。当错误发生后应及时纠错，尽量弥补错误造成的不良后果，同时尽快启动相应流程，选择合适的工具与方法探究错误的原因，改善系统，最大限度地避免同类错误的发生。

应选择合适的管理工具开展质量改善活动。预防不良事件再次发生的有效防范是识别导致事件发生的原因。根本原因分析的应用范围主要有前哨事件、风险分级矩阵一级或二级的事件或风险分级矩阵为三级或四级但发生频率高的事件。手术通知单案例即属于前哨事件，即手术患者识别错误，虽然及时发现不会导致不良后果，但仍需要进行根本原因分析，找出系统失误，以避免同类型事件发生。管理者需根据事件的类别、涉及的范围与后果的严重程度选择合适的管理工具，制定针对性的性改善策略，以达到有效避免不良事件再次发生的可能。

【讨论】

1. 根本原因分析的作业步骤为何?
2. 根本原因分析是聚焦系统流程改善的有效的唯一手段吗?
3. 如何选择合适的管理工具开展质量改善活动?

第一节　医疗安全管理工具概述

医院医疗安全是患者生命和健康的重要保障。科学合理地使用管理工具在一定程度上能够有效预防不良事件的发生，从系统层面、实践者层面、患者层面发现问题，促进质量持续改进。

不良事件是指由医疗导致的伤害，与疾病的自然转归相反，其可延长患者的住院时间，甚至导致残疾，包括可预防和不可预防的不良事件。无论是广义定义的事故还是医疗专业领域定义的不良事件，都带有“伤害、与目的（转归）相逆，服务延长或中止”的特征，且具有不可接受性。然而，事件的发生总是不可避免的，这意味着系统存在一定的缺陷也是发生严重安全事故的前因。事件分析虽然延滞落后于损失发生的时间，但它作为现代安全管理中风险管控、过程管理的必要环节，可为日常安全管理提供重要的策略与方法。事件分析的目的在于探究事件危害的演变过程，找到事件的真正原因，采取必要的补救或防范对策，以预防或避免同类型事件的再次发生。

根据事件的自然发生过程，可以分为事前、事中和事后管理。在事件不同阶段可以选取不同的质量安全管理工具。医疗安全管理方法中事后管理较为常见，可以根据事件的发生频率与严重程度选择不类型的管理工具。例如，传统的事后管理经常使用根本原因分析法。近年来，越来越多的管理者认识到事前预防是更好的医疗安全管理举措，事前预防的常用改善方法有失效模式、效应分析和医院脆弱性分析。对于尚未发生不良（安全）事件的高风险流程，可以开展失效模式和效应分析，确认失效模式的根本原因，针对性地采取改进措施，优化流程，避免不良事件发生。而当医院可能需要应对危害事件的发生时，可以采用医院脆弱性评估方法，以降低事故频率及事故引发的人员伤亡和财产损失，让医院管理者有针对性地进行事前评估和整改。

第二节　失效模式与效应分析

一、失效模式与效应分析概况

医疗失效模式与效应分析（healthcare failure mode and effect analysis，HFMEA）是专门为医疗保健机构研发的前瞻性危机分析系统，它通过系统性、前瞻性地检查某个流程可能发生故障的途径，重新设计该流程，以消除故障发生的可能性，使故障的不良结果降到最小。HFMEA简化了传统失效模式与效应分析（FMEA）的可侦测性和关键性步骤，引进决策树方法，用危害矩阵代替风险优先指数（RPN），使之更加合理的应用于医疗机构的前瞻性风险分析。

失效模式与效应分析是一种前瞻性的管理模式，是在行动之前就认清问题并预防问题发生的分析。HFMEA由失效模式及效应分析两部分组成。其中，失效模式是指能被观察到的错误或缺陷（或称安全隐患），应用在医院质量管理中就是指任何可能发生的医疗安全不良事件。效应分析是指通过分析该失效模式对系统安全和功能的影响程度，提出可以或可能采取的预防改进措施，以减少缺陷，提高质量。失效模式与效应分析的目的是防患未然：设计屏障，让事情不要发生；降低损害，即使有风险存在，也是可容许的最低风险；发现、评价流程中潜在的失效及其后果，找到能够避免或减少这些潜在失效的措施，并将上述过程文件化。

二、失效模式与效应分析的相关概念

失效模式（failure mode）并不是指故障本身，也不是导致失效的原因，它是指从失效原因或机制出现到产生故障失效效应或影响之间的不良现象。通过失效模式分析和失效影响分析的组合，运用结构化的系统程序方法，可帮助管理者及早发现产品潜在的失效模式，探讨其失效原因及失效发生后对上一层分系统、次系统和系统所造成的影响，并采取适当的预防措施和改进方案。

潜在失效模式（potential failure mode）指目前流程中的每一个步骤所有可能出错的地方，包含人为错误、设备问题、沟通可能、与物品错放等，并具体描述失效发生的方式，如损坏，遗失，错误，污染等。通常来说，就是原有步骤可能无法达到流程所设计设想的功能作用。

潜在失效结果（potential failure effect）是指在确立的流程步骤下，当这个潜在失效模式真的发生了，会发生什么事情？会导致什么结果？失效模式发生的最终结果可能影响流程整体效果或影响流程中相关人员（如患者、工作人员）的感受。

风险或危害分析（hazard analysis）：是一个对危害收集与评价的过程，从过程中找出关键危害并建立有效管理机制。通常对发生后的后果（严重度）、发生机会（发生度）、目前控制措施（可侦测度）进行分析。

三、失效模式与效应分析的步骤

经典失效模式与效应分析分为5个基本步骤：①制定主题，即确定要研究的主题；②组建多学科综合性团队；③绘制流程图；④执行危害分析；⑤制定并执行改善措施及评价结果。

1. 制定主题 一般而言，选择高风险流程，团队可以基于不良事件及对患者安全造成的影响考虑，列出所有风险环节进行选择。

2. 组建多学科综合性团队 组成团队的人员要求是与主题相关的人员，通常选择不同专业、不同科室、专业技术精通、具有协作精神且熟悉FMEA实施流程的人。团队一般由6~10人组成，人数不易太多，以便管理。

3. 绘制流程图 根据研究主题，搜集整理研究流程步骤中的相关信息，并在此基础上绘制流程图，列出主流程、子流程并用数字和字母进行标识，便于分析。

4. 执行危害分析 执行危害分析包括以下四项内容：

（1）列出潜在失效模式：项目小组成员分析所有流程步骤及子流程，运用“头脑风暴法”讨论并列出目前流程中每个步骤的潜在失效模式，分析潜在的失效结果。运用“头脑风暴法”时鼓励自由发挥，要求每位成员均提出一定数量的设想，但需要注意应排除评论性的判断。探索研究组合和改进设想，每个人不仅要提出自己的想法和意见，还须利用别人的灵感加以想象，对其他人的设想进行变化组合以激发出更多更新的灵感和方案。

（2）危机值评量：团队成员集体讨论识别流程中所有潜在的失效模式，并进一步确定其失效原因及失效影响，接着计算风险优先指数（RPN）。计算公式为：RPN=S×O×D，其中S指严重度，表示风险发生后产生的后果；O指发生率，表示风险发生的可能性；D指可探测度，表示风险发生前被发现的概率。每项内容赋值1~10分，RPN值的范围为1~1000分。

（3）确定优先失效模式：根据RPN值设置解决问题的优先顺序。根据RPN值计算结果，重新进行排序，最终确定优先失效模式。失效模式的风险程度随RPN的分值增高而相应增大，此时迫切需要采取改善措施。在医疗行业中，RPN评分＞125分或S＞9分，表示该模式有必要采取干预手段。需要注意的是，无论RPN值多大，只要S值较高就要引起高度重视，或者当RPN值相近时，要格外关注S和O值都高的失效模式。

（4）确认失效模式的根本原因：根据对流程的调查分析，充分运用头脑风暴法、鱼骨图等方法，确定优先失效模式的根本原因。

5. 制定并执行改善措施及评价结果　根据小组成员得出的失效模式进行优先级排序并深挖其原因，参考相关信息，制定实施干预计划，重新设计流程。根据PDCA循环法，对重新设计的流程进行临床整改实施，启动相关管理措施，团队成员再次进行RPN值评分排序，对RPN值较高的项目采取改进措施，从而不断优化流程。实施并监测重新设计的新流程，评估新流程的实施效果。

四、失效模式与效应分析的特点

失效模式与效应分析具备前瞻性、系统性、风险量化的特点。前瞻性是指将焦点放在整体流程上，与根本原因分析法将焦点放在发生事件上的“事后纠正”不同，失效模式与效应分析强调的是“事前预防”，作为一种风险管理工具，更能够前瞻性地发现流程中潜在的漏洞，让管理者能“治未病”，充分发挥系统防御对缺陷的屏蔽功能。系统性是指对实施流程系统性地改进，强调过程的连续性以及各个环节之间的相互促进和制约，将潜在风险辨识、风险评价、风险应对、风险监控环节前后关联，具有较为严密的因果关系和逻辑性，能够更好地帮助管理者找出存在的问题，实现对流程路径的优化和改善。风险量化是指通过确定风险事件危机值，量化潜在的风险，使复杂的医疗风险可以更加直观地比较与分级，从而在过程管理中抓住重点及关键流程，明确风险改进的目标，使资源合理分配、管理有效。

第三节　医院脆弱性分析

一、脆弱性分析的相关概念

医院脆弱性分析是医院灾难应变评估的重要工具。脆弱性（vulnerability）是指一个组织在应对某一特定危险时可能存在的已确定的弱点。脆弱性、危害和风险是医院应急准备中的关键概念。一家医院的脆弱性会受到其备灾准备程度的影响。如医院对水灾可能性的准备程度越高，其对该事件的脆弱程度就越低。危害（hazard）是指在某一特定时间段内，在某一特定地点可能发生的潜在威胁。危害事件可以由自然危害（如地震、火山、旋风等）或人为危害（危险材料泄漏、工业现场爆炸、交通事故等）引起，或两者的结合。风险（risk）是指在危害事件发生的情况下，发生损害或功能丧失的概率，以及对该特定危害的脆弱性水平。一个设施的风险是危害和设施的脆弱性的乘积，减去设施应对和/或尽量减少功能变化的能力。其计算如下：风险（risk）=[危害（hazard）×脆弱性（vulnerability）]－能力（capacity）。

就医院而言，脆弱性可分为外部和内部。外部脆弱性是指发生在医院之外，影响医院及其提供医疗服务能力的事件的脆弱性。外部事件，如战争和地缘政治冲突、火山、海啸、地震和飓风等。这些事件对医院的影响可能是大量患者的迅速涌入，或因社区破坏而导致服务受到限制，从而影响工作人员服务人群或供应物资进入医院。内部脆弱性是指直接影响或损害医院的事件的脆弱性，如龙卷风、地震、火灾或水灾造成的建筑损坏。

医院的脆弱性也可以被视为结构性、非结构性和行政/组织性的。结构脆弱性是指建筑物或需要物理支撑的结构部件（如地基、支撑墙、梁和柱等）的脆弱性。这些部件在一些事件中会被削弱和失效，包括洪水、爆炸、台风、飓风和地震。非结构脆弱性是指对建筑物功能至关重要的内部结构部件的脆弱性，包括管道、供暖、通风、空调、信息管理/技术、供水和电力。行政/组织脆弱性是指维持医院功能所需的人力资源和供应管理的脆弱性。

二、医院脆弱性的评估方法

医院应急准备的基础是危险－脆弱性分析（hazard-vulnerability analysis，HVA）。HVA是针对医疗机构受到某种潜在灾害影响的可能性及它对灾害的承受能力加以分析，以降低事故频率及事故引发的人员伤亡和财产损失，让医院管理者有针对性地提出整改措施的事前评估方法。HVA是医院应急准备的重要组成部分。在2011年启动的医院评审工作中，中华人民共和国卫生部特别将HVA作为应急管理中的核心条款，要求医院必须开展灾害脆弱性分析，明确医院需要应对的主要突发事件及应对策略。医院灾害脆弱性与灾害的严重程度成正比，与医院的抗灾能力成反比。灾后的影响可能是直接的，也可能是间接的，常导致医疗环境的破坏，使医疗运作受到严重影响，医疗需求急剧增加。脆弱性分析的目的是对医院风险点和风险环节进行全面评估，以提前制定对策，将灾害可能的影响降至最低，提升医疗安全。

医院脆弱性分析最常见的工具是Kaiser模型。Kaiser模型是美国应急管理部门和研究机构开发的一种HVA工具，HVA的内容主要包括以下方面：①它描述的是某种灾害（如自然因素、技术因素、人员因素、危化品因素等）的可能性；②这种可能性可以是一系列动态的可能，有引发事件的可能、事件形灾害的可能、灾害演变成灾难的可能；③其影响可以是直接的，也可以是间接的；④其外在表现形式包括医疗环境被严重破坏，医疗工作受到严重干扰，医疗需求急剧增加；⑤它与灾害的严重程度成正比，与医院的抗灾能力成反比；⑥其构成涉及发生概率、人员伤害、财产损失、服务影响、应急准备、内部响应、外部响应7大指标，每项指标设置0~3级。

对每一项指标进行说明：①发生概率。在确定事件发生的概率时，可以参考已知的数据、以往的历史数据、有关机构的统计数据、专家评价、上级应急预案的要求等；②人员伤害。在评估人员伤害时，要考虑可能造成的工作人员伤亡、患者与来访者伤亡、伤者的预后、情感和心理影响等；③财产损失。在评估财产损失时，要计算重建或改造更新的费用、建立临时替代设施的费用、维修的费用、恢复正常所需要的时间等；④服务影响。在评估服务影响时，要关注正常工作的中断、关键物资供应的中断、外部服务的中断、职员的减少、患者到达的受阻、不能遵守规定的情况、可能的法律纠纷、声誉和形象的损失、财政负担的增加等；⑤应急准备。在评估应急准备时，要注意应急预案是否完善、是否经常开展应急演练、是否对工作人员进行必要的培训、应急物资准备是否充足、应急支持的开展是否顺利有序等；⑥内部响应。在评估内部响应时，要考虑到作出有效反应的时间、目前物资的种类和数量是否满足需要、工作人员掌握相关技能的情况、对事件严重程度和持续时间的估算、有无后备机制等；⑦外部响应。在评估外部响应时，要考虑国家和本地的应急反应能力、与其他同类医院协调的情况、与物资供应机构协调的应急供应计划、与有关机构签订援助协议的情况等。

Kaiser模型脆弱性分析具体操作步骤如下：首先，根据相关要素制定灾害脆弱性分析调查表，可参考表9-1，包含三大方面，即可能性（发生概率）、损失（人员伤害、财产损失、服务影响）、预防（应急准备、内部响应、外部响应）；其中损失和预防综合反映灾害严重性。其次，对每项指标分四个等级进行评分，分别评0、1、2、3分。最后根据得分将风险分为三个等级，分别是高、中、低风险。具体计算方式：

$$\text{相对风险}=\text{可能性}\left(\frac{\text{分子}}{\text{分母}}\right)\times\text{严重性}\left(\frac{\text{分子相加}}{\text{分母相加}}\right)\times 100\%$$

每项的分母均为3，分子为评出的分值，其中“发生概率”3分为最高分，“损失”3分为最高分，“预防”3分为最低分。最后根据分值大小及范围判定风险等级，0~30%为低风险；30%~60%为中风险；60%~100%为高风险。

表9-1 医院脆弱性分析调查表

危险事件	可能性	严重性						相对风险
	发生概率	人员伤害	财产损失	服务影响	应急准备	内部响应	外部响应	
评分标准	0=无/或不适用 1=低 2=中 3=高	0=无/或不适用 1=低 2=中 3=高	0=无/或不适用 1=低 2=中 3=高	0=无/或不适用 1=低 2=中 3=高	0=无/或不适用 1=高 2=中 3=低/无	0=无/或不适用 1=高 2=中 3=低/无	0=无/或不适用 1=高 2=中 3=低/无	0~100%
自然灾害类								
地震								
台风								
极端温度								
洪水								
小计								
技术、设备与物资类								
信息系统故障/瘫痪								
电梯意外事故								
放射性事故								
小计								
人类活动类								
爆炸事件								
群体踩踏伤害事件								
暴力伤医事件								
院内感染暴发								
小计								

除Kaiser模型外，美国医院协会的美国保健工程协会（American Society for Healthcare Engineering of the American Hospital Association）考虑到潜在的自然、技术和人类威胁事件，建议通过以下问题来评估每个事件的可能性、风险和准备程度，包括：①概率问题：已知的风险、历史数据、设备制造商的统计数据。②风险问题：对生命和/或健康的威胁、服务的中断、损坏/失败的可能性、社区信任的丧失、财务影响、法律问

题。③准备问题：当前计划的状况、培训/教育状况、保险、备用系统的可用性、社区资源。运用这个方法，将每个威胁事件的概率、风险和准备程度的评级相乘，总值按降序排列，代表组织重点和应急资源规划的优先领域。该方法还确定了一个没有必要采取行动的数值，即可以接受的风险水平。

不管采用何种方法，脆弱性评估的实施步骤主要包括：①确定所有可能直接或间接影响医院的危险，利用历史记录、社区危险数据、天气历史和洪水地图，考虑每一个可能导致服务中断的事件（如停电、网络中断、失水等）；②确定危险发生的概率，将发生的概率分为高、中、低或零可能性，每个等级对应，一个数字；③确定医院的风险有哪些，在将这些风险对医院的影响进行排序时，必须考虑到对以下方面的威胁：生命健康和安全、财产损失、服务存续能力、社区信任、内部系统故障状态，以及法律后果；④确定医院目前对每个已确定的威胁的准备程度，确定所需行动的优先顺序；⑤确定为实现准备状态所需的行动的优先次序，或为已确定的、潜在的、破坏性的和破坏性的危险取得更高的准备水平。

第四节　根本原因分析法

一、根本原因分析法产生的背景

根本原因分析法源于美国海军核部门，时任海军上将海曼·里科佛对操作系统和员工都提出了很高的要求，大多数早期的根本原因分析法都是通过海军核部门的工作人员和原子能协会的工作人共同努力而产生的。1979年，三里岛核反应堆熔化及随之而来的国家实验室对核反应堆操作研究的审查，致使根本原因分析法在核工业及政府核武器研究领域得到了更加广泛的传播。对突发事件进行调查的专业安全人士发现，海军及原子能研究协会所创造的根本原因分析法对特定意外事件的分析非常有效。根本原因分析法开始渐渐渗入到核领域以外的通用知识体系中，供医疗健康安全领域的专家使用。随着核能、环境部门的美国质量保证学会与健康安全领域探讨的逐步加深，根本原因分析法越来越显现出可以使其他行业都受益的普适特性，并很快得到推广。

根本原因分析法作为一种完善的，能够提高组织机构当前运作状态和水平的科学管理工具，是以改善系统为目的，以科学证据为基础的资料分析方法。该方法通过广泛汇集主客观资料，描述事件过程，利用因果关系图做系统性分析，找出流程和系统设计上的风险或缺点，查找事件发生的直接原因，挖掘存在于管理部门的根本原因，区分不同层次的问题，从而采取干预措施，解决根源问题。分析后得到的知识和经验可与同行业共享，帮助其他同事采取事前防范，以预防不良事件再次发生。所得的结果较全面、可靠，有一定的深度和广度。

经过30多年的发展，根本原因分析法已广泛应用在医疗、药品、石油、化工、煤矿、电力、制造、软件等行业。目前，根本原因分析法被广泛用于分析医院不良事件发生的原因，提升患者安全水平。随着等级医院评审实施的进一步深入，根本原因分析法作为一种科学的医院管理方法在医疗机构日渐普及，主要针对系统缺点展开原因分析，协助医院发现不同流程、不同系统中存在的缺陷和风险，从而弥补系统缺陷、避免不良事件再次发生，防止侥幸事件发生。

二、根本原因分析法的概念与适用范围

根本原因是指潜在的、可以被识别出来的原因，当这个因素得到纠正或者被提出，将可以阻止类似情况的再次发生，通过管理对其进行控制，可以对其制定有效纠正措施。

目前，根本原因分析尚无统一定义，本书将根本原因分析（root cause analysis，RCA）定义为找出事件的潜在的、系统错误的过程，通过一种结构化、系统化的回溯性问题处理方法，包括确定和分析问题的根本原因、找出解决问题的办法并制定出预防问题再发生的措施，主要针对严重伤害事件以一套逻辑的程序找出造成事件发生的根本原因，并执行改进措施，避免类似事件重复发生的方法。它是一个结构化的提问过程，这一过程可以使人们辨识并讨论导致组织质量低劣的潜在理念和实践。根本原因分析的询问方法对于诊断和预防质量、环境、健康、安全方面的问题很有帮助。

然而，并不是所有问题都适合使用RCA，需要确认进行RCA的时机。在医院范围内，RCA的应用范围是：①警讯事件；②造成严重后果不安全事件（风险评估为1级或2级的不良事件）；③发生频率较高的事件（风险评估为3级或4级的不良事件）。

警讯事件是指导致个案非预期死亡或非自然病程中永久性功能丧失的事件，或发生如下事件：患者自杀、盗拐婴儿、输血所致溶血反应、手术患者或手术部位辨识错误。造成严重后果的不安全事件可通过风险分级矩阵（severity assessment code，SAC）判断（表9-2），风险分级为1~2级的不良事件被认为需要进行RCA。发生频率较高的事件即风险评估为3级或4级的不良事件，如跌倒，发药错误等。

表9-2 风险分级矩阵

结果 频率	死亡	极重度伤害	重度伤害	中度伤害	轻度伤害	无伤害
数周1次	1	1	2	3	3	4
1年数次	1	1	2	3	4	4
1~2年1次	1	2	2	3	4	4
2~5年1次	1	2	3	4	4	4
5年以上1次	2	3	3	4	4	4

三、根本原因分析的特性

根本原因分析的理论基础来源于瑞士奶酪模型。它将系统看成是一个多层的瑞士奶酪，每一层奶酪代表一个环节，也就是一道防线，上面散布着大小不一的洞，表示该环节的漏洞即潜在失误。光线能够穿过多层奶酪上的洞，意味着在一系列潜在失误的共同作用下，最后导致差错事件的发生。根本原因分析旨在找出潜在失误及其根本原因，修复潜在失误，从而改进系统，避免类似事件再发生，有效创造安全、稳定的环境。

根本原因分析是一种结构化的调查活动，目的在于识别问题的真正原因以及实施消除它所必需的措施。根本原因分析的实现并不只是应用单一的工具或者策略，而是需要多种工具，并同时使用它们。根本原因分析也可以被认为是一个集合性的术语，用来描述发现问题原因的一组宽泛的方法、工具和技术。

根本原因分析包含很多步骤，相对而言，有些方法更适合于识别问题的真正原因，有些是比较综合的问题解决技术，有些仅仅为根本原因分析的核心活动提供支持，有些工具是一种结构化的方法。可以说，根本原因分析是一套方法，在实施这套方法的过程中，需要或者可以使用不同工具来实现最终的目的。因此，在进行根本原因分析时常常应用多种工具，可能逐项使用，也可能多次反复使用同一工具。最后，要发现真正的根本原因可能包括对问题、各种现象和原因的几轮、反复的深入剖析。

根本原因分析的核心是分析整个系统及过程而非个人执行上的过错与责任，找出预防措施，制定可执行的计划，避免类似事件再次发生，从而营造安全文化。根据事件的不同，工作小组的成员组成也有所不同。严重的不安全事件，工作小组成员应包括相关流程的一线工作人员，指导和具备事件相关专业知识且能够主导团队运作的主管等。成员应具有优秀的分析技巧，有批判性思维，态度客观。与事件最直接的关系人，应慎重考虑是否将其纳入。

根本原因分析的优势是改变了过去只针对具体事件，治标不治本的缺点，同时帮助组织机构找出操作流程和系统设计上的风险或缺陷，并采取正确行动，并通过同行间的资料分享和经验交流预防未来不安全事件的发生，最终了解组织机构缺少哪些资料，从而帮助建立健全医疗不安全事件资料库。

四、根本原因分析法的分型

RCA分为两种类型：个体型RCA和整合型RCA。个体型RCA主要是针对一例已发生的严重不良事件进行分析，此严重不良事件可能造成患者死亡或者可能在未来造成患者主要功能的永久丧失或残疾，如严重给药错误、设备故障等。整合型RCA是针对一段时间内发生的一系列相同类型的不良事件进行根本原因的分析，RCA最佳的应用对象是大量发生或者存在高风险的事件，如患者跌倒、用药错误等，但尚未造成大量患者的伤害，对于解释事件发展的倾向性很有帮助。这些不良事件没有造成实际的大影响，但是被认为有发生大的甚至是灾难性的损害的可能。目前对于整合型不良事件的数量或者程度没有明确的界定。

虽然个体型RCA与整合型RCA的实施方案一样，但个体型RCA不能替代整合型RCA，将两者结合应用才能更全面地管理不良事件。

五、根本原因分析法的执行程序与步骤

根本原因分析法是一种质量结构探寻程序，它的操作步骤在不同的国家有不同的做法，甚至在同一个国家的不同体系都有不相同的操作环节。目前国内外尚无权威机构对RCA步骤进行明确规定，以此说明管理有定律无定式，很多品质管理的方法要根据实际情况来进行操作，重要的是不违反逻辑，有理论或模型作为依据。

常见的根本原因分析法的执行程序包括4个阶段：组建团队、找出近端原因、确定根本原因、拟定改善计划。国内众多文献中使用的RCA分析基本遵循这4个阶段，但在具体步骤中有增减，标准各异。原有的RCA分析一般到拟定改善计划为止，具体的改善计划交由各相关部门执行，RCA小组成员一般不负责改善计划的落实。为了确保计划的有效落实，美国国家患者安全基金会（National Patient Safety Foundation，NPSF）于2015年6月首次提出RCAA（root cause analyses and actions），即RCA，通过在原有的RCA后面添加action（行动），达到发现问题并有效解决问题的目的。本书将action纳入RCA中，将RCA分为5个阶段，共13个步骤介绍。

阶段一：定义问题与资料收集。首先，需定义问题或事件，简要描述事件经过，明确事件导致的结果的危害程度，适宜使用根本原因分析法探究事件发生的原因并改

善。问题定义清晰后则需要收集详细的资料。在开始收集资料之前需要组建团队，即RCA小组。此阶段包含步骤1~步骤3。

步骤1：定义问题。定义问题的目的是为了帮助小组在分析问题及制订改善措施时能清楚聚焦。好的定义问题是要呈现“做错了什么事”及“造成的结果”，而不应直接关注“为什么会发生”。可以用简单的一句话来叙述此事件，焦点放在发生的事情或造成的结果。可以运用“5W1H”定义事件，包括出现何种问题（what）、在何处发生（where）、在何时发生（when）、与何人相关（who）、与何物相关（which）、如何发生（how）。例如，2021年9月20日下午，在某医院某病房发生了一起药房人员发错药物，造成患者误服药物发生过敏性休克的事件。其中，“2021年9月20日下午”是时间，即在何时发生（when）；“某医院某病区”是地点（where），即在何处发生；“药房人员”“患者”是人物，即与何人相关（who）；“发生过敏性休克”是事件，即出现何种问题（what）；“药物”是物品，即与何物相关（which）；“发错药物”“误服药物”是如何发生（how）。

问题定义清楚后需判断是否为RCA的适用范围。该事件中“患者误服药物发生过敏性休克”属于造成严重后果的不安全事件，在风险分级矩阵中，损害结果属于重度伤害，发生频率较低，1~2年出现1次，风险分级为2级，可以使用RCA完成事件分析。

步骤2：组成RCA小组。RCA小组组长和组员的选择非常重要。组长应由一个既有经验又比较客观的管理者担任，具有与事件的相关专业知识并能主导团队运作。组长应能够得到所有组员的认同，这样RCA的实施会比较容易成功。组员的选择不可太多或太复杂，一般4~6人，最好不超过10人，必要时可以多一些。组员一般为相关流程的一线工作人员，也可以是日后执行程序需配合改变的有关主要人员，需具备一定的决策权。在纳入RCA小组成员时应审慎考虑是否纳入了与事件最直接的关系人。RCA组建好后，建议由某位成员担任记录员，负责记录整理相关资料，并记录每位人员的姓名和职务。

如事件描述为：2013年8月1日20：30，重症监护室5床患者进行连续性肾脏替代治疗（CRRT）时发生枸橼酸抗凝管道连接错误事件，及时发现后纠正错误，未造成出血等相关并发症，滤器无凝血。该医院监护室CRRT上机由护理人员负责。出现此事件，组建RCA小组，组长可由护理部主任或分管的护理部副主任担任，组员可以纳入监护室护士长、护理组长、科主任。由护理组长担任记录员，负责记录整理相关资料。

步骤3：收集资料。收集事件相关信息作为之后分析的证据，事件相关信息最好能尽快收集，以免重要的细节随着时间而淡忘（JCI要求45天完成RCA报告）。收集的资料信息包括目击者说明与观察数据、物证及书面文件证明三大部分。收集方向与收集内容可参考表9-3。

表9-3 资料收集方向与内容

方向	内容
人员	与该事件有直接关联的人或现场目击人
设备	与该事件相关的设备
记录	与该事件相关的书面文件
地点	封闭现场、拍照存证、平面图、人在平面的位置
方法	当事人实际的作业步骤以及处理该事件的标准作业流程

在人员方面，应收集与该事件有直接关系的人或现场目击者，如临床工作人员、患者或家属、其他服务人员等。在设备方面，应收集任何与该事件相关的设备，如输液泵、监视仪器、呼吸器、麻醉机等。在记录方面，应收集异常事件报告、处理该事件的标准作业流程（SOP）、临床指引、临床路径、病历、轮班表、训练课程记录、医疗设备维护记录、质量管理记录等。在地点方面，应封闭现场、拍照存证、画出平面图、描述人员设备的相关位置、进行现场重现等。

访谈是收集信息的有效方法。访谈的基本原则包括：安排适当场所，访谈场所应安静不受打扰；在访谈前，访谈人员不要预设立场；访谈时逐步与被访谈者建立良好的气氛并维持到访谈结束，同时应提升受访者的专心程度。切记一次访谈一个人，尽可能不录音，如录音需征求当事者同意。访谈者发问需适当，多让受访者发表意见。在访谈过程中需掌握聆听的原则，先听对方说什么，注意眼神接触，停顿时应特别注意，在访谈过程中做好笔记，并注意受访者说话时的声调。谈到重点内容时，请受访者重复。通过访谈了解当事人的经验作法。在访谈中可采取一些技巧促使访谈顺利进行，如回忆式提问：“发生了什么事？你能否详细描述当时情况？”；开放式提问：“请描述口头交班时的状况？”；封闭式提问：“平常多久观察患者一次？”；引导式提问：“发现患者不在病房有没有报告护士长？”。特别要注意的是，访谈结束后需形成访谈报告。在访谈中除了要注意提问的方式与内容，还需注意访谈时的座位，避免正对受访者，对其造成压迫感。

阶段二：查找近端原因。近端原因即直接原因，指造成不良事件的最明显、最直接的原因。本阶段的主要目的在于让整个RCA小组对事件认识一致，在此基础上进行讨论，查找过程缺陷。直接原因包括人为因素、设备因素、可控及不可控的外在环境因素和其他因素等。可从人、机、料、法、环等方面进行分析，借助流程鱼骨图、推移图、原因树、头脑风暴等多种方法找出近端原因。通过前期调查取证，经过RCA小组会议讨论，运用RCA地图，如时序法（tabular timeline）、记事法（narrative chronology）、因果图（cause effect）、人事表格（time/person grids）等工具将所有数据、资料进行整理，罗列出详细时间表，重现事件经过。如果医院有相关工作流程则与之进行比对，看是否与其一致，原有流程是否有缺失或瑕疵。此阶段包含步骤4~步骤8。

步骤4：还原事件。资料收集完备后，需要还原事件全貌，理清流程。通过详细资料的补充，以更细节具体的方式叙述事情的发生始末（包括人、时、地、如何发生等），并确认事件发生的先后顺序，如画出时间线和流程图，确认现行的SOP，描述出当时操作是什么。事件描述应围绕事件主体展开，可使用事件回顾性描述表还原事件，事件回顾性描述表中应包含时间序列和事件描述，根据事件发生过程中的具体情形增加补充资料，使得事件被更加真实地还原。例如，1例患儿因咳嗽就诊而死亡的事件回顾性描述表，见表9-4。增加补充资料描述，见表9-5。在确认问题及收集资料后须重新检视以下内容：与先前预设问题是否有出入，是否有不清楚的地方。对于不肯定的信息需再三确认。应避免在未完全呈现事实前妄下结论。

步骤5：比对规范。理清流程后，比对执行的程序或流程与规范之间的差异，进行差异分析。写下应该执行的流程和做法，与实际发生的流程做比较，列出两者的差异，指出问题所在，见表9-6。

步骤6：查找近端原因。绘制流程图时，根据问题描述界定流程范围和实际过程，将相关事项以几个基本符号按时间顺序进行步骤的连接，从各步骤间的关联中找出与问题发生相关的关键步骤。绘制鱼骨图时，将传统的鱼骨图予以改良，在大骨上增加关键流程的标示，在中骨的顶端增加该关键流程的失效模式，中骨上的小骨分别标示造成该流程失效模式的原因分类，每一小骨上的刺则为每一原因分类的细项原因。当对事件原因进行探讨时，更能针对关键步骤中的失效原因。

步骤7：佐证近端原因。通过绘制流程图与鱼骨图找出近端原因后，需再收集资料以佐证近端原因。通过头脑风暴产生的近端原因，对其中不能确认的或不能达成共识的或非常重要的原因需要用数据来证实是问题是否客观存在，用改进前后的数据对比来体现效果。例如，查对制度的知晓率，是人人都不知道，还是仅仅是当事人不知道？同时可引入指标来评价改善行动效果。

步骤8：即时介入。找到近端原因后，可针对近端原因做实时的介入。即使是在分析过程未完成的时候，若已先找出近端原因，便可针对近端原因快速地做一些处理及反应，减少事件造成的影响。例如，1起输注与血型不符的全血的事件，分析出近端原因有：核对血浆无明确的流程、医生未遵守开医嘱规定、没有与血库人员查对交接方式规定、沟通不良患者床边核对资料不足、输血浆前核对流程缺陷、教育训练不足等。可针对教育训练不足的原因展开即时介入，如对相关人员（医生、护士）展开及时教育培训；针对沟通不良患者床边核对资料不足的原因，及时补充完善该类患者的资料等。

表9-4　事件回顾性描述表

日期时间	2021.5.6~5.15	5.17 8：00	5.17 8：20	5.18 7：30	5.18 7：50	5.18 8：30	5.18 9：05	5.18 9：15	5.18 9：40	5.18 10：39
事件	患儿因咳嗽至××中心就诊	至××门诊，李××专家接诊	“头孢唑污、地塞米松、阿奇霉素”静滴治疗	再次至××门诊就诊	丁××医生接诊，开始抢救	上120急救车，转运至××医院	在120急救车上，出现心率下降至70~80次/分	到达××院急诊室，王××等医生开始抢救，并呼叫相关人员	内科总值班到场	抢救无效，宣告死亡

表9-5　事件回顾性描述表（补充资料）

日期时间	2021.5.6~5.15	5.17 8：00	5.17 8：20	5.18 7：30	5.18 7：50	5.18 8：30	5.18 9：05	5.18 9：15	5.18 9：40	5.18 10：39
事件	患儿因咳嗽至××中心就诊	至××门诊，李××专家接诊	“头孢唑污、地塞米松、阿奇霉素”静滴治疗	再次至××门诊就诊	丁××医生接诊，开始抢救	上120急救车，转运至××医院	在120急救车上，出现心率下降至70~80次/分	到达××院急诊室，王××等医生开始抢救，并呼叫相关人员	内科总值班到场	抢救无效，宣告死亡
补充资料			患儿至门诊输液室输液，输液室患者人数众多，护士人数不足		丁××医生刚刚由内科轮转至急诊当班，当天抢救人数较多，麻醉师在对其他患者进行插管处理		120急救车上除1名司机外，仅有1名救护人员，该人员经验不足			

表9-6　比对规范

日期时间	2021.5.6~5.15	5.17 8：00	5.17 8：20	5.18 7：30	5.18 7：50	5.18 8：30	5.18 9：05	5.18 9：15	5.18 9：40	5.18 10：39
事件	患儿因咳嗽至××中心就诊	至××门诊，李××专家接诊	“头孢唑污、地塞米松、阿奇霉素”静滴治疗	再次至××门诊就诊	丁××医生接诊，开始抢救	上120急救车，转运至××医院	在120急救车上，出现心率下降至70~80次/分	到达××院急诊室，王××等医生开始抢救，并呼叫相关人员	内科总值班到场	抢救无效，宣告死亡
补充资料			患儿至门诊输液室输液，输液室患者人数众多，护士人数不足		丁××医生刚刚由内科轮转至急诊当班，当天抢救人数较多，麻醉师在对其他患者进行插管处理		120急救车上除1名司机外，仅有1名救护人员，该人员经验不足			
正确做法		完善检查，如胸片、血气分析等	输液过程中有不适，处理后有记录		评估患儿状态，明确转运指征，转运前谈话，做好转运前准备	携带必要的设备或药品	开始心肺复苏			
错误做法		未充分评估病情，病史书写简单	未记录输液过程中患儿情况		未在插管情况下转运；静脉通路有欠缺；未充分告知	仅携带面罩及球囊，无适合的急救设备	未采取其他措施或药物进行抢救			

阶段三：找出根本原因。根本原因又可称为远端原因，是造成近端原因的原因，也是系统原因。确定近端原因后，采取五问法与头脑风暴相结合的方法对其进行分析，找出更深层次的原因。找原因的过程中尽量客观描述，避开对人为因素的追责，如果是人为因素、流程的差异或者流程执行的失败，则须对其进行更深层次挖掘，最终定格在系统原因上。确认根本原因的目的是为了找到系统原因，而不是个人原因。在确认根本原因过程中需要注意的是切勿将谴责的焦点归结是人的行为，这无法解决问题。此阶段包含步骤9。

步骤9：确认根本原因。近端（直接）原因是造成事件中较明显或较易联想到（最接近）的原因，而根本原因则是找出事件的潜在错误，也可说是造成近端原因的原因，即是组织中系统的问题。可以从以下方面对根本原因进行剖析分类：①人力资源系统：资格、培训、人力配置。②信息管理系统：准确、速度、及时。③环境设备管理系统：仪器、设备、空间、空气、湿度。④组织领导及沟通系统：质量管理、绩效管理、沟通。⑤其他：价值观、社会风气、领导者的意愿等。辨别是根本原因还是近端原因的标准：当此原因不存在时，问题还会发生吗？若原因被矫正或排除，此问题还会因相同因子而再发生吗？原因矫正或排除后，还会导致类似事件发生吗？回答为“是”者为近端原因，回答为“否”者为根本原因。

可用于识别根本原因的工具有因果图、矩阵图、五问法、故障树分析等。在寻找根原因的过程中往往需要重复进行几次，也会使用到数种工具和方法。

阶段四：拟定改善计划

根据确认的直接原因和根本原因，制订可行性的改进计划，并贯彻执行。找出近端原因后，对于简单直观的缺陷，第一时间采取针对性措施，减少事件造成的影响或避免危害扩大。对于根本原因，要制定标准化、可操作性强的改善计划，防止类似事件再次发生，改善计划要更趋于改善系统问题，减少对人为因素的依赖，如人的记忆力、注意力等。制订改进计划时应遵循以下原则：以事实为依据列出所有建议及其优先级次序，考虑可行性及成本效益，考虑可转移性并让员工、患者和家属共同参与。此阶段包括步骤10。

步骤10：拟定改善计划。根据根因分析结果拟定改善计划。在分析结束后，组织机构管理者应迅速制定改善计划，通过实施改善计划，避免事件再次发生。改善方案的制定需针对根本原因进行。1个根本原因可以有1个或多个改善措施，不同根本原因的改善措施可能出现交叉。建议呈现改善方案时涵盖改善措施、负责部门、计划时间。

阶段五：执行改善计划并推广结果。改善计划拟定好之后，需要强有力的执行部门完成计划的落实并推广结果。一般而言，具体的改善计划交由各相关部门执行，

RCA小组成员一般不负责改善计划的落实，如果计划可行性低或者落实不到位就会导致活动无效，不能达到查缺补漏和消灭根本原因的目的。为了避免类似事件发生，应要求每个改善计划都由专人负责落实，以确保RCA活动有效。同时要求活动过程和结果均可测量，其测量指标简单、可操作性强，以确保各项行动如期执行，结果有效。此阶段包含步骤11~步骤13。

步骤11：执行改善计划。改善计划制定好后如果只是束之高阁，那么对于消除问题没有任何作用。因此，需要切实落实改善计划，达到消除根本原因的目的。设计改善行动的成员包括原RCA小组，也可纳入相关方面的专家，研究的解决方案经常是需要跨部门而且是多学科的。应由小组成员负责改善计划实施，全面主持计划落实工作，协助部门负责进行辅助工作，并在计划中注明具体落实时间。

步骤12：检验改善成效。制定改进计划并按照计划实施之后，医院还要对改进计划进行效果评估，以确定计划是否产生了改变，是否达到了效果。需要对改进计划进行监督检查并反馈，进一步把改进计划落到实处。如果发现改进计划不合理，通过这个环节也可以对计划进行修正。

步骤13：标准化与推广。为了充分发挥每一次RCA的作用，医院应该在RCA完成后，对相关案例进行整理汇总，形成流程化、标准化、规范化的文本，供全院乃至同行借鉴。这是为了提醒医院已经犯过的错误，并引以为戒。

六、根本原因分析法的执行注意要点

根本原因分析的核心要素是识别障碍和导致问题发生的原因，以便找到根本的解决方法。运用根本原因分析法时需注意以下几点。

（一）根本原因分析的目的是帮助建立预防文化

根本原因分析法的核心是“找到根本原因，而非责怪某人”。在开展根本原因分析的过程中，理解这一主题对组织中的每个人是非常重要的。“找到根本原因，而非责怪某人”的思想并不意味着在组织结构中不做惩罚，当某个人违反了在整个组中已经清晰界定并被大家认可的规定或方针政策时，就必须受到处罚。

（二）根本原因分析措施执行需要多部门合作

很多时候改善根本原因的措施或计划是单一部门无法实现或执行的，因此需要多部门间合作。大多数组织一直都希望改进功能交叉的工作组之间的合作。根本原因分析过程依赖于功能交叉部门或工作组的合作，在解决问题这一共同目标下，通过各自提供不同领域的经验，朝着共同的最终目标努力工作，以取得成功。

（三）朝着对的方向分析

分析就是对问题进行追根溯源，找到导致其发生的原因。在分析过程中应牢牢把握发掘出根本原因的三个问题：①当这个原因不存在时，问题还会发生吗？②如果这个原因被纠正或排除，问题还会因为相同因素而再次发生吗？③三是原因纠正或排除以后，还会导致类似事件发生吗？避免在分析过程中将问题答案归咎为某个人错误，或归因于某些无法客观分析的现象。

（四）回顾性分析亦可预防事件发生

尽管根本原因分析被许多人认为是一种回顾性分析方法，但如果运用得当的话，根本原因分析就可以成为一种预防性工具。在某些情况下，通过根本原因分析可以预先发现组织结构的问题，使薄弱环节得到预防性的处理。

（五）及时/自动启动根本原因分析

当医疗机构发生严重不良事件时，应该及时到现场了解情况，保护现场证据，访谈证人记录证词，收集相关资料。由于机制的运作特征和事故所造成的严重后果往往会引起医疗机构团队内部的不安和恐慌，此时，多数的管理者会等待最高领导者的决策，这往往会延误现场的保护和及时收集现场证据。因此，能否及时/自动启动RCA显得十分重要，这也是在中国医疗机构质量管理框架下的一个重要机制，同样也决定着RCA能否有效执行并找出深层原因的关键因素。

第五节　应用案例

案例：某医院发生了1例手术患者身份识别错误事件，虽因及时发现而未导致严重后果，但仍需进行根本原因分析梳理事件相关流程。

讨论：遵循根本原因分析作业步骤完成分析，制定针对性对策并改善流程，避免类似事件的再次发生。

本章小结

医疗安全事件可以从事前、事中、事后三个阶段进行改善优化。不同的阶段有不同的改善方法，可以采用不同的质量安全管理工具。事前预防常用的改善方法有失效模式和效应分析、医院脆弱性分析，事后管理常见的改进方法为根本原因分析法。根本原因分析法是为找出事件潜在的、系统错误的流程，是一种结构化、系统化的回溯性问题处理方法。运用根本原因法分析事件的目的是为了找出潜在失误及其根本原因，从而改进系统，以避免类似事件再次发生。特别需要注意的是，根本原因分析关注的是系统因素，而并非个人因素。管理者希望通过根本原因分析发现并修复系统流程状态失误，减少其存在的时间，建立安全的医疗环境，从根本上杜绝错误发生的可能。

（张玉侠）

第十章　医院危机管理与紧急应变

学习目标

1. 掌握　危机的概念；危机管理的原则；4R危机管理模型；全灾害应变设计的主要环节。

2. 熟悉　医院危机的分型与分级；危机管理相关理论与模型；常见的紧急应变组织系统；危机管理的主要程序与流程；恢复与重建的主要内容。

3. 了解　危机管理的特征；紧急应变评估工具；恢复与重建的意义。

案例讨论

【案例】危机无处不在，也无时不有。近年来，世界范围内突发事件和灾害事件频繁发生，不仅造成人类生命财产的巨大损失，也对世界的和平稳定、社会经济发展等造成重大破坏和影响。2020年10月29日，中国共产党第十九届中央委员会第五次全体会议通过了《中共中央关于制定国民经济和社会发展第十四个五年规划和二〇三五年远景目标的建议》，提出应全面推进健康中国建设，把保障人民健康放在优先发展的战略位置，织牢国家公共卫生防护网，为人民提供全方位全周期健康服务；改革疾病预防控制体系，强化监测预警、风险评估、流行病学调查、检验检测、应急处置等职能；落实医疗机构公共卫生责任，创新医防协同机制。完善突发公共卫生事件监测预警处置机制，健全医疗救治、科技支撑、物资保障体系，提高应对突发公共卫生事件能力。作为社会的重要组成部分，作为保障人民群众健康安全的主力军，医院如何有效应对各类突发重大危机或灾难事件成为现代医院管理的重要课题。

【讨论】

1. 何谓医院危机管理？医院危机管理的意义是什么？
2. 医院对危机的应急管理有哪些要素和环节？
3. 如何提升医院应对突发重大事件的危机管理能力？

第一节　危机管理概述

一、危机的定义、特征及分类

（一）危机的定义

关于危机的定义，目前还没有统一的说法。危机（crisis）一词来源于希腊语中的“krinein”，意即游离于生死之间的状态。《辞海》中对“危机”的解释为“潜伏的祸机”，《韦伯词典》中危机的定义是“有可能变好或变坏的转折点或关键时刻”。通常认为，“危机”蕴含“危险”和“机遇”两层含义，在学术领域，学者们对危机也进行了不同界定。

美国当代国际政治学家Charles F. Hermann从决策角度提出，危机是某种特定的形势，在这种形势中，其决策主体的优先目标受到威胁，决策主体作出反应的时间非常有限，且形势常常出乎决策主体的意料之外。

荷兰莱顿大学危机管理学者Uriel Rosenthal从社会学角度认为，危机是对一个社会系统基本价值和行为准则构架产生严重威胁，并且在时间压力和不确定性极高的情况下，必须对其作出关键决策的事件。

美国危机管理专家Laurence Barton从危机沟通的角度认为，危机是一个会引起潜在负面影响的、具有不确定性的大事件，这种事件及其后果可能对组织及其员工、产品、服务、资产和声誉造成巨大的损害。

中国人民大学许文惠教授认为，从系统角度来看，危机是一种改变或破坏系统平衡状态的现象，即系统的失衡现象，危机的本质就是不一致、矛盾和冲突导致的一种紧张状态。

要特别说明的是，危机（crisis）、灾难（catastrophe）和突发事件（incident）是相互联系的不同概念：①危机一般是指极端或重大突发事件，通常是指因不可抗力或突然袭来的严重自然灾害、传染病疫情、社会安全及战争等引发的各类事件，给社会正常生活生产秩序带来极大威胁，给公众生命财产带来极大危害，必须采取非常措施加以积极应对。②灾难是指突然发生的大灾祸，如地震、洪水、海啸、泥石流等，即在问题发生前后未适当处理或人为力量无法控制所造成的严重后果。③突发事件是指突然发生、超乎日常，须立即加以处理的事件。在三类事件中，突发事件可看作危机的导火线，危机如果处理不当则可以酿成灾难。

（二）危机的特征

1. 不确定性 危机发生带有很大的突发性、偶然性和随机性。危机的不确定性包括四个方面：①危机事件发生时间、条件、原因和性质等的不确定性。②危机事件发展演化的路径、速度、规模和态势等的不确定性。③危机事件对生命、财产、声誉等损失的不确定性。④危机事件影响范围、程度、时限等的不确定性。

2. 威胁性 危机事件可能造成的负面影响很多，包括群众生命财产的重大损失、公共利益的重大损失、公众的社会心理伤害、公共部门形象和信任度的下降、社会核心价值观的重要改变等。危机的威胁性是形成社会恐慌的主要原因。

3. 紧迫性 危机大多来得突然，发展变化十分迅速，短时间内带来很强的冲击力和破坏力。为了避免更大的损失，通常需要决策者在信息有限、资源有限、时间有限、情况不确定的条件下，作出迅速的判断、决策和行动。

4. 资源缺乏性 在应对常规型突发事件中，人们已逐步建立专业化组织，储备常用物资，但危机型突发事件会导致原有常规的资源供应系统被打乱或遭到破坏，进而导致缺乏足够的物质资源和训练有素的人力资源去应对危机。

5. 扩散性 在开放性、流动性越来越强的现代社会，由于信息传播渠道的多样化、传播速度的高速化、传播范围的广泛化，使得危机情境可以迅速成为公众关注焦点。信息传播的“失衡”或“偏移”现象将导致危机的进一步恶化。

（三）危机的分类

1. 按照危机的成因进行分类

（1）自然危机：俗称“上帝之手”，是由自然界中的不可抗力直接引发的，对人类生存发展及其所依存的条件造成严重危害的危机，包括洪涝、海啸、地震、雪灾、流行性疾病等。

（2）非自然危机：也称为人为危机，是指在社会发展过程中由于有意或无意不合理或不理性生产生活引发的危机，包括空难、海难、战争、恐怖袭击、暴力冲突、经济动荡、传染病疫情等。

2. 按照危机的诱因进行分类

（1）外因引发的危机：包括自然灾害危机、人为破坏危机、社会发展危机等。

（2）内因引发的危机：包括经营危机、管理危机、法律危机、公共关系危机等。

3. 按照危机参与者持有的解决意见分类

（1）冲突性危机：是指危机所涉及人群的利益不一致，如战争、游行示威、群体骚乱等。

（2）一致性危机：是指危机所涉及人群的利益基本一致，不存在强烈的冲突，通常自然灾害、意外事故等都属于一致性危机。

4. 其他分类方法

（1）按照危机发生的领域不同，分为政治危机、经济危机、社会危机、民族危机等。

（2）按照危机影响时空范围不同，分为国际危机、国内危机、区域危机和组织危机等。

（3）按照危机发生的主体不同，分为政府危机、企业危机、医院危机等。

二、危机管理的概念、特征及原则

（一）危机管理的概念

危机管理（crisis management）这一概念最早是在20世纪50年代中期到60年代中期被提出的。它是决策学的一个重要分支，是一种科学的管理方法，在早期主要运用于外交和国际政治领域。20世纪80年代以后，危机管理从政治向经济、社会、公共管理、灾害管理、组织管理等领域拓展。目前，危机管理是指针对可能面临的或正在面临的各种危机情境所进行的规划决策、动态调整、化解处理，甚至化危为机的一系列系统的、动态的、有组织的、有计划的活动总称，不仅包括对危机反应的管理，也包括危机前的监测、预警和危机后的恢复、学习，即包含对危机事前、事中、事后所有方面的管理。

危机管理与应急管理（emergency management）、风险管理（risk management）是有所区别和联系的概念（图10-1）。危机管理的对象通常是极端严重突发事件，应急管理主要针对重大突发事件，风险管理则针对一般风险事件。如果风险处置失败，“风险事件”转化为“突发事件”，则进入应急管理阶段。如果“突发事件”有效控制，“突发事件”则退回“风险事件”。如果不能有效遏制“突发事件”，则可能演变为“极端严重突发事件”，即进入危机管理阶段。

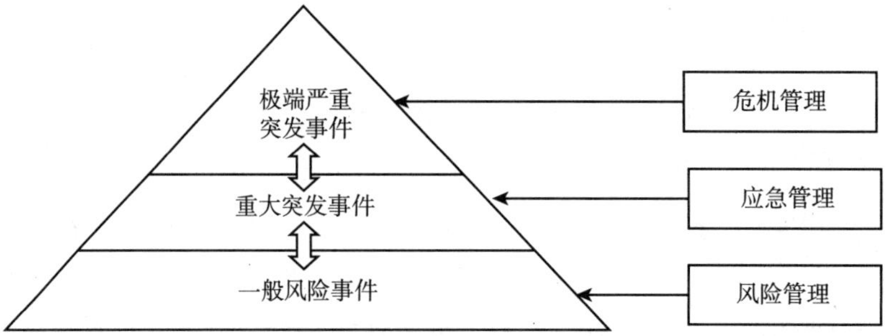

图10-1　危机管理、应急管理和风险管理概念关系

（资料来源：孙多勇，朱桂菊，李江.危机管理导论［M］.长沙：国防科技大学出版社，2018：22.）

（二）危机管理的特征

1. 可预防性和不确定性　危机的发生往往都有诱发因素或先兆，可通过危机监测和危机预控等手段进行预防和准备。但危机往往又具有突发性、隐蔽性和快速扩散性，所以给管理工作带来不确定性，使危机管理的预案和执行具有不确定性。

2. 非程序性和应急性　危机往往是在人们意想不到的时间和地点突然爆发的，决策者必须在短时间内作出反应，此时的决策是不能按照日常的决策方式而进行的，而是必须灵活机动，简化程序，压缩时间，迅速行动。

3. 强制性和法制性　在某些特殊的时间或紧急情况下，危机管理通常会采取一些非常规的手段，总体上以强制性的行政措施为主，辅之以经济和心理手段，刚柔并济，采取说明、教化和引导的手段处理和解决危机。

4. 复杂性和系统性　危机的产生原因不是单一的，而是综合性的，随着大数据和自媒体时代的到来，危机的传播性增强，更容易产生灾害链的放大效应，这些都增加了危机管理的复杂性，需要协调社会各方力量，形成制度化、规范化、系统化的危机处理机制。

5. 动态性和多变性　危机事件不是一成不变的，而是不断动态发展变化的，危机管理不能照搬现成的管理模式，而是要富有创新精神，根据危机的具体情况采取不同的监测、预警、干预、控制和消解措施。

（三）危机管理的原则

从世界范围来看，尽管国情地情不同，但危机应对有一些普遍性原则。美国联邦紧急事务管理署（Federal Emergency Management Agency，FEMA）提出危机管理八项原则，分别是广泛（comprehensive）、改进（progressive）、风险驱动（risk-driven）、整合（integ rate）、合作（collaborative）、协调（coordinated）、灵活（flexible）、专业化（professional）。在学术层面，我国有学者提出危机管理的基本原则，包括以人为木，依法管理；沉着冷静、果断决策；信息畅通、反应快捷；协调联动、保障有力；群策群力、共渡危机；善于学习、总结提高；等等。按照危机管理的使命任务和层次属性，也可将危机管理基本原则分为以下四类。

1. **价值层原则——生命至上、快速反应**　危机管理的目标第一是拯救生命；第二是防止伤亡；第三是保护财产和环境。生命至上的第二层含义是尊重公众的心理感受。危机一旦发生，需要在短时间内作出反应，危机应对之要义，重在迅速，在第一时间、第一地点迅速阻断和隔离危机。例如，地质灾害发生后的黄金救援期为“黄金72小时”，危机事件的心理干预黄金时间也是72小时，而新媒体引发的舆论危机干预时间为“黄金4小时”。

2. **战略性原则——预防为主、控制危害**　预防为主是指在突发事件发生前建立风险评估体系，通过灾害识别、风险评估减少重大突发事件发生，最大限度减轻事件影响。控制危害是指针对突发事件的性质、特点和危害程度，组织有关部门，调动应急资源，采取应急处置措施，以最快速度、最大限度地控制危害。

3. **战术性原则——信息沟通、协调合作**　危机管理的主体部门应及时通过信息的发布、交流与共享来实现应急处置行动的协同和部门合作。通过信息发布满足公众的知情权，通过信息交流实现相关部门的配合支持，通过信息共享实现更广泛区域的理解与支持。

4. **操作性原则——依靠科学、规范应对**　依靠科学是指以科学知识和技术来指导危机应对，不可盲目蛮干，多征求专家顾问的意见；规范应对是指危机的预警及预案启动、控制指挥、应急救援、恢复重建等活动按程序和预案进行，也可以临机决策，但都要符合法律法规要求。

三、危机管理的阶段和模型

危机管理模型较多，不论哪种模型，都包括了危机事前、事中和事后的管理，都注重危机的预防与监测、事后的恢复和总结，都是在既往危机管理成功经验基础上发展而来，都具有可借鉴意义。以下主要介绍危机的生命周期相关理论。

（一）三阶段模型

三阶段模型将危机管理过程划分为危机前（precrisis）、危机中（crises）、危机后（postcrisis）三个阶段，每个阶段都有各自的管理重点，每个阶段也都可再细分为若干子阶段。该模型提出较早，至今仍受学者们推崇。我国学者张玉波在《危机管理智囊》一书中将危机管理分为危机预防与预警、危机处理、危机总结与评价三个阶段。与之类似，Walker等提出信息导向型危机演化模型（information-oriented crisis evolution model），该模型认为，危机是一个或多个系统由不可预测事件触发的动态变化过程，包括初始反应期（initial response）、整合期（consolidation）和恢复期（recovery）三个阶段，而信息在不同周期中发挥着关键作用。在危机发生之前，管理者需要从外部环境中提取信息预防危机发生；在危机发生阶段，管理者需要从危机中收集信息，并作出合理决策；而在危机发生后的阶段，管理者需要提取危机中的信息，进行学习、反思。

（二）四阶段模型

1978年美国州长协会提出针对所有灾难的全过程综合应急管理模式（comprehensive emergency management，CEM），将应急管理活动从过去只重视准备和反应扩充到预防（prevention）、准备（preparedness）、响应（response）、恢复（recovery）4个阶段，即著名的PPRR模式。随后，美国联邦安全管理委员会将其修正为减缓（mitigation）、准备（preparation）、响应（response）、恢复（recovery），即MPRR模式。美国危机管理专家Robert Heath对以上4个阶段术语进行更换，使其成为缩减（reduction）、预备（readiness）、反应（response）、恢复（recovery）4个阶段，简称4R模型（表10-1）。4R危机模型的核心是依据危机事件的发展规律，做好危机应急管理的准备，尽最大力量应对已经爆发的危机，减少危机事件的冲击力、攻击力和破坏力，尽快从危机中恢复过来等危机应对的全过程解决方案。

表10-1　4R危机管理理论

危机管理过程	主要工作
缩减（reduction）	危机管理的核心内容，通常内置于环境、结构、系统和人员中，与其浑然一体，旨在确认危机的来源，进行风险评估和风险管理，缩减危机发生的可能性及危机发生后的冲击力
预备（readiness）	建立预警和监视系统，一是组成危机管理团队，制定危机管理计划，做好危机应对相关资源的储备和调度；二是建立完整而有效的预警监测系统，帮助决策者作出反应
反应（response）	危机来临时的处理与应对，包括危机的沟通、媒体管理、决策的制定、与利益相关者沟通等
恢复（recovery）	危机发生后取得控制局面，将人力、物力、财力及工作流程恢复到正常状态，消除影响，恢复和提升形象

（三）五阶段模型

危机管理五阶段模型（the five phase of crisis management）是美国学者皮尔森Christine M. Pearson和Ian I. Mitroff提出的。该模型将危机管理分为信号探测（signal detection）、准备/预防（preparation/prevention）、控制/止损（containment/damage limitation）、恢复（recovery）和学习（learning）五个阶段（图10-2）。其中信号探测阶段即日常检测危机

信号，发现危机征兆，识别并确定可能引发危机的因素；准备/预防阶段即通过成立危机团队，通过危机训练和模拟演练等方式，对可能发生的危机做好准备工作，及时采取必要的防范措施；控制/止损即在危机发生后立即行动，防止危机扩散，避免造成更严重的后果；恢复阶段即通过短期和长期的恢复项目，使组织系统恢复到正常运转状态；学习阶段是指在危机中总结经验教训，找出问题，对工作进行持续改进，强化未来发现缺陷、解决问题的能力。

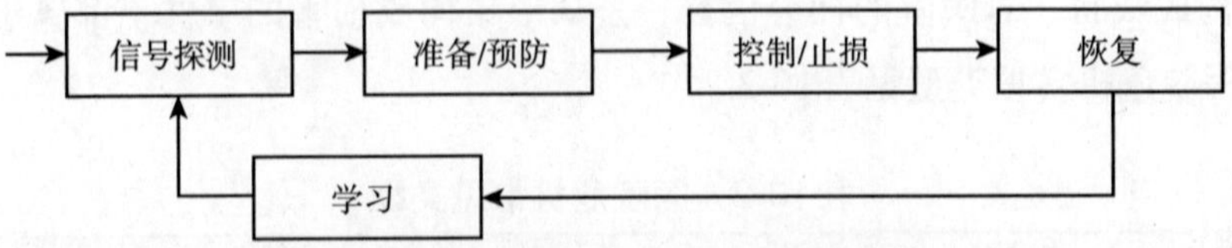

图10-2　危机管理五阶段模型

（四）六阶段模型

美国管理学家Norman R. Augustine在其著作《危机管理》中，将危机管理过程分为危机的避免、危机的确认、危机的准备、危机的控制、危机的解决、从危机中获利（图10-3）。Augustine教授认为“每一次危机既包含导致失败的根源，也孕育着成功的种子；发现、培育、收获这个潜在的成功机会，就是危机管理的精髓。”我国学者将危机管理分为发现危机、确认危机、处置危机、控制危机、化解危机和总结危机六个阶段。

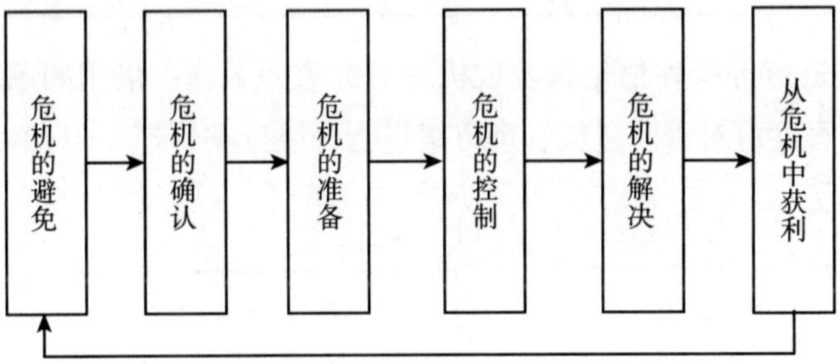

图10-3　危机管理六阶段模型

第二节　医院紧急灾难应变

风，起于青萍之末；浪，成于微澜之间。任何危机事件都有前兆，为从容应对危机，我们需要有居安思危的意识，未雨绸缪的准备。当医院面临各种危机事件造成医院医疗运作能力降低，如何从“灾难”视角中建立紧急应变模式，达到完善的减灾措施、灾难预备、灾难应变及灾后恢复，值得医院管理者思考。

一、医院危机分类和等级评估

任何危及医院患者和医务人员身心健康、生命安全的事件，任何对医院的生存发展和稳定构成威胁，对医院的社会信誉、公众形象构成损害的事件，都属于医院危机的范畴。医院危机常见类型见表10-2。

表10-2　医院危机常见类型

分类依据	具体类型
危机发生的性质	常态危机：医患冲突危机、医院运营危机、医疗卫生政策危机等
	突发危机：传染病疫情；洪灾、火灾等灾情；事故、震灾等伤情
危机产生的诱因	内生型危机：劳资纠纷、人事纠纷或者医疗事故等
	外生型危机：医疗保险制度的改革，医院被托管、兼并等
	内外双生型危机：医院内外部环境共同作用导致的危机
危机发生的层次关系	医院内部关系危机、医患关系危机、医院与医院关系的危机、医院与公共关系的危机等
危机管理的内容	医院经营环境危机、医院公共关系危机、医院人力资源危机、公共卫生突发危机等

对危机事件进行等级评估是医院危机应对的重要工作，借用四象限法，根据事件发生频率和严重程度可对医院危机管理方案进行分级分类管理（图10-4）。

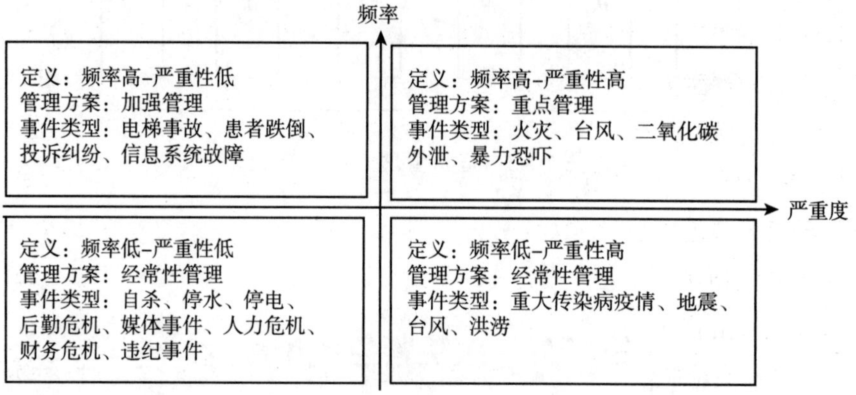

图10-4　医院危机及管理方案等级评估

二、医院紧急应变能力评估

（一）安全医院的内涵

近年来，突发事件频发，威胁增多，医疗服务脆弱性和安全性问题不可回避，“安全医院”成为高度关注的重要领域。世界卫生组织和泛美卫生组织（Pan American Health Organization，PAHO）对安全医院（safe hospital）的定义是：“在自然灾害发生期间和紧接着的阶段依然能够在自身的基础设施之上提供服务并全面运转的医疗机构”。安全医院涵盖医院规划、设计和管理的全过程，主要包括三方面的安全：医院的建筑结构安全、医院的设施运转正常、医务人员面对紧急情况从容应对。安全医院的主要目的是确保医院的结构具有抗灾能力；确保医疗设施和医疗服务在突发事件中和灾难发生之后仍能发挥作用；提高医务人员和相关机构的抗风险能力和应急管理能力。

（二）医院紧急应变评估

1. 风险评估

（1）威胁性（危险源）评估：针对突发事件特点，识别事件的危害因素。

（2）脆弱性评估：分析医院工作流程和运行模式中的脆弱性，查找漏洞，可采用脆弱性分析（HVA）进行评估。

（3）后果评估：评估突发事件可能产生的直接后果以及次生、衍生后果。

2. 应对能力评估

（1）应急资源评估：包括人员队伍、装备、物资和场所等方面的评估。

（2）应急能力评估：评估内容包括自然灾害事件、火灾、生化泄漏等事故下的患者疏散能力、患者重置能力、患者接收能力、医院运营能力等，也包括突发事件下的功能转换能力（如定位于传染病定点收治医院等）。

3. 医院安全指数评估　医院安全指数评估（hospital safety index，HSI）是PAHO减灾咨询小组开发的工具，广泛用来衡量医院或医疗机构在紧急情况下运行的概率。HSI调查表单包括医院基础信息、潜在风险信息、结构安全信息、非结构安全信息、灾难应急管理等，共包括151个指标，每个指标分为高、中、低三个安全等级，专家评估小组通过实地调研考察对每个指标进行评分，评分被输入计算机，基于重要性系数对评分进行加权后由软件自动计算结果。HSI评估可将医院分为以下三种类别：

（1）A类：设施能够保护患者和医务人员的生命，并能在灾难情况下继续运作。

（2）B类：设施可以抵御事件，但设备和关键服务处于危险之中。

（3）C类：设施及患者和医务人员的生命安全在事件中面临风险。

HSI不仅是进行技术评估的工具，还为医院应急管理提供指向性建议，其重点是预防、减轻灾害影响。该评估虽然有助于医院快速确定哪些行动和措施可以提高医院安全性，以便提高医院应对紧急事件和灾害的能力，但不能取代详细的脆弱性评估。

三、医院紧急应变系统

（一）突发事件控制系统

突发事件控制系统（incident command system，ICS）是一种“全灾害”事件管理方法，最早出现在20世纪70年代，是为消防官兵处置灾难性山火而设计的，后续在各类灾难救援事件处理中得到运用和改进。ICS的特点是在一个总指挥官（command）领导下，设置运行（operations）、计划（planning）、后勤（logistics）、财务和行政（finance & administration）四个职能部门（图10-5），必要时每个部门可划分为更细的分支。其中，运行是危机响应的中心部分，负责具体执行应急计划，患者医疗、护理、救援、消杀等方面的管理；计划主要包括规划和信息情报，需要行政、运营等人员负责收集、组织、评估和分析灾害响应的资源及后续需求；后勤主要负责为应急灾难处理提供多种必要的设备、通讯、医疗、食品、交通等；财务和行政主要负责危机响应的运营成本等。四个部门各行其职，协同管理。ICS结构简单、灵活，富有弹性，能根据事件规模大小进行调整，利于跨部门间的交流与决策。

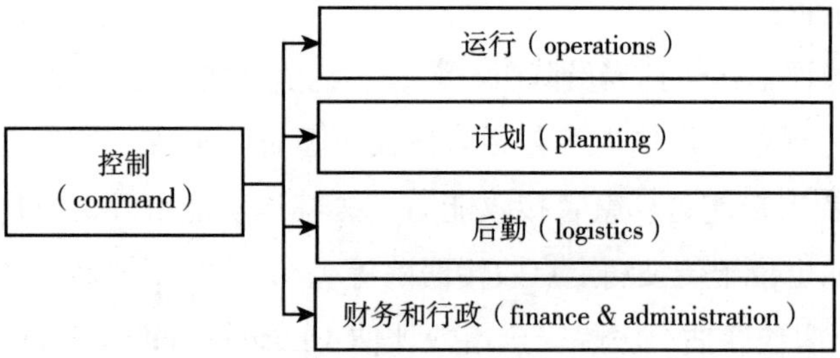

图10-5　突发事件控制系统

（二）医院紧急事件指挥系统

医院紧急事件指挥系统（hospital emergency incident command system，HEICS）是由ICS延伸出来的，其特色是使用合乎逻辑的应变架构、清楚的责任归属、明确的信息汇报体系以及共同的名词定义使得在紧急状况下医院的各个部门能够迅速地应对。在HEICS的组织结构中，包括指挥部、后勤部、计划部和医疗执行部等，每个部门设置多个角色。面对不太复杂的灾难，可以只展开部分功能；如果灾难规模较大，影响层面及动员人力很广，则可以增加新的角色，负责特别的职责。图10-6展示了某医院HEICS组织架构。

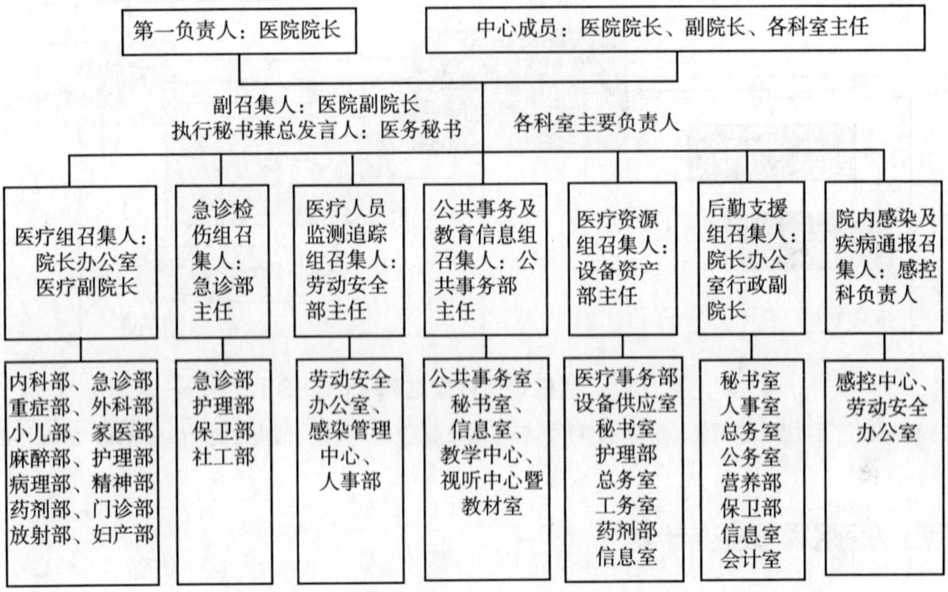

图10-6　某医院HEICS组织架构

（资料来源：吴岩.医院危机管理中的预防策略研究——以山西省某三甲医院为例［D］.山西财经大学，2012.）

（三）危机管理框架结构

危机管理框架结构（crisis management shell structure，CMSS）最早是1998年Robert J. Heath提出的，是一种快捷、经济的危机管理模型（图10-7）。CMSS由信息部分、咨询部分、决策部分、运营部分四个模块组成，并细分为9个角色，分别承担不同的管理职能：①危机管理者负责策略决策和控制形势；管理联络部负责与危机管理者及其他各部门间的持续信息沟通；②信息整理部负责集中处理并报送危机信息；③信息侦察兵负责从现场和媒体等各种渠道收集信息；④公众与媒体部负责向公众及媒体部门通报信息，组织媒体事宜；⑤咨询形象管理部负责评估危机影响，制订声明，作出改善建议；⑥主要咨询团体负责为危机管理者提供建议和方案；⑦指挥协作部负责帮助危机管理者进行直接的协作、指挥和战术控制；⑧战术反应部为实际执行现场应急操作的部门或单元；⑨首席危机管理者或督导权威负责监督危机管理者工作并接受其报告，提供局外式的统筹指导，使危机内外的人员和部门保持协作。CMSS模式具有强大的资源整合能力，它可以根据特定的危机事件重新架构，灵活设计适宜的管理层次。

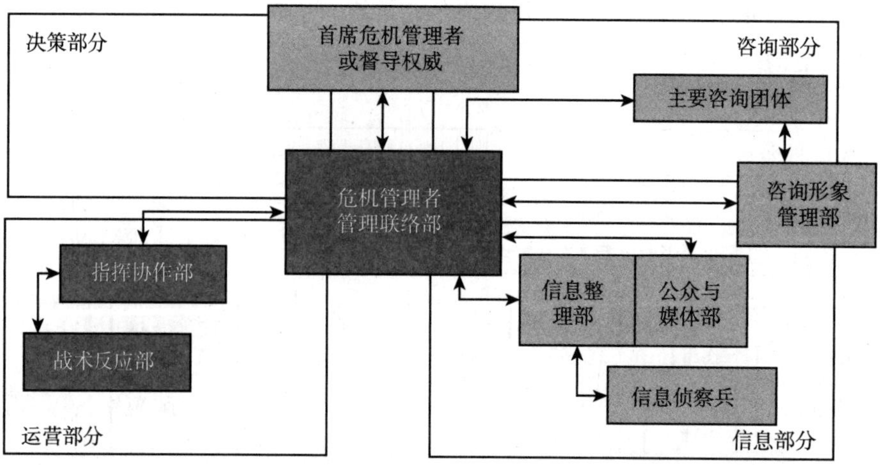

图10-7　危机管理框架结构（CMSS）

（资料来源．蔺雪春，李希红，朱婧．公共危机管理．第2版［M］．成都：西南交通大学出版社，2018：34.）

四、医院紧急应变计划

（一）操作层面的应变计划

紧急应变计划在操作层面应该根据本土情境预先系统性考量以下问题：

（1）预测沟通和通讯问题。

（2）解决与有效分检、运送和疏散有关的操作问题。

（3）适应灾害现场的管理、安全和资源的分配。

（4）实施高级预警系统，提高预警信息的有效性。

（5）加强对搜索和救援工作的协调。

（6）对患者进行有效分检（需要优先照顾和运送的患者）。

（7）制定计划，以公平的方式将患者分配到医院。

（8）患者的识别和追踪。

（9）医疗保健基础设施的损坏或破坏。

（10）志愿者、捐赠和其他大量资源的管理。

（11）对重要系统的破坏作出有组织的快速反应。

（12）遇到对规划工作的整体阻力的应对。

（二）组织层面的应变计划

1．沟通　组织和沟通是任何灾害计划需要优先准备的重要事项。地质、气候相关灾害事件可能导致通讯系统的破坏或中断，可以进行技术升级和装备改造。此外，社交媒体等通讯也能在灾情信息传递中发挥重要作用，为医护人员和受灾群众提供有效的双向信息沟通平台。应就信息沟通与社交媒体达成一致意见。

2. 合作与协调 当灾难来临时，它很少只影响一个孤立的地理区域。重要的是，各机构要考虑如何应对整个地区受到影响的情况。规划活动应包括确定加强区域协调的机会，以确保对大规模多辖区灾害作出有效的医疗和公共卫生反应。计划中应包括高效和有效地大规模分配所有类型资源的详细过程，包括跨多个组织的补充人员、设备和用品。所有救援工作的领导责任和协调（跨地区和跨管辖区）应在事件发生前制定好。

3. 病例激增管理 一个全面的灾难计划将考虑到突如其来的患者“激增”，对患者进行有效的分检，迅速决定需要优先照顾和转运的患者指征，将患者协调、均匀地分配到几个医院，而不是将大部分患者送到最近的医院。如果患者在没有充分分流的情况下被转移，患者的分配可能是不平等和不协调的，并造成医疗挤兑，严重影响救灾效率。

第三节 全灾害应变设计

医院管理部门时常面临着许多内部和外部突发事件。凡事预则立，不预则废，从大规模伤亡事件，到大面积的洪水或地震破坏，再到武装冲突等，有效的全灾害应变设计可以解决各种潜在事件带来的问题。灾难发生时的应变设计是一套从灾前减灾、准备、紧急应变到灾后复原重建的完整体系，需要从单一威胁处置转移到全灾害的综合应急管理规划，从而实现保护机构运转，响应可能激增的医疗保健需求，并持续提供医疗保健服务，确保所有相关人员的安全。

一、减缓与预防

（一）风险监测

危机事件虽大都带有突发性，但也存在必然的因果联系。危机风险监测就是对已经或可能出现的危机迹象进行监视和监测，包括：①确定监测对象。危机监测需要确立重点对象，通常是对管理影响显著的风险事件，把最可能引发危机的风险因素作为重点对象。②明确监测任务。对可能发生事件的环节和过程进行监视，对大量的监测信息进行整理、分类、存储、建立信息档案，形成系统有序的监测信息成果。③借助现代监测工具。合理选择监测指标和测量工具是危机监测过程中必不可少的手段，善于利用计算机及其他现代化手段进行监测，监测手段越先进、越适用，监测信息越全面，越有信息度和效度。

（二）风险识别

风险识别是在危机监测信息的基础上，通过比较分析，判断危机风险状态，要注意以下几方面：①必须要有明确的识别指标，如通用的公关状态指标和专用的危机状态指标，衡量危机是否存在和存在的状态如何。②必须进行综合的比较分析，对危机迹象进行综合分析，反复研究，多方判断，达到对危机的全面把握。③必须要有准确有效的描述，即对危机的风险不仅做定性描述，还要做定量描述，还可借用一些风险评估工具，以达到对危机的准确把握。

（三）风险判断

根据危机风险识别的结果，利用与危机相关的各种信息，对危机进行成因分析和发展趋势预测。危机要尽量从多方面找原因、挖根源，正如海恩法则指出，每一起严重事故的背后，必然有29次轻微事故、300起未遂事故、1000起事故隐患存在，所以查找、追问根本原因和系统原因非常重要。对危机发展趋势预测是建立在准确的成因分析基础上，要运用科学的方法，保证预测结论的准确性和实用性。

（四）风险评价

危机风险评估主要有两个方面，一是对已被确认的风险现在造成的损失进行评价，二是对已被确认的危机迹象在将来一定时期内可能造成的损失进行评估。准确的损失评估与预测是进行危机处理工作的决策依据。

知识拓展

为了更好地让危机减缓措施发挥作用，Robert J. Heath教授提出危机减缓的ABC法则。A表示为远离（away），是指远离风险或危险源；B表示更好（better），是指比要求做得更好，通过更牢固、更安全的设计来改善环境、抵制风险或危险源；C表示（compatible），是指选择最能抵御或减轻风险或危险源的相适应的减灾设计模式，使危机预防和减缓设计能顺应环境，减少风险。ABC法则可为危机预防与减缓策略提供指导。

二、预警与准备

（一）计划准备——应急预案

在危机发生前做好准备，编制应对各种危机的应急预案，制定完善的应急计划，是现代应急管理的重要内容。预案的作用体现在：一是通过预案明确危机管理相关主体责任、角色与分工；二是通过预案识别潜在的风险，避免或防止事件扩大和升级；三是将危机处置措施“格式化”和“程序化”；四是通过预案的演练与完善提高危机应对能力和水平。5W2H法可为危机预案提供基础性方法。

（二）资源准备——应急资源

在早期研究中普遍认为医院提高防灾能力需要采取的主要措施包括救援人员（staff）、救援物资（stuff）以及救援场地（space）三大核心要素。2013年，美国加州大学全球和区域准备研究所在此基础上增加系统（systems）这一核心要素，将应急准备计划归纳为4S要素，涵盖人员的数量和技能、设备物资的数量和质量、场地设施的大小和质量、制度体系的完整性和持续性等。

1. 人员（staff） 人员配备的核心不仅包括人员的充足性，还包括人员能力的适合性，以及人员输出的持续性。人员安排包括制定各岗位各区域工作人员名单；调整和修改排班模式和方法；改变医护人员与患者的比例；将工作人员重新分配到其主要单位以外的区域；为工作人员提供后勤保障和心理支持；人员分配与响应有关的具体职责。

2. 物资（stuff） 物资是指为照顾灾民所需的材料，包括所有的设备和物资耗材、医疗设备、防护设备、药品、消耗性或非消耗性医用耗材和非医用物品等。大多数医院在日常物资储备中会保持基线库存水平，但在应对灾难事件时，应考虑增加基线水平，以便有更多的物资可以在医院的医疗照护中轮流使用。需要考虑准备的具体物资包括呼吸机、颗粒过滤面罩、净化设备、针对灾难情况的药物、分诊和患者追踪物品、绷带用品等。

3. 场所/结构（space，structure） 包括有形和非有形结构。有形（物理）结构包括：①净化设施的建设；②医院建筑的增建，如在传染病大流行期间修建的发热门诊等；③医院门禁管理系统；④急诊室、发热门诊、隔离病房的重新设计，以改善患者的流量，满足两区三通道等设计需求。非有形结构强调突破空间的限制，利用互联网平台，搭建数据监管、培训、信息发布平台，实现信息与资源的及时共享。

4. 系统（systems） 系统通常是指那些通过组织现有资源而使紧急响应过程结

构化的事件指挥系统、应急管理计划、工作制度、应急预案、工作手册、标准化流程等，是突发事件应对中最重要，也最容易被忽视的要素。医院应急管理应孕育于常态管理之中，系统要素是对常态管理中各项制度流程预案的最好验证。

（三）能力准备——教育、培训和演练

经验丰富的专业技术人员是有效应对各类突发灾难事件的中坚力量，因此，需要给医院工作人员提供各种类型的教育和培训，使他们准备好有效地应对灾难。教育和培训可以是一般性的，也可以是针对某个设施或机构的。最理想的是，在培训中把这两个方面结合起来。比如防护用品的穿脱和使用、患者疏散指挥演练等。确定医院工作人员是否已经接受适当的教育和培训，并确定医院是否处于良好的应急准备中是一项艰巨的挑战。

强化预案演练，提高危机管理参与者的知识技能，是危机准备的重要内容之一。演习是测试医院系统和个人在模拟灾难中表现的有效手段。同时，演习后的评估过程也有助于发现系统缺陷和漏洞。预案演练通常可分为四种类型：一是桌面演练，即根据行动预案的内容，合练规定的步骤和过程，使参加者熟悉行动现场的管理系统，掌握自己的工作流程和责任分工；二是功能演练，主要是模仿行动指挥真实情景，通过功能演练来检验预案程序、组织、任务、协调是否处于有效发挥作用状态，及时发现问题；三是实战演练，即针对行动预案一线运作功能，由一线应急部门和人员参加，为全面演习做好必要准备；四是全面演练，即将功能演练和实战演练结合起来的全面性演习，涉及的部门、人员、装备、伤病员等均按真实发生的紧急情况到位。

（四）信息准备——应急预警

危机预警系统（crisis warning system）是能实现危机预警功能的信息系统，可包括信息收集系统、风险评估系统、警报传递系统三个部分（图10-8）。①信息收集系统主要负责信息的收集与处理，涉及监测目标区域的选择、监测手段的选择、多源信息的获取和信息的加工。②风险评估系统主要是通过建立危机事件风险评估的模型库和方法库，为危机事件风险态势分析、危机发生的可能性判断以及风险损失影响评价提供支撑。③警报传递系统是通过多种渠道向内部员工和外部公众发布预警信息，让公众和相关部门在第一时间得到危机事件的准确信息和动向。通常应遵循“谁发布、谁负责”的原则，构建多层多渠道信息发布平台，如手机短信、手机APP、互联网、官方网站、广播、电视、报纸、微博、微信等，实现“预警到人”目标，确保预警信息的真实性和准确性。

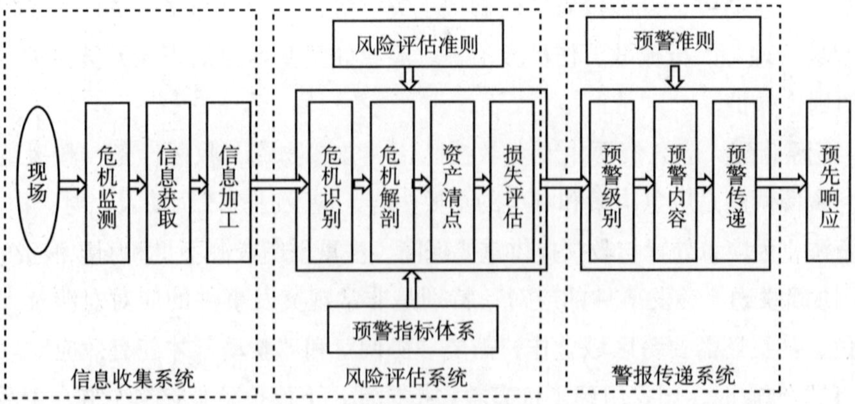

图 10-8　危机预警信息系统

（资料来源：孙多勇，朱桂菊，李江. 危机管理导论［M］. 长沙：国防科技大学出版社，2018：169.）

三、响应与处置

危机响应具有4个基本功能，即应急评估（emergency management）、致灾因子作业（hazard operation）、人员保护（population protection）和突发事件管理（incident management）。响应正确比响应快速更为重要。危机响应活动通常可分为三个阶段，即先期处置、现场反应和初步恢复。恢复过程将在第四节进行介绍。

（一）先期处置

先期处置的主要任务包括突发事件即将发生时的预警信息传递、风险警示劝告、救援队伍准备、后备力量动员、物资准备、启动现场处置预案、成立现场指挥机构，以及突发事件发生初期的封闭现场、疏导交通、疏散群众、救治伤员、排除险情、控制事态发展、保护重点目标、上报信息等。先期处置应遵循统一现场指挥，根据事态性质决定处置方式，先隔离事态，后控制处置，边处置、边报告的原则。

（二）现场反应

1. 应急评估　通常涉及三方面工作，一是收集信息、确认来源；二是快速灾情评估与应灾资源需求估计；三是事态进一步研判。

2. 现场指挥　现场指挥部是应急决策与处置的中枢神经，应按照“减少层级、沟通畅通”的原则组成，参考ICS和CMSS模式，通常可内设专业处置组、治安交通组、医疗救护组、新闻宣传组、通信保障组、综合保障组、善后处置组和专家顾问组等，不同灾种、不同级别的突发事件机构设置和主要角色可不同。

3. 应急处置　应急处置包括一系列行动，可能包括搜救人员、医疗救治、安置群众或伤员、卫生防疫、设施抢修、防御次生灾害等，对于恐怖袭击事件，还包括事态控制、现场管理、人员疏散、伤员救治等。应急处置基本原则为先人员保护，后事态控制，再财产保护。

4. 资源调配 应急资源由专业救援队伍、救援物资、救援设备、救援组织等组成。应急资源调配是应急决策和响应的重要内容，应及时有效调动人、财、物、通信、技术等资源，为应急处置与救援提供重要保障，注重平衡资源不足和资源浪费的问题。

5. 协调联动 突发事件的应对，特别是非常规突发事件的应对，涉及大量的机构、单位，甚至还需要跨区域合作，需要“协调”和“联动”才能有效应对。如2008年“5·12”地震时，国家组建了抗震救灾指挥部，下设抢险救灾组、群众生活组、地震监测组、卫生防疫组、宣传组、生产恢复组、基础设施保障和灾后重建组、水利组、社会治安组9个工作组。

第四节　恢复与重建

理想情况下，恢复过程在事件发生后不久就开始，并与救援阶段重叠，其目的是使受灾机构、医院、社区尽快恢复到“正常”状态，这个过程被称为复原（rehabilitation）或恢复（recovery）。对于因灾难或灾害而不能恢复的设施进行重新建设、对区域重新规划、对体制机制进行完善优化等，则属于重建（reconstruction）的内容。不管灾害发生周期如何划分，恢复与重建都是必不可少的环节，是实现转“危”为“机”的关键环节。

一、恢复与重建的含义

危机管理中的恢复与重建旨在通过设施恢复、秩序恢复、心理恢复、灾后重建、调查评估与问责、学习与改进等活动，使组织在危机中成长，实现可持续发展。所以，恢复与重建包括以下三个层面的含义。

（一）恢复与重建

恢复重建是消除危机短期、中期和长期影响的过程，它包括两类活动：一是恢复，就是使社会生产生活和医院就诊就医工作恢复既往常态；二是重建，重建包括心理重建与环境重建。以突发公共卫生事件为例，心理重建是指对于参与一线防控工作的医护人员，做好奖励与心理咨询服务；对于在疫情中不幸感染的医护人员及其家属做好补偿与慰问工作。环境重建是指对医院的消毒隔离工作要严格实施，对物资进行调配管理，尽早恢复正常的医疗秩序，确保医疗质量与医疗安全。

（二）恢复与发展

恢复重建不仅是复原，还意味着发展，意味着在消除危机影响过程中的除旧布新。从这个意义上看，恢复既包括挑战，也蕴含着机遇。通常来说，灾后恢复阶段是实施减灾防灾措施的较好机会，如区域重新规划、建筑加固与重建、体制机制完善等。例如，医疗机构在传染病疫情发生后迅速增加防护用品储备，扩大或临时修建发热门诊和隔离病区，强化医护人员防护技能培训，既可以有效应对正在发生的传染病疫情，也将提高医院未来抵御其他可能新发传染病的应对效能。

（三）恢复与学习

恢复不是简单的复制过去，而是在灾难的经验教训中锻炼成长，不断提高应对灾害的能力，就是向灾害学习。为了不重蹈覆辙，只有不断进行自我反思，自我总结，从改进措施入手，切实行动起来，才是危机恢复的意义。

二、恢复与重建的原则

（一）从速性原则

危机会带来各种各样的后遗症，既严重影响人们的生理、心理和社会健康，又严重影响经济、社会生活生产体系运作。因此，恢复过程在事件发生后就可以开始，采取各种策略和措施安抚受害群众的心理创伤，使其恢复生活信心，同时尽快建立替代性的经济和社会生活生产体系，让公众逐渐恢复正常生产生活。

（二）务实性原则

恢复重建要以第一手真实的调查资料为基础，根据民众实际遭受损失的情况和需要，制定救助、补偿、抚慰、抚恤、安置、心理干预等善后工作并组织实施，讲求成本，讲求实用。一是要保证调查数据的真实可靠性，不能只看上报的数据，而是要对相关数据组织专人进行现场核实；二是确保对数据分析的态度公正客观，审慎对待恢复重建工作，不因亲疏远近和心理偏见而使救助工作有失偏颇，甚至引发不公正舆论危机；三是加强外部人员的参与和监督，结合危机管理实际，提供合理建议和改进措施，并将措施真正、有效、及时落到实处。

（三）科学性原则

恢复重建不比救援处置阶段工作轻松，许多事情处理不好，可能激发新的矛盾，影响未来发展。恢复重建应以科学规划为指导，尽量避免危机前的各种有害因素和潜在隐患，综合考虑各种现实与可能的问题，协调处理各种可能要素，以稳定为要务，以发展为目标，统一筹划，科学布局，促进恢复重建工作的持续有效进行。

（四）反思性原则

总结经验教训是恢复重建工作的重要内容，恢复重建不只是简单地恢复到危机前的状态和水平，而是应该利用危机反思改进，以更高起点促进管理水平提高，这就要求开展事件反复、深入、全面反思，总结经验，进行善后评估学习，从危机中学习反思，发现原有体制、机制中存在的种种问题，加以修正与改进，积极主动开展变革，维持甚至扩展组织系统活力。

三、恢复与重建的主要内容

（一）卫生服务的恢复和维护

医疗保健服务可能受到灾害的严重影响，这种影响可能是通过对卫生基础设施的损害或破坏而直接造成的，也可能是由于基本资源的损失而间接造成的，包括医疗工作者、医疗用品和设备。同时，事件的影响造成对受灾群众的服务需求短时间激增。对于一些特定类型的灾害事件，医务人员的感染和死伤也是医疗系统内业务连续性中断的一个重要障碍。例如在面对传染病疫情时，医疗工作者需要同时面对疾病的未知、患者的激增、医疗物资短缺和感染的风险等，一些医疗工作者可能不愿意将自己和家人置于危险之中。另外在一些地质灾害中，对社区基础设施的破坏，如交通系统和道路的破坏，可能会限制工作人员和患者前往医疗机构的能力。在这样的情况下，尽快恢复医疗保健卫生服务，满足受灾群众和普通群众的健康服务需求尤其重要。

此外，药品和其他用品供应链也可能遭到破坏。在即时物流的情况下，大多数医疗机构的库存相对较少。因此，即使在没有直接损坏的情况下，也无法维持过度增加的服务。恢复消耗品和设备的供应链对于医疗系统的有效运作是非常重要的。除了作为事件直接后果的受伤患者，还有一些无法获得正常医疗服务和药物的慢性病和受伤患者的风险状况表明，他们在灾害恢复期间特别容易受到二次伤害。

（二）疾病预防和控制

民间俗话称，大灾后必有大疫。以地震为例，地震作为一种经常发生的灾害性自然现象，大地震可造成极其严重的破坏和人员伤亡。在地震灾害应急救援中，疾病预防和控制面临多重难题，因为地震可能造成生态环境破坏、水源污染、食品污染、媒介生物滋生、传染病流行等问题，此外，由于地震可能造成震区原有卫生机构和防病组织受到破坏，通信交通中断，药品供应不及时，使得疾病预防控制工作难度增大。针对这种风险：①必须迅速恢复人群和个人的健康措施，以确保持续的健康和安全。②保证基本的环境卫生措施是绝对必要的，如持续提供清洁的食物和水，而且必须立即予以关注。③尽快恢复疾病监测和控制，如果与该地区和环境条件有关，必须针对传播途径采取控制措施。

（三）风险沟通和公众教育

随着手机、网络等新媒体平台的广泛应用，公众的参与意识也越来越强，微博、微信、微视等“三微”信息铺天盖地，逐渐形成强大的“民间舆论场”。突发事件处置和恢复阶段，相关部门都必须重视和加强舆情控制，避免因“不当报道”和“谣言”等引发群众恐慌或不必要的社会问题。例如传染病疫情期间，很多医疗机构撰写专门的科普读物和新媒体文章，普及正确的疾病防控知识，消除民众的恐慌和焦虑的心理，有效抑制“谣言疫情”（infodemic）的传播，对公众科普教育起到重要的引领作用。

知识拓展

在危机发生后的公众沟通方面，美国福莱灵克公关咨询公司（FHL）曾提出危机公关成功公式V=（3W+4R）8F，被称为危机公关的“金科玉律”。

3W——在危机中，沟通者需要尽快知道三件事：

我们知道了什么？（What did we know？）

我们什么时候知道的？（When did we know about it？）

我们对此做了什么？（What did we do about it？）

4R——在收集正确的信息后，给组织在危机中的态度进行定位：

遗憾（regret）、改革（reform）、赔偿（restitution）、恢复（recovery）

8F——沟通时应遵循的八大原则：

事实（factual）、第一（first）、迅速（fast）、坦率（frank）、感觉（feeling）、论坛（forum）、灵活性（flexibility）、反馈（feedback）

（四）重建医疗服务和设施

医疗基础设施的损失对一个地区来说是毁灭性的，恢复的成功取决于能否尽快重建这些服务。重建初级和二级医疗基础设施是恢复阶段的重要工作。需要评估是否可以将服务重新安置到保留下来的建筑物或临时结构中，或中短期内修建临时设施（如野战医院、方舱医院）。

对外国野战医院（foreign field hospital，FFH）在灾害管理中的使用和效率存在的争议，WHO和PAHO召开了一次专家会议，讨论关于向灾区，特别是发展中国家派遣或捐赠野战医院的准则，包括以下方面：①只有在适当地宣布紧急情况和受影响国家的卫生当局提出请求之后；②当FFH被纳入当地的卫生系统；③当FFH的安装和运作维持的各自作用和责任被明确界定之后。

（五）开展救助、补偿和心理干预工作

危机心理干预就是危机的心理恢复，主要是指针对处于心理危机状态的个人或群体给予适当的心理干预，通过调动处于危机之中的个体自身潜能来重新建立和恢复危机爆发前的心理平衡状态。通常意义上的灾难危机心理干预是为受到重大灾难影响的人员提供心理援助和疏导，帮助他们逐步从危机阴影中走出来，恢复对生活、社会和政府的信心，预防和缓解心理创伤带来的各种可能的消极后果。最常见的做法是向危机或灾难发生地区派送心理专家和心理辅导员，及时解决处理群众的心理问题，抚平心理创伤。

已有的研究显示，被派往灾区的救援医护人员也可能患上急性应激障碍、焦虑和抑郁、创伤后应激障碍和其他心理障碍等。因此，培训并提升医护人员的心理调节能力并提供相应关心和支持对于他们在重大事件和灾难中的工作也至关重要。可以提供的措施包括适当的培训和物资准备、兴趣和支持、满足医护人员的个体需求、心理健康支持，社会团体、医院等部门可采取多种形式对队员及其家属提供多个层面关心和慰问，确保一线人员不会因为心理情绪负担而分散对支援任务的注意力。国家卫生健康委办公厅2020年2月发布《关于进一步加强疫情防控期间医务人员防护工作的通知》，将关心爱护一线医护人员落到实处。

（六）总结危机管理经验教训

突发事件应急处置工作结束后，应对突发和危机事件的起因、性质、影响、责任、经验教训和恢复重建等问题进行调查评估，制定改进措施。应认真总结危机管理经验教训，对危机的真正原因进行调查，对危机的影响进行估算，对危机管理全部工作、全部过程进行回顾和评估。总结评估工作一般可分为三个步骤：一是调查，对事件发生原因和相关处置措施进行系统调查；二是评估，对突发事件的处置工作进行全面评估，重点可围绕机构设置、信息沟通、资源配置、媒体管理、预案制定、危机预警、处置过程、应急绩效等方面进行评估，评估方法包括数据分析统计法、外部人员意见

调查法、内部组织自我评估法、传媒评估法等，应尽可能列出处置工作中存在的各种问题；三是整改，对危机处置过程中的各种问题进行综合分类，提出整改措施，并责成落实。

第五节　应用案例

实例：某日14：30，某三甲医院持续涌入数百名小学生，患者均出现“上吐下泻”的症状。门诊、抢救室、儿科人头攒动，等待治疗的学生和陪同的老师、家长将诊室围得水泄不通。患儿不停呕吐，喊着肚子痛。一些家长拒绝按照正常流程排队和缴费，大声叫喊，要求医院迅速处置患儿。与此同时，媒体开始跟进报道，此次事件也在微信、微博等社交平台迅速传播，其中不乏混杂一些虚假消息，引发舆论猜测和担心。在此背景下，医院迅速启动应急预案。

（1）迅速启动应急流程：立即向上级主管部门汇报，并通知当地疾控中心前来开展流行病学采样和调查工作。对于突然涌入的大量患者，医院迅速调集各个科室的医护人员前往门诊大厅进行患者病情分检，并根据评估结果进行分组处置。对于危重患儿，迅速组织专家进行会诊；联系其他医院，评估症状较轻的患儿，协助护送转移到其他医院。现场场面从嘈杂混乱逐渐变为有序。

（2）医患关系危机管理：面对持续涌入的患儿和惊慌紧张的家长，迅速开启绿色通道，患儿到达医院后不需要缴纳挂号费、医疗费。安排专区先行紧急处置。就诊过程中不需要排队，现场一触即发的医患冲突得到缓和。

（3）对外关系危机管理：派出医疗专家，协助学校校长对老师、家长等相关人员进行病情和相关处置的解释，安抚人员情绪。迅速成立危机公关小组，积极配合卫生健康部门、公安机关、教育部门等开展工作，在媒体部门的支持下，通过短信、新闻、网络公告等形式，发布事件真实情况，防止谣言扩散。

讨论：除了以上三种应急反应，医院的管理层还有其他的因应对策吗？

本章小结

近年来，气候恶化、地震、洪涝、海啸等自然灾害越来越严重，工业、交通事故不断，传染病肆虐，社会矛盾引发的恶性事件时有发生，对医院的应急反应和危机应对提出新的要求。面对危机事件，医疗机构如何做好预警监测，快速识别，有效应对，恢复重建，以在“危难”“危险”中寻找“生机”“转机”是危机管理和紧急应变的重要内容。只有做到运筹帷幄、周密部署，才能于危机中育新机，于变局中开新局，才能为医院高质量、可持续健康发展注入新动能。

（蒋　艳）

第十一章　医疗与患者安全报告系统

学习目标

1. 掌握　医疗安全与患者安全的概念；医疗与患者安全报告系统的要素与特点。

2. 熟悉　医疗与患者安全报告系统的类型；国内外常见的医疗与患者安全报告系统；手术和用药安全事件的类型和报告系统。

3. 了解　医疗与患者安全报告系统的意义；医疗与患者安全报告系统的发展趋势。

案例讨论

【案例】2019年9月17日是首个“世界患者安全日”，WHO发布通告指出，任何人都不应在医疗过程中受到伤害，但事实上：①中低收入国家每年有1.34亿起不安全医疗致患者伤害事件，造成260万人死亡；②经济与合作组织国家住院支出中有15%可归咎于患者安全事故；③有2/5的患者在初级医疗和门诊环境中受到伤害，其中有80%的伤害事件可避免；④每年因用药失误所造成的额外花费高达400亿美元，占到全球卫生支出的1%；⑤由医疗服务所导致的院内感染、不安全的外科手术和并发症、误诊以及医源性辐射等都是影响患者安全的主要因素，每年导致500多万人死亡。因此，WHO在首个“世界患者安全日”发起以“为患者安全发声”的全球活动，呼吁医疗服务从业者报告错误并从中学习。

【讨论】

1. 常见的医疗与患者安全事件有哪些？
2. 为什么要鼓励医疗机构和医务人员报告错误并从中学习？
3. 目前国内外有哪些医疗与患者安全报告系统？

第一节　医疗安全与患者安全

一、医疗安全与患者安全的含义

医疗安全（medical safety）是指医疗机构及其医务人员在医疗活动中，按照医疗卫生管理法律、行政法规、部门规章和治疗护理规范、常规进行的，保障就医者获得合理的、规范的医疗结果，不发生法律和医疗技术允许外的心理、机体结构或功能上的障碍、缺陷或死亡。医疗安全与不安全是相对的，不同时期不同的主客观条件有不同的标准。在制定医疗安全标准时，应以时代所允许的范围与限度为依据，以医疗机构及医务人员为视角，检视自身诊疗活动是否符合医疗卫生法律、法规、规章和诊疗相关规范和常规。医疗机构和医务人员作为诊疗过程的设计者和诊疗活动的提供者，应面向自身寻找问题、发现问题、解决问题。

患者安全（patient safety）是指在为患者提供照护的过程中，不使患者遭受危害其安全的任何事件或事故，使照护目的顺利达成。WHO将其定义为将卫生保健相关的不必要伤害减少到可接受的最低程度的风险控制过程。在《希波克拉底誓言》中，不伤害原则作为最基本的原则之一，则是对患者安全的描述。患者安全是以患者为视角，检视患者在整个就诊过程中的感受。在“患者为中心”理念下，患者作为诊疗过程的直接体验者和诊疗活动的实际接受者，可以面向医疗机构和医务人员提出感受和建议。这样的反馈对于医疗工作的改善更加全面且实用，而且能够避免医疗机构及医务人员自身容易忽略的方面，以亲身实践来提出更加具有建设意义的意见和建议，更有助于患者安全体系的构建。

医疗安全和患者安全都旨在保障患者就医的安全和高质量的医疗服务。医疗安全是患者安全的前提，而患者安全则更强调“以患者为中心”的理念。随着医疗理念的转变，患者安全更加代表医疗机构安全管理未来的前进方向。在我国，医院管理的理念已逐步从医疗安全向患者安全转变，如积极营造“以患者为中心”“从错误中学习”的患者安全文化，广泛开展患者安全教育培训，充分开放患者安全信息收集与上报渠道，鼓励患者参与安全活动等。其中医疗安全（不良）事件报告是患者安全管理的重要信息来源，是确保患者安全事件信息的全面收集与及时反馈的重要途径。

二、医疗安全（不良）事件管理

医疗安全（不良）事件（medical safety adverse event）是指在临床诊疗活动和医疗机构运行过程中，任何可能影响患者的诊疗结果、增加患者痛苦和负担并可能引发医疗纠纷或医疗事故，以及影响医疗工作的正常运行和医务人员人身安全的因素和事件。医疗机构可根据需求对医疗机构医疗安全（不良）事件实施分级、分类管理。

根据医疗安全（不良）事件发生后果的严重程度将其分为四个等级。Ⅰ级事件、Ⅱ级事件应采取强制性上报管理，Ⅲ级事件、Ⅳ级事件采取鼓励性上报管理。Ⅰ级事件（grade Ⅰ event），包括警讯事件（sentinel event）和警告事件（warning event），是指非预期的死亡或是非疾病自然进程过程中造成永久性功能丧失，包括但不限于《中华人民共和国侵权责任法》、国务院《医疗事故处理条例》中界定的一级、二级医疗事故、原卫生部《医疗质量安全事件报告暂行规定》中规定的特大医疗质量安全事件、重大医疗质量安全事件以及医疗机构内部相关管理文件规定的事件。Ⅱ级事件（grade Ⅱ event），包括不良后果事件（adverse consequences event）和差错事件（error event），是指在医疗过程中因诊疗活动而非疾病本身造成的机体与功能损害，包括但不限于《中华人民共和国侵权责任法》、国务院《医疗事故处理条例》中界定的三级、四级医疗事故，原卫生部《医疗质量安全事件报告暂行规定》中规定的一般医疗质量安全事件和医疗机构内部相关管理文件规定的事件。Ⅲ级事件（grade Ⅲ event），包括无后果事件（non-consequences event）和临界差错（critical error），是指虽然发生了错误事实，但未给机体与功能造成任何损害，或有轻微后果而不需要任何处理可完全康复的医疗安全（不良）事件。Ⅳ级事件（grade Ⅳ event），包括隐患事件（potential adverse event）和未遂事件（attempted incident），是指由于及时发现，错误在实施之前被发现并得到纠正，未造成危害的事件。

按照医疗机构医疗安全（不良）事件的类别属性实施分类管理。按照医疗风险发生前预防与否可分成可预防类和不可预防类医疗安全（不良）事件。按照医疗安全（不良）事件发生的风险影响损害群体分类，可分成患者（及其家属安全）类医疗安全（不良）事件、员工安全类医疗安全（不良）事件和医疗机构安全类医疗安全（不良）事件。按照管理类别分类，包括医疗管理类、护理管理类、药品管理类、医技管理类、输血管理类、器械管理类、院内感染管理类、职业防护管理类、信息管理类、后勤管理类、治安管理类。在管理类别的分类基础上，可以按照医疗机构提供的服务项目分类。医疗管理类包括医疗文件类、手术类、麻醉镇痛类、介入诊疗（导管）类、口腔治疗类、康复治疗类、营养膳食类、孕产保健类、计划分娩类；护理管理类包括跌倒类、坠床类、压疮类、处置治疗类；药品管理类包括药物治疗类、药品不良反应类、药品质量类、药品滥用类、用药错误类、药品储存类、制剂管理类；医技管理类包括病理类、医技检查类、医学检验类；输血管理类包括输血类（交叉配血错误等）、输血不当、储存不当、传送不当、核对不当、执行不当；器械管理类包括仪器（设施、设备）类、医用耗材类；院内感染管理类包括医源性感染事件类、特殊医院感染事件类、器械相关感染类；职业防护管理类包括血源性病原体职业接触（暴露）类、锐器伤类、化疗药物接触类、环境类；信息管理类包括网络攻击类、信息泄漏类；后勤管理类包括转运类、公共服务设施类、环境保洁类、物业维修类；治安管理类包括安全保卫类、患者自杀/自残类、患者走失类、婴幼儿被偷窃类、辱骂/殴打/刺伤（杀）医务人员类等。

三、医疗安全（不良）事件报告

事件报告（event report）是指医疗机构人员或患者对所发生、发现的医疗安全（不良）事件进行调查、观察的结果，向负责该类事件的单位或人员提出事件、事态的观察、调查而作的正式陈述或者提交的书面、网络反映材料。

事件报告是事件防控中的重要环节。要求医疗机构应明确医疗安全（不良）事件报告的原则、方式、内容和要求。医疗安全（不良）事件报告原则应遵照医疗机构制定的规定执行，保证自愿性、保密性（匿名报告）、非处罚性（免责）、公开性的原则。自愿性（非强制性）原则，即医务人员有自愿参与的权利，提供事件信息和报告是其自愿行为；保密性（匿名报告）原则，即对本次事件的报告人和报告中涉及的其他人和部门的信息保密，有可以匿名报告的途径；非处罚性（免责）原则，即报告内容不作为报告人、被报告人或其他相关部门的违规处罚依据；公开性原则，即对医疗安全信息及其结果进行公开分析，但对报告人、被报告人及其单位信息保密。

事件报告的方式应至少包括两种以上，包括面对面报告、电话报告、表单报告、传真报告、信息网络报告等，并有记录。事件报告内容应真实、完整、准确，不得瞒报、漏报、谎报、缓报。医疗机构应制定规范化的《医疗安全（不良）事件报告表》，报告内容应包括报告时间、事件发生时间、报告人、报告人类别、报告人科室病区、联系电话、患者姓名、患者唯一标识号（如住院号或病案号）、年龄、性别、事件级别、事件类别、发生场所、事件主要表现、采取的措施和处理结果、事件发生可能因素等。

Ⅰ级、Ⅱ级事件属于强制性报告事件，医疗机构应按照强制性报告的原则要求员工必须报告，同时应当引导患者（及其家属）参与报告。报告原则应遵照医疗机构制定的医疗事故、医疗纠纷、医疗风险等相关规定执行。Ⅲ级、Ⅳ级事件属于鼓励性报告事件，执行非处罚措施。医疗机构应给予积极、主动报告，报告及时、数量多、有效及干预降低事件影响度（危害性）等情况的员工免责或奖励。医疗机构医疗安全（不良）事件报告要求全员报告和逐级报告，其中需要向所在地方卫生健康行政部门报告的医疗安全（不良）事件，应按照规定向上级报告。应在事件发生或发现的第一时间及时报告。医疗安全（不良）事件报告时限，应遵循国家法律法规及其所在地方卫生健康行政部门报告时限要求。

四、医疗安全（不良）事件报告系统

（一）建立医疗安全（不良）事件报告系统的意义

随着患者自主意识的不断提高，患者安全已成为世界卫生组织及世界各国卫生领域高度重视的课题。关注患者安全，共同创建医患关系双赢局面，是现代医疗机构关注的问题，也是现代医疗服务模式所追求的目标。在提高患者安全的过程中，对于患者和专业人员来说，如何使医疗服务提供者或医疗机构从错误中吸取教训，分享从事件调查时学到的知识，避免同样的错误在相似环境中反复出现，减少患者继续受到可预防错误的伤害呢？通过建立报告系统可以实现上述目的。通过报告可以帮助识别危险和风险，并提供有关系统故障的确切信息，有助于目标改进和系统完善，以降低患者受伤的可能性。有效的报告系统是安全实践的基石，在医院或其他医疗机构内，是促进安全文化建设的重要策略。

如果医疗机构或个人能获得其他机构通过归纳和分析类似病例而产生的有用信息，就可以从报告事件中受益。例如在病房中，肠内营养管无意中连接到静脉导管并导致栓塞，调查结果显示，管道接错是因为两种类型管道接头相似，医院所采取的应对措施可能是要求所有管道都贴上标签，这是一个有用但繁琐的解决方案。如果没有将事件和分析结果报告给外部机构，所吸取的教训就会被局限在医院内部，从而失去了开发更强大、更具普遍性的解决方案的机会。相反，如果报告了事件并将调查结果输入数据库，则可以将类似事件汇总，就能够阐明常见的根本原因，可能会出现多种解决方案，从制定护理实践标准到要求所有管道的贴上标签和持续督查，再到医疗设备制造商为所有医疗管道开发不兼容的连接器，从而实现有用又简单的解决方案。

医疗安全（不良）事件的发生是不可避免的。在医疗过程中发生的医疗安全（不良）事件，虽有一部分来自个人的疏忽或技术的不良，但是更大部分来自长期潜在于系统中的失误，是因为系统、程序、工作环境的疏失造成的。因此。只有了解医疗安全（不良）事件的发生过程，分析常见原因，才能从经验教训中学习。通过建立医疗安全（不良）事件报告系统达到记录和讨论事件的目的，通过对事件的学习、分析和改进，避免同类型事件的再次发生，从而最大程度降低错误的发生。

（二）医疗安全（不良）事件报告系统的要素

WHO于2005年起草了关于医疗安全（不良）事件报告系统的指南，提出了医疗安全（不良）事件报告系统的组成成分，根据指南宗旨，医疗安全（不良）事件报告系统主要涵盖上报过程、事件分类和事件分析。

（1）上报过程：上报过程关心的焦点问题是上报什么内容？谁来上报？如何上报？上报内容涵盖整个医疗过程中记录的不良事件和紧急情况，或者可能关注的特定类型的事件，如药物错误。上报事件类别包括不良事件（adverse event）、差错（error）、近似错误（near miss）、危险和不安全因素（hazards and unsafe conditions）。那么谁来上报呢？报告系统必须指定谁提交报告。可以由组织机构完成上报，也可以向医疗人员（医生和护士）征求和接收报告。而一些报告系统则允许患者、家属和消费者权益倡导者报告事件。不同的系统对上报人员有一定要求，针对特定领域的重点系统通常征求专家报告，如药品错误上报需要征求药剂师的报告。如何上报呢？上报的方式可以多种，如邮件、传真、网络、信件或者电话。报告是高度结构化的，需要特定类型的信息，或提供事件的叙述性描述以进行分析。

（2）事件分类：如果上报事件的数据无法被分析利用，那么事件上报就没有意义了。事件分类也是系统工作的基石。如果主要目标是生成关于不同类型事件频率的数据，则执行分类、确定频率和反馈这些信息可能是满足报告系统目标所需的所有信息。通常而言，分类是更复杂的分析的开始，也是第一步。分类方案的类型和复杂性与分析的水平之间存在着直接的联系。需要注意的是，分析计划是确定分类的指导方向，通过对事件分类来指导分析的。

（3）事件分析：对事件内容的分析包括不同类别。①总结和描述性分析：通过简单分类总结和描述事件，允许按频率顺序确定频率或排序。例如发生给药错误，可以按剂量、途径、患者等分类描述同类事件。②趋势和聚类分析：通过计算和观察随时间变化的事件发生率而获得的趋势分析。而突然出现的一系列事件则可进行聚类分析。需要注意的是，报告系统确定的趋势或聚类是报告事件的趋势，而不是事件本身的趋势。③相关分析：发现与事件发生相关的影响因素。例如，给药错误是否在化疗患者中出现比在其他患者中更频繁？④风险分析：有大量的报告和足够的数据，可以挖掘关于风险的价值信息。如计算某个特定类型不良事件的复发概率，也可以对该事件造成伤害的平均严重程度进行评估。⑤因果分析：当许多因素与事件结论一起进行分析时，可以发现某些因素与事件发生的因果关系，如工作负荷、设备、环境等。⑥系统分析：报告的最终目的是通过掌握导致错误或伤害的系统因素来指导系统改进。在组织层面，这需要调查和对利益相关人群进行访谈，以引出导致失败的根本原因。

（三）医疗安全（不良）事件报告系统的分类

医疗安全（不良）事件报告系统可分为内部报告系统和外部报告系统。内部报告系统能保证所有责任方知晓主要的伤害和危险因素，以便迅速、恰当地处理医疗差错并减少医疗事故诉讼的可能性。外部报告系统可以通过经验教训的共享，避免再犯同样的错误，从而可以起到预防差错的重要作用。报告系统还可分为自愿和强制两种，自愿报告系统大多为行业性的，多由行业协会或学术团体主办，而强制报告系统由政府卫生主管部门主办。

（四）医疗安全（不良）事件报告系统的特点

报告系统是否成功的最终衡量标准是它所产生的信息是否最大限度地提高了患者安全。成功的患者安全报告系统具有以下特点。

1. 非惩罚性　医疗安全（不良）事件报告系统成功的最重要特征是它必须是非惩罚性的。无论是上报者还是与事件有关的其他人都不能因报告而受到惩罚。对于公共系统来说，这一要求是最难实现的，因为公众通常认为个人应该受到责备。虽然这种方法可能暂时在情感上令人满意，但注定会失败，因为人们不会报告他们可以隐藏的任何错误。在医疗过程中发生的医疗安全（不良）事件，虽有一部分来自个人的疏忽或技术的不良，但是更大部分来自长期潜在于系统中的失误，是因为系统、程序、工作环境的疏失造成的。因此，医疗机构不应简单地将错误归咎于个人，应从系统中找寻错误的根由，彻底摒弃“责罚文化”，提倡非惩罚性、自愿、保密的错误报告制度，鼓励员工报告轻微的错误与未遂事件（near miss），分析改进系统的安全性。

2. 保密性　如未经上报者同意，则不得向任何第三方透露上报者的身份。在机构层面，保密性还指不公开可用于诉讼的特定信息。因为管理者总能够获得上报者的信息，担忧上报者身份被透露是许多自愿报告计划中阻碍上报的一个主要因素。

3. 独立性　对于外部报告系统，系统的独立性显得尤为重要。系统必须独立于任何有权惩罚或与结果有利害关系的上报者或组织机构之外。在政府系统中维护报告机构和纪律机构之间的屏障可能很困难，但如果要保持对报告的信任，独立性是至关重要的。

4. 专家分析　报告必须由了解事故发生临床情景并接受过识别潜在系统原因培训的专家进行评估。对于任何报告系统来说，专业知识都是一项重要的、必不可少的资质要求。

5. 及时性　必须毫不拖延地完成分析报告，并向需要了解的人迅速传播建议。当发现严重危险时，应迅速通知。例如，当发现某类输液接头存在严重安全隐患，必须立刻告知所有使用部门，暂停使用，直至找到解决方案或者使用替代产品。

6. 系统导向性 改进措施应侧重于系统、过程或产品的改善，而不是针对个人行为。这是非常重要的原则。即使是一个明显异常的个人错误也是由系统缺陷造成的，并且如果这些系统缺陷没有得到纠正，将在另一时间在另一个人身上再次发生。

（五）国内医疗安全（不良）事件报告系统

在国家层面，最早对不良事件进行管理和上报的机构是1989年成立的药品不良反应监测中心。1999年，国家出台《药品不良反应监测管理办法（试行）》，标志着药品不良反应报告制度的正式实施。2002年12月，国家食品药品监督管理局启动医疗器械不良事件监测试点工作，并于2006年要求对我国境内上市的所有医疗器械品种开展不良事件监测工作。

在重大医疗安全（不良）事件发生后的及时报告方面，主要由卫生主管机构和领域内的有关组织作出规定。2002年，国务院颁布的《医疗事故处理条例》指出，医疗从业者以及单位在工作过程中出现诊疗过失或者恶性事件，需要在特定的时限内向有关主管单位进行报告。《重大医疗过失行为和医疗事故报告制度的规定》文件中指出：卫生部以及医疗单位应该形成完善的与诊疗过失或者其他医疗不良事件有关的报告机制。2008年，我国卫生部发布《医院管理年活动指南》，指出各个相关单位应该主动报告医疗安全不良事件。2011年我国卫生和计划生育委员会颁布《医疗质量安全事件报告暂行规定》，规定医疗质量安全事件实行网络在线直报。发生医疗质量安全事件或者疑似医疗质量安全事件的医疗机构应当积极采取措施，避免、减少医疗质量安全事件可能引起的不良后果，同时做好事件调查处理工作，认真查找事件的性质、原因，制定并落实有针对性的改进措施。

近年来，我国医疗安全（不良）事件报告相关政策的关注点逐步从“以事件为中心”向“以患者为中心”转变。2018年国家卫生健康委员会发布《关于进一步加强患者安全管理工作的通知》，指出要构建“政府主导、社会协同、公众参与”的患者安全工作新格局；充分发挥政府主导作用，落实医疗机构主体责任，鼓励各界力量积极参与患者安全工作；健全患者安全相关管理制度体系，完善医疗机构患者安全管理相关工作制度，实现医疗机构患者安全管理系统化、科学化、规范化、精细化，落实患者安全目标，提升医疗机构患者安全管理水平；建立健全医疗机构患者安全管理组织架构，将患者安全管理融入医院管理各个环节，突出重点、系统推进，实现持续改进。营造积极的医疗机构患者安全文化；充分发挥文化建设在患者安全工作中的引领作用，营造主动报告、有效沟通、从错误中学习的非惩罚性患者安全文化，减少医疗机构患者安全主要不良事件；优先改善患者身份识别、药物使用、围手术期管理等重点领域的患者安全管理工作，最大程度减少不良事件发生。

在专业协会层面，中国医院协会（Chinese Hospital Association，CHA）自2006年开始发布《患者安全目标》，并明确提出，鼓励主动报告医疗不良事件，鼓励医院积极参加自愿、非处罚性的不良事件报告系统。自此以后的四年中，CHA持续在《患者安全目标》文件中声明，各有关单位应自觉报告医疗安全（不良）事件，提倡各单位主动引入非惩处性不良事件报告系统。推动各医疗单位打造优良的安全文化，倡导使用非惩戒性的管理方式，减轻从业人员的顾虑，使得他们能够自主报告对患者安全产生不利作用的各种因素。2017年《患者安全目标》将“主动报告患者安全事件”纳入其中，并提出以下要求：领导班子重视，定期听取患者安全工作汇报，采取有效措施，着力改善患者安全；建立医院安全事件报告平台，提供有效、便捷的报告途径，鼓励医务人员全员参与，自愿、主动报告患者安全事件、近似错误和安全隐患，同时医院应制定强制性报告事项；对报告的安全事件进行收集、归类、分析、反馈；对严重事件有根本原因分析和改进措施，落实并反馈结果；建立医疗风险评估体系，采用系统脆弱性分析工具，针对医院存在的薄弱环节，主动采取积极的防范措施；加强患者安全教育与培训，倡导从错误中学习，构建患者安全文化；加强对医务人员暴力伤害的防范。

在系统建设方面，2017年国家卫生和计划生育委员会医管中心在中国患者安全大会上首次发布“国家患者安全报告和学习系统”，它是具有公益性、传播性、创新性、引领性、辐射性、带动性、自愿性和非惩罚性，面向全国医疗结构、医务人员、患者及家属、公众提供报告和学习的工具，旨在推进我国患者安全工作，为决策部门提供政策依据。两年后，国家卫生健康委员会医管中心在2019年的患者安全推进会上宣布国家患者安全报告和学习系统（二期）平台上线。该系统根据医务人员和患者的实际情况和不同需求，分成了医务人员端和患者端，增加了反馈预警等模块，并实现语音输入填报。同时，利用大数据技术对患者安全上报数据进行全方位分析，针对分析结果面向全国提供反馈预警，助力医疗安全研究，辅助国家政策制定等。

患者安全是卫生健康服务中最重要的组成部分之一，是实现全民健康覆盖的基础，是实施健康中国战略的重要内容。然而我国患者安全还面临诸多方面的挑战：一是医疗服务不断增长和医疗资源分配不均；二是医疗新技术新业务的开展和医疗环境的复杂化；三是患者安全文化氛围尚未形成；四是患者安全教育培训体系还有待建立。今后要进一步提高患者安全意识，突出重点管理，着力构建患者安全文化。

（六）国外医疗安全（不良）事件报告系统

许多国家建立了全国性的报告系统，旨在鼓励、方便上报，做好数据的收集、分析与利用。

美国最早于1987年启动监测用药差错事件上报系统，之后监测内容逐步发展到医院感染和警讯事件，报告从自愿逐步发展为部分强制和强制，并陆续启动兼有政府及行业协会主管的不同类型系统，但部分监测系统和管理范围有重叠，系统的上报事件类型限于已发生事件。1999年，美国医学研究所为了能够确保医疗安全，组建了专业化的机构，并推出《患者安全法案》。该法案中提出，在国内制定完善的医疗过失报告制度，以便能够迅速得到与医疗安全（不良）事件有关的数据。在美国，几乎任何一个医疗机构都使用该内部报告系统，并且还有很多医疗机构引入了外部报告系统。美国医疗机构联合评审委员会（Joint Commission on Accreditation of Healthcare Organizations，JCAHO）的警讯事件数据库（sentinel event database）是美国主要的自愿外部报告系统之一。JCAHO是美国的一个独立的非营利性、非政府组织，也是目前美国最大的医疗机构评审机构，通过自愿申请评审的方式评审了近2万个卫生保健项目。为了提高患者安全并能够衡量其改善的程度，JCAHO建立了一个有效的全国性的医疗差错和不良事件报告系统，该系统的特点为：①具有便于报告的医疗差错和不良事件的标准化定义；②要求对每一个差错和不良事件进行深入分析；③保护差错和不良事件的责任人；④要求采取应对措施并对其进行随访；⑤与相关组织分享有关信息。除此之外，在美国国家层面不良事件上报系统还有1998年药典委员会建立的MEDMARX系统，报告性质为自愿上报，上报事件类型为用药差错事件，主要用于追踪药物不良反应与用药错误，促进药品生产并能高效记录、报告、分析、追踪和预防药物不良事件。2005年美国疾病控制中心建立的医院感染上报系统——全国医疗安全网（National Healthcare Safety Network，NHSN），向卫生医疗机构提供院内感染及其预防措施依从性、多重耐药流行发病率与流行趋势、疫苗接种率、输血与血液制品相关不良事件数据。报告性质为部分强制。

英国对患者安全的风险管理及预警监测完全由国家主导，成立国家患者安全委员会，并于2003年建立和启用全国统一的国家报告与学习系统，即英国国家报告与学习系统（National Reporting and Learning System，NRLS）。该系统为强制性上报系统，适合所有患者安全事件，用于收集、整理、储存上报的患者安全事件报告，确定伤害风险；通过系列报告与警示灯形式提供反馈信息，帮助医疗机构采取预防与应用措施，促进患者安全。该系统中将术语定义标准化，有相关政策指南认定职责和反馈学习机制，对严重事件实施专门上报管理，是目前较完善的系统。该系统整合地方现有风险管理系统（占全部报告的90%）后进一步完善而成，目前已覆盖英格兰和威尔士，并制定适用于不同人群或机构上报的标准化报表，便于统一整理分析；制定事件分级判断标准，根据事件级别可及时确定由相应级别机构响应。2010年服务质量委员会主管启用严重事件报告学习框架，该系统属于强制上报系统。系统提供了严重事件的全国统一定义，明确法律责任与医务，提供要求的信息与时间表，制定指南，确保所有事件报告给有关机构，接受调查，包括独立调查，和进行学习，使用范围覆盖英格兰英国国家医疗服务体系（National Health Service，NHS）。

在加拿大，由国家卫生部主导，加拿大健康信息研究所（Canadian Institute for Health Information，CIHI）、加拿大安全用药实践研究所（Institute for Safe Medication Practices Canada，ISMP Canada）和加拿大患者安全研究所（Canadian Patient Safety Institute，CPSI）共同合作，建立用药差错报告和预防系统（Canadian Medication Incident Reporting and Prevention System，CMIRPS）。该系统于2002年启用，用于上报用药差错事件，报告性质为自愿上报，系统旨在减少和预防伤害性药物事件。该系统可协助收集、分析、传播医疗事件信息，加强用药系统安全性，通过减少可预防事故造成的潜在或实际伤害，支持资源有效利用，实现患者安全的目标。除此之外，2011年，加拿大患者安全研究所开发并推出了一个公共的免费的网络索引www.globalpatientsafetyalerts.com，该平台能让用户查看世界范围内的患者安全事故，包括来自世界各地的26个机构提供的1300个事件和6700多个建议，分享了识别患者安全的风险，处理风险的行动，为相关人士提供了一个了解医疗事故、获得建议以避免事故再次发生的平台。

澳大利亚于1996建立通用版澳大利亚事故监测系统（Australian Incident Monitoring System，AIMS）。系统最初用于南澳大利亚，之后逐步推广至全国范围。专科版的AIMS根据不同的专科需要进行设立，包括麻醉、高压氧医疗、重症监护急救医学等，并由医学专家指导和协调，数据由参与单位发送到中心站点。该系统由患者安全基金会（National Patient Safety Foundation，NPSF）主管，上报事件类型为医疗差错事件（近似差错、警讯事件），主要用于医疗差错信息的收集、分类、分析、管理与学习。系统提供不同事件分类收集，记录详细的根本原因分析结果，根据事件严重程度对事件集中分类，提供不同数据收集方法和警讯事件报告及管理工具，以及综合风险管理登记工具等服务。

德国于2005年开发了匿名网络事故报告系统www.cirsmedical.de，目标是识别可预防的危机事故、差错和系统故障，把预防患者损害作为可预防的医疗事故的结果，为地方和国家学习传播知识，促进安全文化的形成和提高。2009年德国柏林医生会所（Berlin Chamber of Physicians）和德国患者安全联盟（German Coalition for Patient Safety）开展每年1~2次的患者安全事故分析方法培训，参加者学习怎样从系统的观点和机构的因素分析不良事件和哨点事件。2012—2016年德国医学质量机构（German Agency for Quality in Medicine，AEZQ）和患者安全机构（Institute for Patient Safety，IfPS）组织开发了患者安全和照护质量的欧盟网络联合行动（Patient Quality and Safety of Care，PaSQ），PaSQ通过网络平台促进了专家和学者之间的专业交流，在网络平台www.pasq.eu发布了推荐的干预措施和实践活动。

法国于2017—2019年由社会事务和健康部（Ministry of Social Affairs and Health）举行了在整个卫生保健领域的全面性调查，调查包括整个治疗途径中的不良事件，范围包括初级卫生保健、卫生保健机构和养老院，描述和总结了和卫生保健相关的严重不良事件的性质、频率和预防措施，有助于评价和患者安全相关的卫生保健政策和制定更好的针对性预防措施。

第二节　手术安全及其报告

全球医疗卫生领域正在发生巨大变化，卫生系统运作环境日益复杂。手术室是医院的核心科室，具有技术水平要求高、工作节奏快、风险高、工作负荷大等特点。虽然新的治疗方法、手术技术、护理模式具有治疗潜力，但也可能对医疗安全构成新威胁。让手术更安全、更精准，让患者康复更顺畅，是现代医院高质量发展、高效率运作的重要保障。

一、手术安全形势

（一）国外手术安全形势

2001年，美国国家质量论坛（National Quality Forum，NQF）前首席执行官Ken Kizer博士在研究那些本不该发生的医疗错误后，首次提出Never Event概念，意指“绝不事件、不可饶恕事件、灾难性事件”，此后，该概念扩大到那些性质明确、后果严重且通常可以预防的不良事件。2002年，NQF首先确定27种“绝不事件”；2011年，修订为7大类29种事件，其中手术事件有5种，包括在错误的身体部位进行手术或其他侵入性操作、在错误的患者身上进行手术或其他侵入性操作、对患者实施错误的手术或其他侵入性操作、术后或其他操作后将不该置于人体的异物遗留在患者体内、美国麻醉医师协会所列术中或术后即刻死亡的I类患者。2019年8月，WHO更新了《患者安全10个事实》，其中指出，手术仍是造成全球范围内高发病率和高死亡率的主要因素之一。不安全的手术及护理流程导致多达25%的患者发生并发症，每年有700多万手术患者发生严重并发症，其中有100万人在手术过程中或术后不久即死亡。在撒哈拉沙漠以南非洲部分地区，每150名患者中就有1人因全身麻醉而死亡。随着患者安全措施的不断改善，因手术并发症而死亡的人数在过去50年里逐渐减少，但在中、低收入国家，其死亡人数仍然是高收入国家的2~3倍。

（二）国内手术安全形势

在我国，目前尚无对手术安全事件的全国数据报告。2010年1月至2014年12月，北京协和医院麻醉科共上报不良事件370例，其中，44例（11.9%）为急诊手术，37例（10.00%）发生在夜间，243例（65.68%）为可避免事件。上报的370例不良事件中，前4位依次为术中（28.11%）、麻醉诱导前（17.30%）、麻醉诱导期间（13.78%）、手术结束复苏时（12.97%）。80例（21.62%）不良事件未对患者造成伤害，262例（70.81%）造成暂时性轻微伤害，15例（4.05%）造成永久性伤害，包括术后环杓关节脱位（8例）、牙齿脱落（3例）、术中出血或过敏等导致的心肌梗死或脑梗死（4例），13例导致患者术中/术后24小时内发生非麻醉相关死亡，主要原因为出血（12例）、感染（1例）。对江苏省南京市某三甲医院2017—2019年上报的医疗不良事件数据进行分析，848例不良事件中，手术科室上报的医疗不良事件最多，共451例。手术安全已经成为患者安全的重要因素，手术患者住院死亡率、手术患者术后48小时/31天内非预期重返手术室再次手术率纳入我国《三级医院评审标准（2020年版）》医院质量指标。

二、手术安全事件类型

手术安全事件复杂多变。根据美国医学研究院（Institute of Medicine，IOM）2004年报道，在美国手术室位居前列的5种差错为手术不正确、药物治疗错误、异物滞留、手术室火灾和手术感染。国内报告的类似差错事件也比较常见。下面介绍几种与手术安全相关的常见事件。

（一）手术部位错误、操作错误、患者错误

手术部位错误、手术操作错误、手术患者错误（wrong-site，wrong-procedure，wrong-patient surgeries，WSPEs）被称为“不可饶恕性事件”，是绝对不应该发生的错误，是严重的患者安全问题。其中较常见的为手术部位错误，包括错误的身体部位、错误的身体侧、在错误的解剖层面上进行手术。手术部位错误被列入2002年美国NQF罗列的27种“决不事件”（Never Event）之一。2008年，在美国明尼苏达州卫生局公布的“决不事件”中，手术部位错误位列第3。2009年美国医院评审联合委员会（The

Joint Commission，TJC）收到的常见警讯事件中，手术部位错误高居榜首。

TJC指出，手术团队成员没有全部暂停工作来参与手术安全核查，手术部位标记不清楚、手术负荷重，以及急诊、肥胖、畸形、特殊设备或多个手术医生、多个手术、未标记手术部位、未使用核查表、患者评估不充分、人力不足、分心、缺乏相关信息和组织文化等均被列为导致手术部位错误的原因。手术团队成员、手术患者及家属之间的无效沟通也常导致错误发生。减少错误位置手术风险的策略包括手术部位标记、术前暂停确认（time out）、手术安全核查（surgical safety checklist，SSC）、手术部位错误针对性解决方案工具（targeted solutions tool，TST）。

（二）术中意外遗留异物

术中意外遗留异物（retained foreign body，RFB），也称为手术后意外遗留异物（unintended retention of foreign objects，URFOs），或手术异物遗留（retained surgical items，RSIs），是指手术过程中将手术器械物品，如纱布、止血钳、断针、钢丝、导管等遗留在患者胸腹腔、皮下或切口等部位。2005—2012年，美国TJC警讯事件数据库共收到772例手术异物遗留事件报告，有16人死亡。2013年收到102例，2014年收到112例，2015年收到115例，呈增长态势，现已成为此数据库中上报最频繁的不良事件。术中遗留体内的异物类型和时间长短不同，可能导致患者死亡，也可能给患者带来身体、心理和经济上的伤害，医院和医护人员也会面临医疗纠纷诉讼，承担医疗损害责任赔偿等风险。2013年国外的一项研究提示，1126例手术遗留异物事件中患者死亡率4.5%，仅精神损害的1.1%，永久性损害的16.3%，暂时性损害的78.1%。国内一项对2013—2016年已判决的122例术中遗留异物诉讼案件分析发现，遗留的异物中，最常见的为纱布，共38例（30.9%），其次为螺钉13例（9.8%），引流管11例（8.9%），其余的如丝线10例（8.1%），钢丝7例（5.7%），导尿软管5例（4.1%），双J管4例（3.3%），钻头3例（2.4%）。术后到发现异物的平均时间是42.4个月，90例经二次手术取出异物。

导致术中意外遗留异物发生的危险因素很多，包括体质指数（BMI）高的患者、急诊或紧急手术、手术中无法预测的意外或其他变化（如手术路径或切口改变、手术方法改变、增加手术、术中发生并发症等），其他的危险因素还有腹腔手术、连台手术、多个手术团队的参与、手术过程人员的频繁交接等。通常，急诊手术时，手术异物遗留的发生率为正常时的9倍，手术意外改变时则为4倍，手术时长也是一个风险因素。为预防术中意外遗留异物，传统外科医生和手术室护士主要依靠“清理腹腔”和“手工清点器械和纱布”来进行计数与清点，但容易出现人为错误。随着清点流程和清点技术（如X线检查）的改进，手术异物遗留的风险显著降低，但要实现零失误，仍然是很大的挑战。

（三）手术部位感染

手术部位感染（surgical site infection，SSI）是指发生于术后手术切口部位和/或手术涉及的器官或腔隙的感染，其诊断依据有明确要求，时限因有无植入物而不同。如果手术无移植物（如心脏起搏器、心脏瓣膜、骨科植入物等），SSI的监管期限是30天；如果有移植物，则需跟踪1年。2011年，WHO一项调研显示，SSI仍然是患者住院过程中最常见的医院获得性感染（hospital acquired infection，HAI）之一，中低收入国家SSI发生率远高于发达国家，分别为11.8%和1.2%～5.2%。一项针对我国68家医院2020年6月1日至30日所有接受腹部手术的5560例成年患者术后30天内SSI发生率的横断面多中心调查发现，术后163例（2.9%）患者发生SSI，其中器官（腔隙）感染98例，深部切口感染19例，浅部切口感染46例，大肠埃希菌为主要的致病菌。

导致SSI发生的危险因素较多，除抗菌药物预防性使用不当、术中低体温、皮肤清洁或消毒不彻底、引流管植入、手术切口类别为Ⅱ类及以上等外，还包括患者的营养状况、年龄、吸烟、围手术期血糖水平、是否有其他基础疾病及对手术相关知识的理解与配合等。为了预防和降低SSI发生，2014年，美国感染病学会和美国医疗保健流行病学学会发布了最新版《手术部位感染预防指南》。2016年11月，WHO基于全球视野颁布了《预防外科手术部位感染全球指南（第1版）》，提出了29条推荐意见，涉及23个预防术前、术中、术后SSI的主题；2018年12月第2版指南发布。

（四）手术获得性压力性损伤

手术患者体位摆放的目标是：暴露最佳的手术视野；保持正确的体位摆放；支持呼吸和循环功能；保护神经肌肉功能；保护皮肤完整性；留出麻醉通路。最常见的与手术体位摆放相关的损伤是手术获得性压力性损伤（intraoperative acquired pressure injury，IAPI），是指患者从手术中获得的压力性损伤，大多数发生在术后1～3天，也可能发生在术后6天，在出手术室时相应部位的损伤常常被误认为是灼伤或局部的红斑而漏诊。不同国家和地区IAPI流行病学特征存在很大差异。国外研究者对全球19篇文献（纳入9527例手术患者）的Meta分析发现，IAPI发生率为18.96%；我国研究者对31篇文献（28 492例患者）的Meta分析发现，IAPI的总体发生率为12.2%。

女性、高龄、骨科、心血管外科、术中俯卧位、手术时长>2小时、急诊手术患者是IAPI的高发群体，髂嵴、肋缘、骶尾部及肩胛部等是IAPI的好发部位。有许多因素导致术中压力性损伤的发生，但最不利的因素是，皮肤的真皮层及其包裹下的组织血流减少，所以压力越大、持续时间越长，发生组织与组织下结构缺血的机会越大。IAPI常常由不当体位、垫充和保护、不正确使用定位装置、在手术台上延长受压时间等所致，风险评估、支撑面、预防措施、记录、教育培训和健康教育是循证证据推荐的预防IAPI的策略。

（五）围手术期低体温

围手术期的温度管理是一个重要和积极的患者安全倡议。常用的监测指标为核心体温，是指机体深部重要脏器的温度，与体表温度相对应。围手术期由于各种原因导致机体核心体温低于36℃的现象称为围手术期低体温，又称围手术期意外低体温（perioperative inadvertent hypothermia），应与以医疗为目的的控制性低体温相区别。伤口拆线时间延长、住院时间延长、寒战不适增加、凝血/纤溶功能障碍、输血需求增加、麻醉恢复延迟、留观时间延长、心律失常、心肌缺血等并发症均是围手术期低体温的不良结局。

围手术期任何影响患者体温调节系统的因素均可导致低体温，包括患者自身因素（年龄、BMI、ASA分级、基础体温、合并症）、手术因素（手术分级、手术类型、手术时间、术后冲洗）、麻醉因素（麻醉方式、麻醉时间、麻醉药物、术后输液/输血）、环境因素（主要为手术间温度）。在这些因素中，有些可直接导致低体温的发生（如全身麻醉会导致患者的中心温度在麻醉的第1个小时内下降1.6℃，局部麻醉使中心体温下降约0.6℃），有些则通过增加低体温风险、延长低体温时间或加重低体温程度而起作用。目前推荐将围手术期患者核心体温列为术中常规监测指标，常用的监测部位包括肺动脉、食管下段、鼻咽部、鼓膜等，新的无创体温监测系统可实现连续体温监测和数据联网传输，使得围手术期患者体温监测和调节简便易行。

（六）静脉血栓栓塞症

静脉血栓栓塞症（venous thromboembolism，VTE）是指各种病因导致血液在静脉系统异常凝集的一组疾病，包括深静脉血栓形成（deep venous thrombosis，DVT）和肺栓塞（pulmonary embolism，PE），是仅次于心肌梗死和卒中的全球第三大心脑血管急症。美国每年要进行超过2300万例外科手术，每位手术患者都存在DVT或PE的风险。手术类型和患者风险因素共同决定了术后VTE的潜在可能性，与手术合并出现的DVT有一半始于手术期间，但大多有VTE的住院患者是在出院后才确诊的。

研究显示中国人群接受中大型手术后DVT、PE的发生率分别为0.20%和0.08%。妇科手术后VTE发生率约为0.02%~2.26%，其中DVT发生率为0.08%~2.15%，PE发生率为0.02%~0.12%，是妇科术后死亡的首要原因之一。骨科手术常常让患者处于无法移动的状态，所以骨科大手术后患者的VTE发病率较高，该问题成为开展手术的“拦路虎”。2009年美国医疗研究和质量机构证实，如果不采取预防措施，超过50%的大型骨科手术患者将会出现DVT，超过30%，患者术后会发展为PE。即使使用了适当的预防措施，临床上仍然有3%的骨科患者罹患VTE。近年来，随着快速康复理念的推行，迅速进行术后活动、大量使用血栓预防措施及先进的围手术期护理，已经大大降低目前术后VTE的发病率。

（七）围手术期火灾

温度、燃料、氧气是火灾的三要素，也称为火灾三角。火灾三要素普遍存在于医院手术室，在手术室可以发现大量的易燃物质，如各式各样的酒精类手术用物、被单、衣服、帽子及口罩；在手术中可能使用各种各样的敷料、药膏、设备和用品；手术室中常见的火源包括高频电刀、光纤电源、连接电缆和激光。尽管关于手术火灾的报道较少，但一旦发生，往往会产生灾难性的后果。根据美国食品药品监督管理局（Food and Drug Administration，FDA）和美国急救研究所（Emergency Care Research Institute，ECRI）所提供的数据推测，美国每年2300万住院手术患者及2700万门诊手术患者中，发生100余起不同程度的手术火灾，并将造成20人严重受伤，1人或2人死亡。

ECRI最新案例分析报告表明，手术火灾最常见的着火源是电手术设备（68%）以及激光（13%），最常见的起火部位是气道（34%）、头或面部（28%）和患者体表或体内的其他部分（38%）。在74%的案例中，氧浓缩环境是一个重要的危险因素。若电外科设备（electrosurgery unit，ESU）、电烙器（electrocautery unit，ECU）或激光产生火花点燃周围高浓度氧环境，则火灾发生的可能性将大大增加。手术火灾应以预防为主，ECRI在总结25年来关于手术火灾事件后提出预防性建议，其中至理名言是“Only you can prevent surgical fires.（只有你能预防手术火灾）”。

三、手术安全行动

提高手术安全至关重要，评价手术和麻醉质量安全已成为评价不同国家和地区医疗卫生水平的重要指标之一。2008年，WHO发布第二项全球患者安全挑战“安全手术拯救生命”（safe surgery saves lives），其目标为通过确保对已经证明的手术安全标准的遵从度来提高全世界手术治疗的安全性，并在2009年与哈佛大学公共卫生学院医学博士、患者安全专家阿图·葛文德（Atul Gawande）领导的团队共同制定《世界卫生组织手术安全核对表》（*surgical safety checklist*，*SSC*）。该核对表有19种语言版本，提醒医生确认患者姓名、手术过程和切口位置等关键信息。

2020年10月28日，美国TJC发布《2021年患者安全目标》，提出预防手术错误的三大策略为：①确保对正确患者的正确身体部位进行正确的手术，施行治疗前核查。②在患者身体上标记正确的手术位置，标记治疗部位的方法和所做的标记清晰。③在手术前“暂停（time out）”并核对，以确保无误。在我国，2015年国家卫生和计划生育委员会医疗服务指导中心和中国医院协会共同举办的中国患者安全大会倡议：加强患者手术安全管理，实施手术患者安全目标管理，落实手术患者核查制度。2018年，国家卫生健康委员会办公厅印发《关于进一步加强患者安全管理工作的通知》提出，医疗机构应重点加强麻醉科、手术室等高风险科室和部门的管理，营造积极的患者安全文化氛围，建立患者安全不良事件报告制度，指定专门部门负责患者安全不良事件报告的收集、分析和总结工作。

四、手术安全事件报告

虽然目前患者安全报告系统在全球范围内不断完成，用于各医疗机构、医务人员及其他相关人员上报各类不良事件，各医院也适时、及时地建立了各自的不良事件报告系统，但主要用于医疗机构内部数据收集和分析，在国家或全球层面，建立手术安全的专门报告、分析、反馈系统仍较少。下面介绍几种涵盖手术事件的患者安全报告系统。

（一）美国警讯事件报告系统

美国JCAHO的警讯事件报告系统（sentinel event database）为自愿外部报告系统，主要目的是识别和学习医疗机构中的不良事件和干预措施，上报事件类型包括死亡事件、永久性功能丧失事件、患者自杀事件、足月婴儿意外死亡、患者诱拐走失、手术对象或部位错误、溶血性输血反应。JCI要求上报机构对事件进行根因分析，如对手术对象或部位错误事件，应描述事件发生日期、时间、地点、事件描述、患者一般情况、严重程度、对患者的影响、预防措施等。通过数据应用和与专家合作，JCI定期选择一种不良事件进行研究，并制定事件危急警讯。

（二）澳大利亚不良事件报告系统

澳大利亚患者安全基金会是一个非营利组织，于1993年建立不良事件报告系统（Australian incident monitoring system，AIMS）。AIMS基于麻醉事件报告系统建立，目的是明确风险因素、事件发生趋势和影响因素。有关机构（如医疗机构、急诊部、医疗照护机构、社区医疗中心等）和患者及家属都可自愿通过AIMS上报不良事件。为了便于事件对比和分析，AIMS设定了系统事件分类，上报的事件类型包括患者保护事件、护理管理事件、环境事件、公共舆论事件、公共意外事件、信息安全事件、犯罪/治疗事件以及外科事件，要求上报事件的影响因素（环境、组织、当事人员、动因）、事件信息（类型、发生时间、干预时间、干预方法）、减少或加剧结果的因素、组织或患者的结果等。AIMS具有提供报告和对词条提出问题的功能，便于机构和部门间进行数据对比，报告可以有书面、电子、电话等多种形式。

（三）中国国家患者安全报告和学习系统

我国的国家患者安全报告和学习系统是由国家卫生和计划生育委员会医管中心和人民卫生出版社共同搭建的，依托移动互联网和大数据信息技术，以学习为目的的患者安全报告系统，采用自愿报告的形式，上报事件包括跌倒、坠床、压力性损伤、药物安全、用血安全、医疗器械、管路事件、医院感染、手术相关、自杀/走失、标本相关等，上报内容包括事件分级、发生经过、改进措施、发生地区、当事人性别、当事人年龄等，上报形式为手机微信端，具有即时上报、迅速反馈、实时分析、在线学习等功能，面向全国医疗机构、医务人员、患者及患者家属、公众提供报告和学习工具。

综上所述，现有的安全报告系统尚不能自主发现和捕捉不良事件，特别是手术间发生的不良事件，手术安全事件报告极大地依赖于医务人员本身的文化感知和上报意愿。形成“以患者为中心、领导重视、全员参与、信息共享、持续改进”的患者安全文化，建立一个有效的患者安全上报、学习、谨慎、公正的环境，引导和鼓励医务人员主动发现和上报手术安全风险和不良事件，开发与维持一个非惩罚性、保密的、独立的、专业分析的、及时迅速的、沟通反馈的、以系统为导向的手术安全报告系统，使每一个错误成为预防伤害、学习经验、促进安全的机会，是全面保证手术安全，提高手术管理质量的未来发展趋势。

第三节　用药安全及其报告

药物是一把双刃剑，既有正面治疗的作用，又有不同程度的毒副反应，这是药物的固有属性，药物如使用不当可对患者造成不同程度的伤害。明朝太医刘纯在其所著的《药治通法补遗》中提出“是药三分毒”，广为认同并流传至今。用药安全一直是患者安全的一个重要方面，如何安全、有效、合理地使用药物，是全球共同面临的公共卫生问题。

一、用药安全形势

（一）国外用药安全形势

当今用药史上，最严重的药害事件为海豹肢婴儿畸形案，即“反应停”事件（thalidomide incident）。20世纪50年代，德国西德格仑南苏制药厂开发生产新药沙利度胺（反应停）专门治疗妇女孕吐，该药一经在欧洲市场投放，立刻取得巨大反响，不到一年时间，反应停风靡全球。然而，到了20世纪60年代，欧洲的医生发现畸形婴儿的出生率明显上升，这些畸形表现为四肢畸形、腭裂、盲聋或者内脏畸形，被称为“海豹儿”。经过大规模流行病学调查，发现反应停就是导致这些不幸的罪魁祸首。1961年，该药开始被召回，但它所造成的危害却不容忽视，先后导致28个国家约1.2万例海豹畸形婴儿出生，这些畸形婴儿绝大多数在一年内死亡。事后证实，该药具有极强致畸作用，厂家未经临床前药理试验，且对其不良反应有意隐瞒，酿成因药物致先天性畸形的灾难性后果。

全球用药安全形势不容乐观，美国每年至少有150万人发生用药错误，导致每年增加3.5亿美元的住院费用，7000人死亡，并成为第8位死亡原因。澳大利亚每年1%的患者住院与用药错误有关，造成3.5亿澳元的损失。英国的用药错误占不良事件的10%~20%，造成每年2~4亿欧元的损失。2019年8月，WHO《患者安全10个事实》指出，错误剂量、错误输注药物、用药说明不清、使用缩写、开具不合理的处方等不安全用药和错误用药，是世界各地医疗领域导致患者可避免伤害的主要原因。在全球，用药错误直接造成每年约420亿美元的经济损失，几乎占据全球卫生总支出的1%，这其中还不包括薪酬、生产力和医疗成本损失。

（二）国内用药安全形势

在我国，用药安全问题也较为突出。自20世纪80年代启动药物不良反应监测以来，即不断暴露出许多重大药害事件。山东省曾对省内18家医院1984—1992年间的白血病患者进行统计，发现因使用乙双吗啉治疗牛皮癣而导致的白血病患者多达140人。该药于2002年10月由我国国家食品药品监督管理局（State Food and Drug Administration，SFDA）发文停止生产、销售和使用。我国国家卫生健康委员会医政医管局发布的《国家医疗服务与质量安全报告》指出，在2017—2018年对全国7855家医院的抽样调查显示，排在第一位的不良事件为“药物使用与管理”，达247 069件（占30.04%）。

1999—2019年，我国药品不良反应监测网络累计收到《药品不良反应/事件报告表》1519万份，呈逐年增加趋势，仅2019年就收到报告151.4万份，其中新的药品不良反应/事件报告32.1万份，严重药品不良反应/事件报告15.6万份。151.4万份报告的来源分析见表11-1，从表中可看出，医疗机构中静脉用化学药品仍是发生药品不良反应/事件的主要来源。

表11-1　2019年我国药品不良反应/事件报告分析

报告来源	比例（%）	报告人职业	比例（%）	怀疑药品类别	比例（%）	给药途径	比例（%）
医疗机构	88.1	医生	56.6	化学药品	84.9	静脉注射给药	58.1
经营企业	6.6	药师	22.3	中药	12.7	其他注射药物	4.7
持有人	5.2	护士	15.3	生物制品	1.6	口服给药	32.5
其他	0.1	其他	5.8	无法分类	0.8	其他给药	4.7
合计	100	合计	100	合计	100	合计	100

二、用药安全事件类型

（一）用药错误

美国用药差错报告和预防协调委员会（National Coordinating Council for Medication Error Reporting and Prevention，NCC MERP）将用药错误（medication error，ME）定义为"在药物使用过程中，在药物由医疗保健专业人员、患者和消费者控制的情况下，任何可能引起或导致不适当用药或对患者造成伤害的可预防事件。"用药错误可发生于药物治疗过程中的任何环节，最常发生在处方和给药环节。有数据显示，在处方环节，每千个入院患者会发生12.3~1400个用药错误，每千个用药医嘱中有0.6~33个用药错误，而在给药环节，每100机会/剂量有2.4–11.1个用药错误发生，而实际上仅有25%~63%的用药错误被报告。

NCC MERP将用药错误分为14类：遗漏给药、剂量错误、浓度错误、药物错误、剂型错误、给药技术错误、途径错误、速度错误、持续时间错误、时间错误、患者错误、监测错误、药物过期及其他错误。用药错误原因多样，NCC MERP总结为5类：①沟通（如缩略语、小数点错误）。②药名混淆（药品商品名与通用名与其他药名看似或听似）。③标签及说明书问题（如字迹不清、与其他外观相似、描述不清或误导）。④人为因素（如知识不足、计算错误、转抄错误、工作压力、疲劳）。⑤包装/设计（如给药设备选择错误，包装的颜色、形状和大小与其他产品混淆）。按照NCC MERP分级标准，用药错误可分为9级（表11-2）。

表11-2　用药错误的严重程度分级

分级	具体表现
A级	没有错误，但环境或事件有可能导致用药错误
B级	错误发生但未到达患者

续 表

分级	具体表现
C级	错误发生且到达患者，但未对患者造成伤害
D级	错误发生且到达患者，但需进行监测来确认是否对患者造成伤害或是否需要干预措施来排除伤害
E级	错误发生，造成患者短暂损害，需要治疗或干预
F级	错误发生，造成患者短暂损害，需要住院或延长住院时间
G级	错误发生，造成患者永久损害
H级	错误发生，需要干预措施来维持患者生命
I级	错误发生，造成患者死亡

（二）不合理用药

不合理用药是指所用的药物不能产生有益的治疗效果，或者预期的效果与药物的潜在毒副作用或代价相比得不偿失。不合理用药的范围较广，主要表现为：①适应证掌握不正确，用药不对症。②诊断不明确，盲目用药。③无效治疗过度，如毫无必要的预防性用药。④不合理的“大包围”式用药。⑤用药不注意患者整体和特殊人群的病理生理状况。⑥联合用药不合理，合并用药不适当。⑦调整药物不合理，出现撤药综合征。⑧只注意适应证，不注意禁忌证、用药注意事项等。⑨不考虑后果地使用“高档药”、新药、“特效药”、补药等。当然，深层次的不合理用药还涉及具体疾病、病变程度、发病机制、药效学、药动学、药物相互作用、药酶、药物基因组学、循证医学用药、序贯治疗、药物与食物和饮料等诸多问题。

（三）药物不良反应

WHO国际药物监测合作中心对药物不良反应（adverse drug reaction，ADR）所做的定义是：正常剂量的药物用于预防、诊断、治疗疾病或调节生理机能时出现的有害的、与用药目的无关的反应，排除有意的或意外的过量用药及用药不当引起的反应。几乎所有的药物都可能引起不良反应，只是反应的程度和发生率不同。据国外有关文献报道，ADR的发生率为住院患者10%~20%，住院患者因ADR死亡者占0.24%~2.90%，因ADR而住院的患者占0.3%~5.0%。

由于ADR通常是“合格药品在正常用法用量下”发生的，排除了有意或无意的过量用药、用药不当、用药错误、患者不合作、滥用药物及假药、劣药造成的不良事件，所以，它不是医疗事故、医疗诉讼和处理药品质量事故的依据，在客观上消除了报告人特别是一线医务人员的担心，因此具有更具意义的药物预警作用，是目前我国用药安全监测与上报中较为常见的类型。

ADR类型较多，WHO按其与药物的药理作用有无关联分为A、B、C三类（表11-3），而新的ADR分类方法分为A~H、U共9类（表11-4）。

表11-3　药物不良反应的分类（三分类法）

名称	具体描述	举例
A类药物不良反应	又称为剂量相关不良反应、量变型异常反应，是由于药物药理作用增强所致，该型反应常和剂量有关，可以预测，发生率高，约占ADR的70%~80%，但死亡率低	苯二氮卓类药物引起的瞌睡，抗凝血药引起出血等
B类药物不良反应	又称剂量不相关型不良反应、质变型异常反应，是一种与正常药理作用无关的异常反应，一般和剂量无关联，难于预测，发生率低，约占20%~30%，但死亡率高	氟烷引致的恶性高热，青霉素引起的过敏性休克、药物性皮疹、血清病等
C类药物不良反应	又称药后致病型、迟现型异常反应，一般在长期用药后出现，其特点是潜伏期较长，与药物本身药理作用无关，且与用药时间没有清晰关系，通常认为该反应是药物对基因的毒性作用所致	药物的致癌、致畸、致突变作用

表11-4　药物不良反应的分类（九分类法）

名称	具体描述
A类反应 扩大反应（augmented）	药物对人体呈剂量相关反应，停药或减药可部分或完全改善反应
B类反应 微生物反应（bugs）	由于药物促进微生物生长而引起ADR，如含糖药物致龋齿、广谱抗生素致鹅口疮等
C类反应 化学反应（chemical）	由于药物的化学性质引起ADR，如静脉炎、注射部位疼痛、外渗反应、胃肠道黏膜损伤等
D类反应 给药反应（delivery）	由于药物的给药方式引起ADR，如注射剂中的微粒引起血管栓塞
E类反应 撤药反应（exit）	停药或剂量减少后由于对药物的依赖引起ADR，如阿片类、苯二氮卓类、二环类抗抑郁药等
F类反应 家族性反应（familial）	遗传因子决定的代谢障碍敏感个体中的ADR，如葡萄糖6-磷酸脱氢酶缺陷引起镰状细胞贫血
G类反应 基因毒性反应（genetotoxity）	能引起人类基因损伤的ADR，如致畸、致癌、致突变作用等
H类反应 过敏反应（hypersensitivity）	该反应不是药理学可预测的，且与剂量无关，如光敏反应等
U类反应 未分类反应（unclassified）	特指某些机制不明的反应，如药源性味觉障碍等

（四）药物不良事件

药物不良事件（adverse drug event，ADE）是指药物治疗期间所发生的任何有害的不良医疗事件，按照事件的严重程度分为重要不良事件、严重不良事件及非期望不良事件。ADE是一种非常重要的公共健康问题，是“与用药相联系的损伤”。

ADE与ADR的含义不同，二者的区别见表11-5。与ADR相比，ADE包含的范围更广，既包括可防范的事件，也包括不可防范的事件；既包括由于药物性状本身所造成的ADR，也包括与人为因素有关的用药错误所造成的不良事件。ADE的提出在药物特别是新药安全评价中具有重要意义，因为在某些情况下，ADE虽然与用药在时间顺序上有关系，但因果关系并不能很快确定，为了最大限度降低人群用药风险，仍应本着“可疑即报”的原则，对ADE进行进一步的监测、研究和评估，所以ADE有时更具有临床实际意义。

表11-5 ADE与ADR的区别

比较项目	药物不良反应（ADR）	药物不良事件（ADE）
药品质量	合格药品	合格和/或不合格药品
用法用量	正常用法、正常剂量	不强调与用法、剂量关系
因果关系	与药品有明确因果关系	与药品尚未明确因果关系
用药行为	排除有意或无意的用药不当、用药错误等	不排除有意或无意的用药不当、用药错误等
风险责任	不属于医疗纠纷，不承担赔偿责任	常规使用合格药品，且药品与事件有因果关系，不属医疗纠纷；误用、滥用、使用不合格药品造成不良后果则由医方承担

三、用药安全行动

临床用药千变万化，合理用药五项基本原则为5R原则，即正确的患者（to the right patient）、正确的药物（give the right drug）、正确的时间（at the right time）、正确的剂量（in the right dose）、正确的给药途径（by the right route）。2017年3月，WHO在德国波恩举行的第二届全球患者安全部级峰会上发布第三项“全球患者安全挑战——用药安全”（the Global Patient Safety Challenge on Medication Safety），呼吁在未来五年内在全球将可避免的严重药物相关的伤害降低50%，并要求各国和主要利益相关方将高风险情况下的用药安全、多重用药时的用药安全、医疗照护过渡期的用药安全三方面作为药物管理的重点。

在我国，中国医院协会《患者安全目标（2019版）》发布，其中明确提出“确保用药与用血安全”目标，要求确保用药安全的有：①应规范药品管理流程，对高警示药品、易混淆（听似、看似）药品有严格的贮存、识别及使用要求；②严格执行麻醉药品、精神药品、医疗用毒性药品、放射性药品等特殊药品以及药品类易制毒化学品、抗肿瘤药物的使用与管理规范；③规范临床用药医嘱的开具、审核、查对、执行、点评制度及流程；④建立和实施抗菌药物管理的诊疗体系和技术规范；⑤制定并严格执行静脉用药调配中心操作规范、审核、查对、安全配送制度与流程。同样，2018年国家卫生健康委员会印发的《关于进一步加强患者安全管理工作的通知》提出，应着力推进患者用药安全，鼓励运用信息化手段优化流程，实施药品采购、储存、调配、使用的全程管理；加大对抗菌药物、抗肿瘤药物、抗凝药物、高警示药物、“毒麻精放”等重点药物类别的管理力度；积极开展用药咨询、用药教育、用药干预、药学监护、药物合理使用监测和评价工作。

四、用药安全监测与报告

（一）WHO药物监测中心

受“沙利度胺海豹儿事件”触发，WHO从20世纪60年代开始关注药品不良反应。1968年，WHO启动了一项由10个国家参加的国际药物监测合作计划，旨在收集和交流药品不良反应报告，编制术语集、药品目录以及发展计算机报告管理系统。1970年，WHO认为该合作计划已经取得成功，决定正式在日内瓦建立永久性组织，命名为WHO药物监测中心，1978年迁至瑞典乌普莎拉，更名为WHO国际药物监测合作中心，1997年再次更名为乌普莎拉药物监测中心（Uppsala Monitoring Center，UMC）并沿用至今。1968—2007年，全世界有98个国家先后加入WHO国际药物监测合作计划，其中正式成员国81个，准成员国17个，中国于1998年成为UMC的正式成员国。UMC为所有成员国建立了标准报告程序，建立了国家间联系，大多数提供报告的国家中心都可通过互联网进入数据库了解和获得药物安全性相关数据。截至2007年，UMC已收到来自81个正式成员国400万份药品不良反应报告。近年来，国际药物监测工作队伍正在日益壮大，一些制药企业和药学研究者也参与了监测工作。WHO监测中心要求，医务人员和药品生产供应商报告的范围有：①未知的、严重的、罕见的、异乎寻常的、不可预测的药品不良反应。②已知的不良反应，但其程度和频率有较大改变，以及其他医生认为值得报告的。③对新药应全面监测报告，不论该反应是否已在说明书中注明。

（二）合理用药国际网络

合理用药国际网络（International Network for Rational Use of Drugs，INRUD）成立于1989年，由美国卫生管理科学中心（Health Management Sciences Center，MSH）协调其活动，旨在帮助各成员组、成员国之间分享促进合理用药方面的经验，促进彼此技术合作和交流，推行以安全、有效、经济为目标的合理用药。2005年，由我国卫生部医管司牵头的INRUD中国中心组成立，2012年临床安全用药组成立并建立了全国临床安全用药监测网，用于报告严重药品不良反应/事件、用药错误、药品损害事件等。截至2019年1月10日全国已有26个省市发展了1007家二级网络单位，其中823家网络单位可在线实时报送用药错误（ME）报告，初步形成具有中国特色的用药安全监测和防范体系。

（三）药物治疗差错报告

药物治疗差错报告（medication error reporting program，MERP）是由美国药典委员会（USP）和安全用药研究会（ISMP）发起的一个对所有机构的所有医生开放的程序，是一个全国性的药物差错分析及风险管理系统。这个数据库从药师和医生处收集药物不良事件和用药差错报告，每两周反馈给医院、药厂和美国FDA，以防止未来药物不良事件的发生。经过不断发展，目前上报内容覆盖越来越广，囊括药物、医院感染、设备等各个方面，上报形式多样化，主要包括强制、自愿和半强制报告。

（四）MedMARx

创建于1998年的美国药典（USP）的MedMARx是一个能够提供使用者通过互联网匿名访问的程序，在全美国医院及相关研究所普遍被应用，可用于上报、追踪及分析用药失误。MedMARx向使用者提供的信息包括：追踪机构内部药物不良事件、对数据库其他机构上报差错进行回顾、进行机构间对比，以及检验其他机构在应对用药差错时所实施的质量改进措施。

（五）中国国家药品不良反应监测中心

我国药品不良反应监测工作起步较晚，1989年11月16日卫生部建立药品不良反应监测中心，1998年正式加入UMC，成为第68个成员国。1999年，卫生部ADR监测中心正式更名为国家药品不良反应监测中心（National Center for ADR Monitoring），在SFDA指导下，组织开展药品不良反应、医疗器械不良事件、化妆品不良反应、药物滥用报告及其他药品监测与管理工作。其中，药品不良反应的报告范围包括：①医疗卫生机构和经营企业报告发现的所有可疑药品不良反应。②药品生产企业报告新药监测期内的药品所有不良反应和新药监测期已满的药品新的和严重的不良反应。③群体不良反应均应上报。按照SFDA《药物不良反应报告或监测管理办法》规定，不同级别的药品不良反应报告时限要求不同：①一般药物不良反应，由药品生产企业、药品经营企业和医疗机构每季度报告给省ADR中心，省ADR中心每季度汇总报告给国家ADR中心，再由国家ADR中心每半年报告给SFDA。②新的、严重的ADR和死亡病例，应在15日内向当地ADR监测中心报告或越级报告，死亡病例需及时报告。③群体药物不良反应立即报告。

（六）中国医院药物警戒系统

在医疗机构，传统的药品不良反应通常由医生登录医院药品不良反应管理平台进行事件填报，即“自发呈报系统”方式。通过此流程上报药品不良反应，缺点为漏报率高、及时性差、报告质量差。而中国医院药物警戒系统（China Hospital Pharmacovigilance system，CHPS）是设立在国家药品不良反应监测中心下的，辅助监测哨点发现、报告、评价药械不良反应/事件，开展重点监测和再评价，获取药械警戒信息的信息化系统。该系统具有以下优点：①实现快速上报功能，提高报告效率和质量；②主动、快捷、全面、规范、准确收集药品不良反应信息，实现医疗机构药品不良反应ADR信息的自动采集、内部管理、智能搜索及监测上报系统，将传统的不良反应监测模式由“被动监测”转为“主动监测”，减少漏报；③实现药品上市后再评价（安全、有效、经济及质量）；④实现基于真实世界大数据的、以患者为中心的、覆盖院前、院中、院后的药学服务体系，从而及时发现和控制药物安全风险，更好地保障用药安全。有研究指出，医院引入CHPS后，ADR报告数量增加120.38%；医护人员上报比例由13.08%增长至36.30%；新的/严重的ADR报告增加363.16%，严重ADR上报比例由7.69%增长至24.43%；报告规范性、药品信息完整性、报告及时性及填报效率显著提高。

第四节　应用案例

案例：2019年《每日邮报》新闻报道，根据澳洲生产力委员会公布的数据显示，仅在一年之内，外科医生将医疗器械留在至少23名患者体内，有10人因院方拿错药物而导致死亡，可能有43万患者因医疗失误而中毒、感染或受伤。2014年4月，日本一位老人被诊断为骨盆肿瘤，在名古屋大学医学部附属医院接受肿瘤切除手术时发现了类似纱布的异物，经证实，这位患者曾在1970年在该医院接受过不孕症手术，医生做手术时不慎将纱布遗落在患者体内，纱布导致患者长期腹痛便秘的症状，演化为肿瘤才不得不再次进行手术。我国也偶见器械或纱布遗落于患者体内或由于用药失误导致患者出现不良结局的新闻报道。

2021年5月第74届世界卫生大会（World Health Assembly，WHA）通过首个《2021—2030年全球患者安全行动计划》，提出的战略目标之一为信息、研究和风险管理，即：①建立和加强患者安全事件报告和学习系统，报告环境应公开、公平、无责任和无惩罚性，鼓励医务人员报告和从事故中学习。②基于医疗卫生服务固有风险和伤害相关数据，整合现有卫生管理信息系统，创建患者安全信息系统。③建立、协调并加强患者安全监测系统建设，查明医疗卫生中造成伤害的原因和伤害程度。④开发和实施数字化解决方案，提高卫生保健的安全性。提高医疗质量安全不良事件报告率成为2021年我国国家医疗质量安全改进目标之一。

讨论：①如何提高医疗机构患者安全和风险事件的上报率？②如何建好、用好各级各类患者安全报告系统？③随着信息技术发展，患者安全报告系统如何与医院信息系统整合？

本章小结

现代医院管理的理念已逐步从医疗安全向患者安全转变。在医疗过程中发生的不良事件，如用药错误、手术异物存留、手术部位错误等，很大部分来自长期潜在于系统中的失误。若要使医疗服务提供者或医疗机构从错误中吸取教训，分享从事件调查时学到的知识、经验和做法，避免同样的错误在相似环境中反复出现，减少患者继续受到可预防错误的伤害，就必须建立报告系统。虽然患者安全意识不断增强，但仍然存在主动上报意愿低、不同级别安全事件上报率有差异、报告及反馈流程欠完善等问题，如何进一步建立和完善患者安全报告和学习系统，建立“以患者为中心”“从错误中学习”的患者安全文化是未来发展趋势。

（张玉侠　蒋　艳）

第三篇

医疗质量与安全管理实务

Part 3

第十二章　医院高质量发展管理模式

学习目标

1. 掌握　医院高质量发展的环境分析与基本原则。
2. 熟悉　医院高质量发展管理模式。
3. 了解　医院高质量发展管理成功的关键因素。

案例讨论

【案例】2021年6月4日，国务院办公厅发布《关于推动公立医院高质量发展的意见》，推动公立医院高质量发展，建立健全现代医院管理制度，强化体系创新、技术创新、模式创新、管理创新等，提出以完善医院高质量发展管理模式为目标，加快优质医疗资源扩充和区域均衡布局，公立医院发展方式从规模扩张转向提质增效，运行模式从粗放管理转向精细化管理，资源配置从注重物质要素转向更加注重人才技术要素，为提供优质高效医疗卫生服务、防范化解重大疫情和突发公共卫生风险、建设健康中国提供有力支撑。

无论对于公立医院还是私立医院，高质量发展都是新时代国家医疗卫生事业发展以及广大人民的要求。在我国医疗卫生服务体系愈发完备的今天，我国的公私立医院发展需要进行优化与革新，以满足新时期与新形势下的现代医院高质量发展的需求。完善的医院高质量管理模式可优化过程、减少浪费、提高效率、节省成本以及对患者进行良好照顾，是认真贯彻执行国家卫生方针政策、增进医院发展活力、充分调动医院及医务人员积极性、不断提高医院服务质量和效率、更好地为人民健康服务的重要保障。医院在管理和发展过程中，需要建立一套完善的医院高质量发展管理模式，这需要医院具备创新的理念和配套的保障措施。

【讨论】

1. 何谓医院高质量发展?

2. 医院高质量发展管理成功的关键因素有哪些?

第一节 医疗体系高质量发展的环境分析与基本原则

一、高质量发展的环境分析

“十四五”时期经济社会发展要以推动高质量发展为主题，这是根据我国发展阶段、发展环境、发展条件变化作出的科学判断。高质量发展是能够满足人民日益增长的美好生活需要的发展，是以创新为动力，以共享为目的的发展。新时代我国经济发展的基本特征，就是由高速增长阶段转向高质量发展阶段，我国推动高质量发展是做好经济工作的根本要求，新发展理念是管全局、管根本、管长远的导向。迈向新时代、开启新征程，以推动高质量发展为主题，把新发展理念贯穿发展全过程和各领域，在危机中赢得优势、赢得主动、赢得未来，于变局中开新局，努力实现更高质量、更有效率、更加公平、更可持续、更为安全的发展。为落实《中华人民共和国国民经济和社会发展第十四个五年规划和2035年远景目标纲要》《“健康中国2030”规划纲要》《中共中央 国务院关于促进中医药传承创新发展的意见》等的要求，加快构建强大公共卫生体系，推动优质医疗资源扩容和区域均衡布局，提高全方位全周期健康服务与保障能力，促进中医药传承创新，2021年6月国务院办公厅印发《关于推动公立医院高质量发展的意见》。

二、医疗体系高质量发展的基本原则

基于《“健康中国2030”规划纲要》提出的医疗体系高质量发展要以中国特色社会主义思想为指导，全面贯彻党的十九大和十九届二中、三中、四中、五中、六中全会精神，医疗体系高质量发展可分为以下五项基本原则。

（一）统筹规划、分级负责

加强全国医疗卫生资源的统筹配置，合理划分中央和地方事权，中央重点保障公共卫生、全国性跨区域医疗服务能力建设需求；地方统筹加强其他卫生项目建设。

（二）关口前移、医防协同

立足更精准更有效的医防，优先保障公共卫生投入，创新医防协同机制，提高早期监测预警、快速检测、应急处置和综合救治能力；坚持急慢并重，聚焦影响人民健康的主要问题，补齐全方位全周期健康服务短板弱项。

（三）提高质量、促进均衡

坚持政府主导，加强公立医疗卫生机构建设，提高标准、适度超前，加大向国家重大战略区域、中心城市和脱贫地区倾斜力度，促进优质医疗资源扩容和区域均衡布局。

（四）改革创新、揭榜挂帅

加强重大基础设施建设与重大战略、重大改革协同，创新配套措施，确保发挥投资效益；以揭榜挂帅方式推动国家医学中心、区域医疗中心等重大项目建设，集中力量开展医学关键技术，引领服务体系模式转变。

（五）中西并重、特色发展

坚持中西医建设任务同规划、同部署、同落实，遵循中医药发展规律，认真总结中医药防治新冠肺炎的经验做法，建立符合中医药特点的服务体系，更好地发挥中医药特色和比较优势，推动中医药和西医药相互补充与协调发展。

第二节　医院高质量发展的重点

《关于推动公立医院高质量发展的意见》提出，坚持以人民健康为中心，加强公立医院主体地位，坚持政府主导、公益性主导、公立医院主导，坚持医防融合、平急结合、中西医并重，以建立健全现代医院管理制度为目标，强化体系创新、技术创新、模式创新、管理创新，加快优质医疗资源扩容和区域均衡布局，力争通过5年努力，公立医院发展方式从规模扩张转向提质增效，运行模式从粗放管理转向精细化管理，资源配置从注重物质要素转向更加注重人才技术要素，为更好地提供优质高效医疗卫生服务。

一、构建医院高质量发展新文化

医院高质量发展需要建设医院新文化，以患者需求为优先，以关心关爱医院员工为重点，建设特色鲜明的医院文化，强化与患者沟通，健全完善医疗纠纷预防和处理机制，坚决保护医疗质量与医院员工安全。

二、完善医院高质量发展新体系

完善医院高质量发展新体系分为以下四点。

（一）打造国家级和省级高水平医院

依托现有资源规划设置国家医学中心、临床医学研究中心、区域医疗中心和中医药传承创新中心，形成临床重点专科群，集中力量开展疑难危重症诊断治疗技术攻关，开展前沿医学科技创新研究和成果转化，实施高层次医学人才培养，带动全国医疗水平迈上新的台阶。

（二）发挥公立医院在城市医疗中的牵头作用

按照网格化布局管理，组建由三级公立医院或代表辖区医疗水平的医院牵头，其他若干公私立医院、基层医疗卫生机构、公共卫生机构等为成员的紧密型城市医疗集团，统筹负责网格内居民预防、治疗、康复、健康促进等一体化、连续性医疗服务。

（三）发挥县级医院在县域医共体中的龙头作用

按照县乡一体化、乡村一体化原则，积极发展以县级医院为龙头的紧密型县域医共体，提高肿瘤、心脑血管、呼吸、消化和感染性疾病等防治能力，提高县域就诊率；加强县级医院与专业公共卫生机构的分工协作和业务融合，做实公共卫生服务；城市三级医院对县级医院进行对口帮扶。

（四）建立健全分级分层分流的重大疫情救治体系

依托现有资源，加快推进传染病、创伤、重大公共卫生事件等专业类别的国家医学中心、区域医疗中心和省级医疗中心、省级区域医疗中心设置建设；持续强化医院感染防控管理，提高重大疫情应对能力。

三、加强医院高质量发展新建设

医院高质量发展需要加强临床专科建设，即以满足重大疾病临床需求为导向建设临床专科，以专科发展带动诊疗能力和水平提升，持续改进医疗质量管理体系和标准体系，提高不同地区、不同级别医院医疗服务同质化水平。

医院高质量发展需要推进医学技术创新，即面向生命科学、生物医药科技前沿，面向国家战略需求和医药卫生领域重大科学问题，加强基础和临床研究，推动原创性疾病预防诊断治疗新技术、新产品、新方案和新战略等的产出；强化科研对重大疫情和突发公共卫生事件应对的支撑作用；推动科技成果转化，健全医疗创新制度；加快发展商业健康保险，促进医疗新技术进入临床使用。

医院高质量发展需要推进医疗服务模式创新，推广多学科诊疗模式，大力推行日间手术，做实责任制整体护理，强化基础护理，开展延续护理服务；开设合理用药咨询或药物治疗管理门诊，开展精准用药服务；大力推进院前医疗急救网络建设，创新急诊急救服务模式，有效提升院前医疗急救服务能力；创新医防协同机制，建立人员通、信息通、资源通和监督监管相互制约的机制；推广中医综合诊疗模式、多专业一体化诊疗模式、全链条服务模式，实施重大疑难疾病中西医临床协作试点。

医院高质量发展需要强化信息化支撑作用，推动云计算、大数据、物联网、区块链、第五代移动通信等新一代信息技术与医疗服务深度融合；推进电子病历、智慧服务、智慧管理“三位一体”的智慧医院建设和医院信息标准化建设；大力发展远程医疗和互联网诊疗；推动手术机器人等智能医疗设备和智能辅助诊疗系统的研发与应用；建立药品追溯制度，探索公立医院处方信息与药品零售消费信息互联互通。

四、提升医院高质量发展新效能

提升医院高质量发展新效能需要健全运营管理体系，包括全面落实基本医疗卫生与健康促进法等法律法规，为提升医院治理能力和水平提供法治保障；整合医疗、教学、科研等业务系统和人、财、物等资源系统，建立医院运营管理决策支持系统，推动医院运营管理的科学化、规范化、精细化；以大数据方法建立病种组合标准体系，形成疾病严重程度与资源消耗在每一个病组的量化治疗标准、药品标准和耗材标准等，对医院病例组合指数（CMI）、成本产出、医生绩效等进行监测评价，引导医院回归功能定位，提高效率、节约费用，减轻患者就医负担。提升医院高质量发展新效能还需要加强全面预算管理、完善内部控制制度以及健全绩效评价机制。医院绩效评价需要坚持和强化公益性导向，重点考核医疗质量、运营效率、持续发展、满意度评价等。改革医院内部绩效考核办法，以聘用合同为依据，以岗位职责完成情况为重点，将考核结果与薪酬分配挂钩；完善城市医疗集团和县域医共体绩效考核制度，促进资源下沉，提高基层服务能力和居民健康水平。

五、启动医院高质量发展新动力

启动医院高质量发展新动力需要改革人事管理和薪酬分配制度，健全医务人员培养评价制度，深化医疗服务价格和医保支付方式改革。这包括落实医院用人自主权；

落实允许医疗卫生机构突破现行事业单位工资调控水平，合理分配、动态调整医院薪酬水平，合理确定人员支出占医院业务支出的比例；实行以岗定责、以岗定薪、责薪相适、考核兑现；注重发挥薪酬制度的保障功能；加快培养高层次复合型医学人才，造就一批具有国际水平的战略人才、领军人才和创新团队；加强老年、儿科、重症、传染病等紧缺护理专业护士的培养培训；改革完善人才评价机制，坚持分层分类评价，合理设置评价标准，突出品德能力业绩导向，增加临床工作数量和质量指标，探索实行成果代表作制度；稳慎下放职称评审权限；稳妥有序试点探索医疗服务价格优化；调控医疗服务价格总体水平；建立灵敏有序的价格动态调整机制；加快审核新增医疗服务价格项目；推行以按病种付费为主的多元复合式医保支付方式。

第三节　高质量发展管理模式

高质量发展管理模式（excellent quality management model）是一种组织综合绩效管理的有效方法，是以顾客为导向，追求卓越的管理理念。该模式基于通过定性以及定量的评判标准评价各类组织的管理绩效，并督促组织持续不断进行改进，走向卓越。在这个经济全球化的世纪，对于管理绩效的评价从追求数量转向追求质量，高质量发展管理模式为组织提供一个最有效的管理方法和工具，此模式将这些管理方法、技术和指标整合成一个具有系统性、科学性的框架，通过不断地自我评价来提升组织的质量，国际最著名的是ISO高质量管理模式。另外，政府通过设立质量奖来提升企业的质量管理水平，已经成为许多国家强化和提高产业竞争力的重要途径，除了美国、日本、加拿大、欧盟等发达国家和地区外，许多新兴的工业化国家和发展中国家也都设立了国家高质量奖。日本的戴明奖（The Deming Price）、美国的波多里奇国家质量奖（Baldrige National Quality Award，BNQA）和欧洲质量奖（EFQM Excellence Award，EEA）是世界公认的三大质量奖。企业经营战略通过高质量发展管理模式作为企业参与市场竞争的武器，使经营战略得到实践，纠正了企业过去不重视经营战略的做法，引导和促进了企业的可持续发展，并且在申请高质量奖的过程中，建立和完善了企业管理体系，推进了企业的标准化活动，提高了企业的管理和质量改进意识，提高了全员参与高质量发展的积极性，提高了产品与技术服务质量、劳动生产率和企业的凝聚力，使质量改进和标准化活动成为企业的自觉行动。

以下介绍4个高质量发展管理常用的管理工具，分别为ISO 9001：2015质量管理系统（ISO 9001：2015 quality management systems），日本戴明奖高质量发展管理模式，欧洲高质量发展管理模式（European Foundation for Quality Management Model，EFQM Model），以及波多里奇高质量发展管理模式（Baldrige Excellence Framework）。

一、ISO国际高质量发展管理模式

（一）ISO国际高质量发展管理模式简介

ISO 9001是由国际标准化组织国际标准化组织（International Organization for Standardization）所公布的一项质量管理系统（quality management system），基于以下的原则：顾客导向、领导统御、全员参与、流程方法、组织处境、持续改善、事实决策等，建立了系统性的质量管理框架，协助企业应用ISO 9001质量管理系统进行企业或组织的质量管理，使企业或组织的运营质量能符合顾客的需求。依据ISO官方报告，目前已有超过164个国家、100多万家企业和组织通过ISO 9001标准认证。该标准基于许多质量管理原则发展而来，包括关注客户需求、高阶管理层的管理目标、管理过程、管理方法以及持续改进质量的方法；使用ISO 9001：2015质量管理系统将有助于确保所有顾客获得一致的优质产品和服务。ISO 9001质量管理系统在2015年对于认证内容进行重大改版，称为"ISO 9001：2015质量管理系统（ISO 9001：2015 quality management systems）"。对照旧的质量管理系统框架（ISO 9001：2008），在新版ISO 9001：2015质量管理系统框架中，保留了以顾客为优先考虑、永续经营等要点；新导入了企业或组织背景、领导力、质量管理系统规划（风险的应对）、支持（企业或组织知识、能力、沟通等）、运营（运作规划、产品与服务的顾客需求）、最后的绩效评估与改善等要点。总的来说，新版本ISO 9001：2015质量管理系统框架导入了风险管理的思维、绩效改善，并且加入了企业或组织背景和领导力。

（二）ISO 9001：2015质量管理系统的重点及益处

采用ISO质量管理系统是企业或组织的一项战略决策，能够帮助其提高整体绩效，为企业或组织推动永续经营奠定良好基础。企业或组织实施ISO 9001：2015质量管理系统的潜在益处如下：①稳定提供满足顾客要求以及适用法律法规要求的产品和服务的能力；②促成增强顾客满意的机会；③应对与其环境和目标相关的风险和机遇；④证实符合规定的质量管制体系要求的能力。

ISO质量管理系统采用"过程方法（process approach）"的概念与"基于风险的思维"构成。过程方法以PDCA循环（PDCA cycle）为基础，能使组织策划运营过程及其相互作用，确保企业或组织运营过程进行恰当管理，提供充足资源，发现改进的机会并采取行动。基于风险管理的思维则能使企业或组织确认其运营过程中，可能导致不符合质量管理系统的各种因素，并采取预防控制措施，最大限度地降低对企业或组织的负面影响。

（三）ISO 9001：2015质量管理系统的原则与过程方法

1. ISO 9001：2015质量管理系统 是基于ISO 9000质量管理系统制定的。系统中每项原则的介绍均包含其释义、该原则对企业或组织重要性的理论依据、应用该原则的主要效益示例，以及应用该原则时企业或组织绩效的典型改进措施示例。ISO 9001：2015质量管理系统的管理原则（quality management principles，QMP）为顾客导向、领导力、全员参与、过程方法、持续改善、以事实为决策基础、关系管理。

2. ISO 9001：2015质量管理系统的过程方法 ISO 9000质量管理系统鼓励以过程方法来发展、实施、改善企业或组织的质量管理系统，借由符合顾客的要求来强化顾客满意度。当企业或组织采用过程方法时，就能通过管理系统和管理实操相互作用的过程使企业或组织有效率地达成预期成果。此外，过程方法也让企业或组织能够掌握每个质量管理过程的相互关联性及相互依赖性，不但能提升企业或组织的整体绩效，也能符合ISO 9000质量管理系统的指标。企业或组织在质量管理系统内应用过程方法可促进其：①了解及持续满足顾客要求；②附加价值；③有效的实现整体绩效；④根据资料和信息所评估达成质量管理过程的改善。

企业或组织采用过程方法时各要素之间的相互作用如图12-1所示。

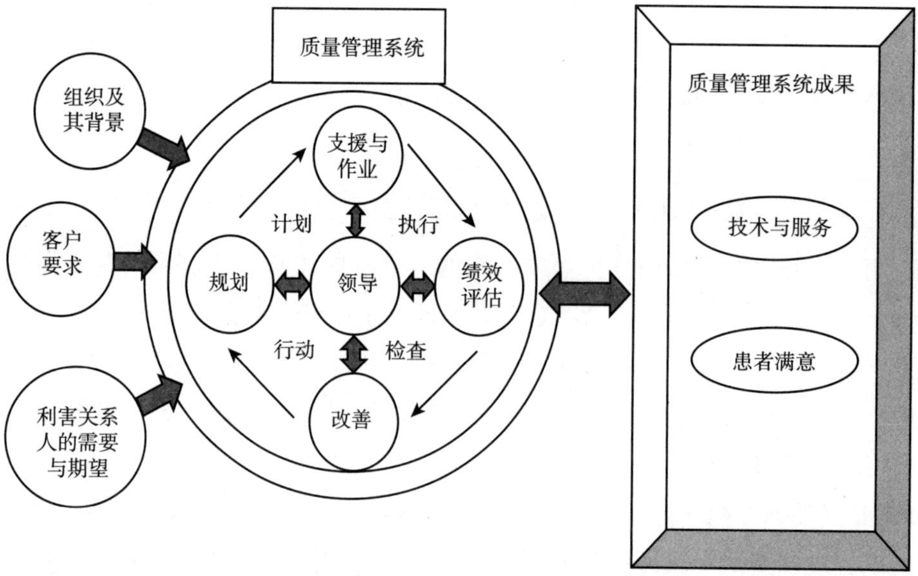

图12-1 ISO 9001：2015质量管理过程（质量管理过程各要素相互作用）

资料来源：https：//www.iso.org/standard/

二、日本高质量发展管理模式

（一）日本高质量发展管理模式简介

日本质量管理的最高奖，世界范围内影响较大的质量奖中，世界三大质量奖项之一的日本戴明奖是创立最早的一个。日本戴明奖始创于1951年，是为了纪念已故的威廉·爱德华兹·戴明博士，他为日本战后统计质量控制的发展作出了巨大贡献。日本认为，他的教诲帮助日本建立了这样一个基础，正是在这个基础之上，日本的产品质量才达到了这样被世界广泛承认的水平。自从1951年创办以来，已经有超过200个日本企业获得戴明运用奖，这些获奖者的产品和服务质量均获得了大幅度提高。戴明运用奖虽然诞生于日本，但已经成为享誉世界的质量奖项。

（二）戴明奖全面质量管理的涵义

全面质量管理是由整个组织从事的，在效率与效益两方面达到公司目标的系统活动，它使组织可以在适当的时间和价格上提供顾客满意的产品和服务的质量水平。其中，"系统活动"是指组织为了达到自身的目标，有强有力的领导和指导，有明确的中长期目标和战略以及适当的质量政策和策略。"整个组织从事的，在效率与效益两方面的系统活动"是指组织中的所有部门的所有人员在所有水平上的参与，并且以最快的速度和使用最少的管理资源达到组织的既定目标。这一目标是以质量保证系统为核心，其他综合管理部门，如成本、送货、环境、安全等部门积极参与所达成。为了体现对人的尊重，鼓励公司在维护他的核心技术、速度和活力时开发人力资源。公司保持并不断改进他的工作程序和运转过程，并且使用了适当的统计技术和其他工具，公司还应根据实际情况，按照PDCA循环法对业务进行管理操作，公司还应利用适当的科学方法和信息技术重建他的管理系统。"公司目标"是指通过持续稳定的满足顾客要求来保证长期而适当的利润。同时还包括雇员、社会、供货商及股东的不断提高的收益。"提供"是指生产者将所从事的产品和服务提供给顾客的活动，包括调查、研究、计划、开发、设计、产品准备、购买、制造、安装、检查、订货、销售、市场、维护、售后服务、淘汰及回收等。"产品和服务"包括制造性产品（如制成品、零部件、材料等），系统，软件，能源、信息及其他所有能够为顾客带来益处的东西。"质量"指有用性（功能和心理两方面）、可靠性和安全性。同时还必须考虑到可能影响到的第三方，如社会、环境及子孙后代。"顾客"包括购买者，也包括使用者、消费者和受益者。

（三）戴明奖的分类

1. 戴明奖　颁发给在以下3个领域做出贡献的个人或组织：①对全面质量管理的

研究取得杰出成绩；②对用于全面质量管理的统计方法的研究取得杰出成绩；③对传播全面质量管理作出杰出贡献。

2. 戴明应用奖 颁发给组织或者领导一个独立运作的机构的个人。获奖条件是，在规定的年限内通过运用全面质量管理使组织获得与众不同的改进。

3. 质量控制奖 颁发给组织中的一个部门，这个部门通过使用全面质量管理中的质量控制和质量管理方法，在规定的年限内获得了与众不同的改进效果。

（四）戴明质量奖的评价标准

戴明奖授予在质量管理方法研究、统计质量控制方法以及传播全面质量控制（TQC）的实践方面作出突出贡献的个人；戴明应用奖授予质量管理活动突出，在规定的年限内通过运用TQC方法，获得与众不同的改进效果和卓越业绩的企业，戴明应用奖还授予国外的企业；戴明控制奖授予企业中的一个部门，这个部门通过使用TQC方法，在规定的年限内获得与众不同的卓越改进效果。获得戴明质量奖的企业，都积极按照质量奖的评价标准和要求，根据自己企业的特点、环境，不断完善它们的质量控制方法，其产品质量和服务均得到大幅度提高。那些获得戴明质量奖的企业，刺激着其他企业开展TQC活动。持续改进不是轻易就能获得的，没有哪一个企业仅仅靠解决别人提出的问题就能获得卓越的业绩。它们需要自己思考、创新和变革，制定自己的质量战略目标和经营战略目标，并为此而努力。在这样的企业中，戴明质量奖被作为一种持续改进和进行企业创新和变革的工具。西方国家在使用日本的全面质量控制（TQC）一词时，把它翻译成全面质量管理（TQM），为了与国际实践相衔接，日本把TQC改为了TQM。

（五）戴明质量奖的成效

日本的数个公司等都曾获得戴明应用奖。现在，戴明质量奖已成为享誉世界的奖项。企业通过申请戴明质量奖，建立和完善了企业综合管理体系，推进了企业的标准化活动，提高了企业的管理和质量改进意识，提高了全员积极参与TQM活动和质量改进的积极性，提高了产品质量、劳动生产率和企业的凝聚力，使质量改进和标准化活动成为企业的自觉行动。获得戴明质量奖成为一种挑战，获奖意味着在采用有价值的质量控制方法上获得成功。戴明质量奖给日本企业的TQM带来极大的直接或间接影响。日本企业以申请戴明质量奖作为动力和桥梁，积极推动TQM活动，经过几十年的努力，逐渐形成了日本企业的竞争力，取得了令世人瞩目的经济奇迹。获得戴明质量奖是一种荣誉，更代表一流的竞争力，它是日本企业追求卓越愿景的实现目标。日本企业通过申请戴明质量奖，把TQM作为企业参与市场竞争的武器，纳入到企业经营战略中去，而且使经营战略得到贯彻实施。戴明质量奖提高了企业的凝聚力，纠正了企业过去不重视经营战略的做法，引导和促进了企业的可持续发展。

三、欧洲高质量发展管理模式

（一）欧洲高质量发展管理模式简介

在20世纪80年代全面品质管理（total quality management，TQM）浪潮冲激下，继1987年美国设置波多里奇国家质量奖（BNQA）之后，欧洲委员会也于1988年9月15日在比利时布鲁塞尔签署批准成立欧洲质量管理基金会（European Foundation for Quality Management，EFQM），为会员组织提供增强质量与竞争力的服务。

EFQM会员当年系由600多个欧洲组织代表所产生，如今会员组织已逾700余个。他们以成为欧洲杰出组织为宗旨，鼓励与协助全欧洲组织参与改进活动，使各组织在顾客、员工、社会成果及关键绩效成果方面，均有杰出表现，并全力支持欧洲各型组织的经营者，实施全面质量管理（TQM），在全球竞争上赢得胜利。

EFQM致力于提升所有欧洲公司与组织的竞争力，无论其组织规模、行业类别、功能、结构与形式，甚至社团组织亦包括在内。它吸取美国、日本及其他国家相关的质量奖的长处，为欧洲建立欧洲全面质量管理模式（European model for total quality management），鼓励企业或组织采用此模式从事经营管理活动，持续改进经营效率、效果以获致永续的卓越表现。

EFQM于1991年在欧洲委员会支持下设置欧洲质量奖（European Quality Award，EQA），它已成为欧洲最具声望的质量奖。EFQM为避免让人产生该奖只着重于产品与服务质量的错误印象，已将其更名为“欧洲质量管理基金会卓越奖”（EFQM Excellence Award，EEA），用以表扬一个成功的组织能在EFQM高质量发展管理模式之中展现其卓越性。

（二）EFQM高质量发展管理模式之基本观念

EFQM高质量发展管理模式不是规定的架构，因为EFQM体认到达到卓越有许多方法，而不是一个规定的框架。但在这些非规范的方法内，仍有一些基本的观念，用以加强EFQM的基础，各观念间并没有按著重要性排序，所列举的方法也不是完整正确的，EFQM指出：它并不周全，也不是永远不变的，它会随卓越组织的发展与改进并且与时俱进，具体内容如下。

EFQM高质量发展管理模式是以全面质量管理的观念为基础所建构的，其根本原则与效益包括：

（1）能实现均衡的结果：企业或组织为所有利益相关者创造价值，确保两方长期、而且可持续的成功状态，并且建立互惠互利的关系，确保所有的量测指标都是与利益相关者有关的。

（2）能为顾客增加价值：增加市场占有率、将交易成本降到最低、确保长期成功。

（3）需要有远见、鼓舞人心和全面的领导：所有的组织都需要一个领导者，能最大限度地提高员工的稳定性和效率、更清楚地发现组织的方向、在市场上具有受人尊敬的地位，组织的所有活动都有条理地进行并存在于过程系统中、在企业范围内普遍且一致地实施。

（4）必须通过过程（process）进行管理：聚焦在期望获得的结果、最高阶层的员工评价和任用、结果的一致性和可变性保持在可控制范围内。

（5）能与员工一起实现最佳的参与度、保有积极的态度、留住员工、为员工提供学习和发展新技能的机会。

（6）具备创造力和保持创新：降低成本、业务零活性、各种机会、提高员工的生产力。

（7）能创造合作：为伙伴关系创造价值，获得竞争优势，创造规模经济。

（8）能为永续的未来承担责任：组织的声誉提高、绩效提高、价格上涨。

（三）EFQM高质量发展管理模式准则、评分类别和分值

EFQM高质量发展管理模式依据基本观念八项内容，转化成可执行与评审的9个质量奖评审项目，并形成EFQM高质量发展管理模式的非规范性框架。9个评审项目划分为“促成因素”与“结果”两大类，促成因素包括领导力、政策与战略、员工、伙伴关系与资源、过程五项，结果包括顾客结果、员工结果、社会结果及关键绩效结果四项。以下就欧洲EFQM高质量发展管理模式评审项目和分值（表12-1），以及EFQM高质量发展管理模式非规范性框架进行介绍（图12-2）。

表12-1　欧洲高质量发展模式评分类别和分值

类别	要点	分值
领导	（1）领导者发展使命、愿景、价值观及伦理，且为卓越文化的角色榜样 （2）领导者亲自参与，确保组织管理系统的开发、实施及持续改进 （3）领导者与顾客、合伙人及社会代表互动 （4）领导者与组织的人员加强卓越文化 （5）领导者鉴别与支持组织的变革	100（10%）

续　表

类别	要点	分值
政策与战略	(1) 政策与战略是以利害相关者现在与未来的需要和期望为基础 (2) 政策与战略是以来自绩效衡量信息、研究、学习及外在相关活动为基础 (3) 政策与战略皆已开发、检讨及更新 (4) 政策与战略皆经由关键过程的架构予以沟通与展开	80 (8%)
员工	(1) 人力资源皆已规划、管理及改进 (2) 人员的知识与能力皆已鉴别、开发及维持 (3) 人员皆已参与改进并获授权 (4) 人员与组织有对话 (5) 人员受到奖励、表扬及关怀	90 (9%)
伙伴关系与资源	(1) 外部伙伴关系皆予以管理 (2) 财务皆予以管理 (3) 建筑物、设备及物料皆予以管理 (4) 技术已予以管理 (5) 信息与知识皆予以管理	90 (9%)
过程	(1) 过程系有系统地设计与管理 (2) 过程已按需要利用创新予以改进，以期使顾客与利害相关者充分地满足并产生增加的价值 (3) 产品与服务皆依顾客需要与期望予以设计与开发 (4) 产品与服务予以生产、交运及完成服务 (5) 顾客关系已予以管理与加强	140 (14%)
顾客结果	(1) 感受衡量 (2) 绩效指标	200 (20%)
员工结果	(1) 感受衡量 (2) 绩效指标	90 (9%)
社会结果	(1) 感受衡量 (2) 绩效指标	60 (6%)
关键绩效结果	(1) 关键绩效成果 (2) 关键绩效指标	150 (15%)
总分		1000

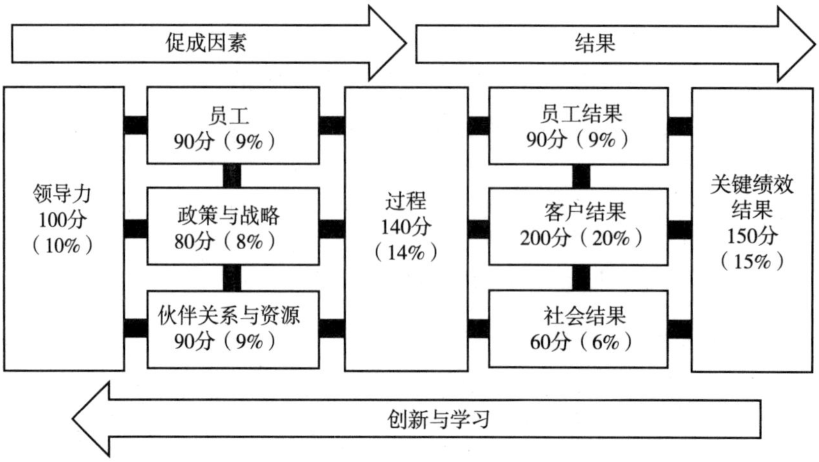

图12-2　欧洲EFQM高质量发展管理模式非规范性框架

（资料来源：My first step with the EFQM Excellence Model.
https：//sites.google.com/site/myfirststepwithefqmmodel2010/home）

四、波多里奇高质量发展管理模式简介

（一）缘起

第二次世界大战后，1948—1968年，美国私有制经济的生产力曾以每年提升3%的幅度快速增长，人民沉浸在富裕的氛围里，享受傲视全球的生活水平。孰料，好景不长——越战失利与石油危机，迫使美国不得不在20世纪面临生产力持续下滑的窘境。然而，此时彼端的日本，却依循戴明奖（Deming Prize）所立下的高质量管理模式，自1950年代至开始以低价位、高质量的商品大放异彩。1980年代前期，哈佛大学教授Ezra F. Vogel为此现象撰述《*Japan as Number One*：*Lessons for America*》一书；美国国家广播公司（NBC）甚至制播了名为"日本能，我们为什么不能？"（If Japan can，why can't we?）的纪录片，陆续引爆美国业界自我反思的声浪。众多具有前瞻性思维的领导人开始警觉；置身于不断扩大且竞争日益激烈的全球市场中，质量不再是企业经营环节里可有可无的"选项"，而是一种"标准配备"。1983年美国生产力与质量中心（American Productivity and Quality Center，APQC）向政府喊话，要求国内应有"类似日本戴明奖的规划"；同年，白宫生产力会议（White House Conference on Productivity）亦提出相仿的呼吁。有了总统与国会的支持，一个具有划时代意义的国家级质量奖项终于在1987年正式设立，并以时任商业部长却意外身故的马尔克姆·波多里奇（Malcolm Baldrige）为名，表彰他催生该奖项的努力与贡献。目前由美国国家

标准与技术研究院（National Institute of Standards and Technology，NIST）所管理的美国波多里奇国家质量奖（Baldrige National Quality Award，BNQA），其创设初期原仅适用于制造业、服务业与小型企业；到了1998年，奖项纳入教育及医疗保健机构；2007年，则扩及了非营利组织（包含政府部门）。该奖项除了鼓励各行各业角逐每年上限18座的最高荣誉，更重要的是，它汲取了全面质量管理（TQM）的精神，并且制定了一个完整而跨业别的评审架构与标准，推动卓越经营绩效与高质量发展管理模式，做为企业或组织竞争力的重要元素。

（二）评审框架、评审类别和分值

图12-3介绍了波多里奇国家质量奖的评审框架（Baldrige Excellence Framework），表12-2为此奖的评审类别和分值（Baldrige Criteria for Performance Excellence）。在波多里奇国家质量奖的评审框架与评审类别中，将企业或组织运营必然面对的各种议题归纳为7大项及17中项（依重要性进行权重配比，总分为1000分），除了做为美国国家质量奖的评审基础、过程与标准之外，最重要的贡献是提供系统性的角度解读高质量发展管理，不仅适用于企业（组织）自我评估，觉知自身优势及改善机会，协助制定目标和行动计划；更可接受外部验证、衡量，查核评分结果与实证资料是否一致。另一方面，波多里奇国家质量奖评审框架也代表了一种管理上的“共通语言”，无论美国境内或寰宇各国，以此框架进行微调与本土化后，致力于卓越经营的企业（组织）之间，亦能快速分享彼此的最佳实务（best practices），降低标杆管理（benchmarking）的门槛，有效缩短学习曲线。

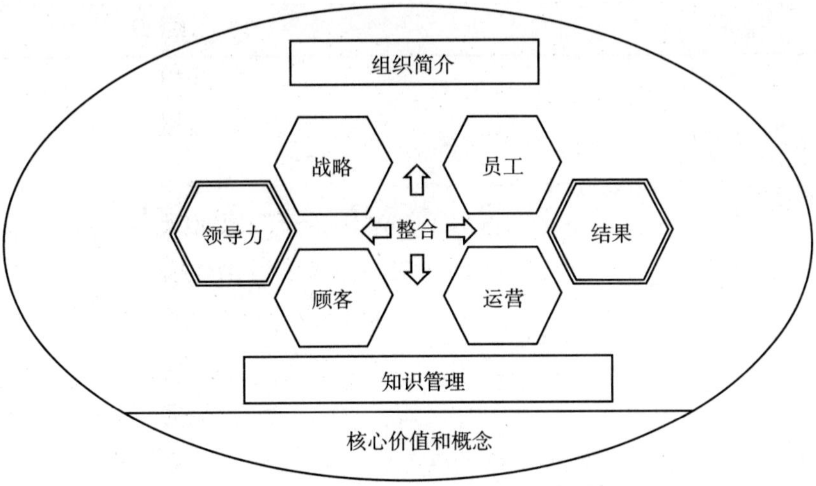

图12-3　波多里奇高质量发展管理模式框架

（资料来源：NIST http：//www.nist.gov/index.html）

表 12-2 波多里奇国家高质量奖评分类别和分值

类别	要点	分值	
领导力	高层领导	70	120
	治理和社会贡献	50	
战略	战略制定	45	85
	战略实施	40	
顾客	顾客期望	40	85
	顾客参与	45	
知识管理	组织绩效的测量、分析和改进	45	90
	信息和知识管理	45	
员工	职工环境	40	85
	职工参与	45	
运营	工作过程	45	85
	工作绩效	40	
结果	卫生保健和过程结果	120	450
	顾客结果	80	
	职工结果	80	
	领导和治理成果	80	
	财务、市场和战略结果	90	
总分		1000	

知识拓展

美国国家质量奖——波多里奇国家质量奖（Baldrige National Quality Award，BNQA）旨在表彰商业、保健、教育和非营利部门中表现高质量的组织。波多里奇国家质量奖是美国对公共和私人组织的高质量管理的唯一正式认可的奖项。此奖项的评审事务由美国商务部的代理机构——国家标准与技术研究院（National Institute of Standards and Technology）之下的波多里奇高质量发展计划（Baldrige Performance Excellence Program）管理。

（三）评审框架内容

1. 领导力　做为领导者，应为“企业体”建立一致的目标与方向，创造一个以顾客为中心、尊重人性、明确可见的价值观，并应与所有的利害相关者的需要达成均衡。领导者亦应确保能创造战略、系统与达成卓越绩效的方法，以带动创新并建立知识与能力，达成组织或企业的永续性。高阶领导者须要激发与鼓励组织或企业内全体人员发展与学习，勇于创新与表达创意并对组织或企业有所贡献，更须要为其行动与绩效对组织或企业治理单位负责。而组织或企业治理单位则须要对所有相关利害者的伦理、行动与组织或企业，以及其高阶领导者的绩效负责。此外，高阶领导者更应实践道德以做为员工表率，亲自参与规划、沟通、培育“未来领导者”，以便能够检讨组织或企业绩效与表扬优秀员工等活动，扮演典范的角色，在全组织或企业建立领导风范与承诺，并在提创新计划的时候，增强伦理、价值观与期许。专注未来人力资源的开发与供应，同时为防治问题的发生，应能实时响应，并备妥所有的资源，以支持维持公共警觉、安全与信心的活动。领导者需发挥其影响力，影响其他组织或企业、个人与公众，以期能为达成目标而共同努力，维持组织或企业稳定运作、持续检讨改善、倡导学习的永续经营环境，以便能够提高与鼓励组织或企业创造绩效。

因此应切实针对组织或企业是否重视全面质量管理（TQM）等之经营理念，组织或企业的使命与领导是否能在各阶层确切的落实，并能对组织或企业未来接班人的培育有完整之计划，俾能创造激励个人终身学习的环境，积极塑造组织或企业知识分享的文化，以及管理者与员工是否互信基础上充分授权等。推动全面质量管理的理念与文化时，在组织或企业内应建立明确的权责划分，使各部门能运作良好等。因而领导阶层的选任、运作与决策过程均应透明化，以确保其管理行为应尽之责任，并落实遵行社会责任，并获社会各界与相关族群的支持。

2. 战略管理　是指检视组织或企业的战略发展程序，以及组织或企业如何执行并且发展战略。依循各组织或企业内外部之环境评估、核心竞争力、自有资源与外在资源的配置，以具有整合功能的框架来发展战略目标。因此战略管理是组织或企业面对环境变迁与追求永续成长的主要关键，高阶领导人员必须视内外在环境的转折，拟定组织或企业发展的战略，并规划战略的方案、计划与流程，使组织或企业循战略的运用更能凝聚竞争优势，以因应环境变迁所导致的挑战。

战略管理的发展包括战略规划、战略的执行、战略的推展与改进。战略规划是针对环境的变迁、组织或企业的优劣势等，就未来技术、市场、竞争与法律案件及组织或企业所能获得的资源能力等进行战略规划，其内容应涵盖能满足使命、愿景，并兼顾长、短期的经营需求，然后据以订定战略目标以及发展战略之程序等。制订战略发展程序时，尤其应重视战略规划是否与组织或企业的愿景相配合，战略规划的内容应涵盖营销、服务、人力资源、财务功能等的战略，并应将质量与愿景满意等视为最重要的因素。战略管理除应明确规划外，还应了解运营模式与战略的执行与改善，例如，行动方案如何发展，对发展流程是否有具体说明，对其发展战略的绩效有无评估与改进措施，都是在战略管理推动时所必须重视的内容。

3. 顾客管理 顾客管理看重在检视组织或企业如何以市场导向的观念充分掌握顾客与市场的需求，能将组织或企业的研发、设计等过程传递相关的服务与产品给顾客，经由此类的战略思维，一方面可满足或超越顾客的需求，另一方面则须发掘新的顾客与市场，有助于日后经营方向的拟定。此部分更应强调组织或企业要倾听顾客的声音、了解市场最新发展，进而对组织或企业绩效产生影响。组织或企业不仅是满足顾客需求，更要降低顾客抱怨才是减少顾客不满的根本方法，能知错并迅速改正才能留住顾客、与顾客建立良好关系。

4. 知识管理 知识管理以信息科技和信息战略为基础，有系统的发展成一套方法，无论体系外显知识或内隐知识，都可以运用个人与集体的智慧提高组织或企业与创新能力，建立学习型组织或学习型企业。当组织或企业运用知识管理的方法来掌握、推动各种计划与作业时，信息科技能的应用能使组织或企业如期、如数完成计划与作业，发挥竞争优势。而借由知识管理的过程也可检视组织或企业是否充分掌握决策相关的信息、是否从实时有效的工具取得信息，并且对这些信息进行分析与运用。对于信息战略的形成与规划、信息的质量、信息系统的更新与改善，或是组织或企业将如何借由信息战略提升竞争力、如何应用网络与信息等，均须对信息使用者分别说明，以便能够传达决策相关的战略，提升组织或企业的效率与效能。

5. 员工管理 员工管理着重在检视组织或企业在员工人力资源规划，如人力开发、人力运用、员工关系管理等方面的运作情形，使组织或企业能建立适当的工作环境与激发员工向心力的方法。员工管理应重视组织或企业在发展中如何应用员工能力，使员工的目标与组织或企业的目标相互结合并具有挑战性，员工的知识、技能、经验与升迁等亦应配合组织或企业同步成长，组织或企业有责任为员工创造良好的工作环境、提供员工接受教育训练的机会，以达到人力结构的改善。

6. 运营管理 运营管理应以“顾客导向”设计开发出产品与服务的流程，以及运营相关的支持性活动、供应链、跨组织或企业的关系管理等。组织或企业应重视如何通过关键流程管理实现各项功能战略，来确保与增进组织或企业提供给顾客的产品与服务的质量与可靠性。同时应检视组织或企业应变的能力，包括突发危机的预防、风险管理、紧急状况的处理以及不中断运营与重建的准备等。

7. 结果　运营结果能够验证组织或企业是否完成既定目标，对组织或企业能否正常运作至为重要，组织或企业目标的达成度与其生存有相当大的关系。例如医疗服务业如果想在激烈競争的时代获胜，提升医疗质量、提高医疗生产力、改善工作环境、改善服务质量等已成为获胜的必然要件。在极端重视医疗质量与患者安全的今天，医疗机构必须更努力改变体质与文化，把优质的医疗服务、合理的价格、贴心的服务，质量管理等当成高质量发展管理的有效工具，责成全机构上下一心共同推展高质量发展，明确划分各科室应负的任务和责任来积极地进行高质量管理。

第四节　我国医院高质量发展管理创新模式

基于以上国际标准组织ISO 9001：2015、欧洲高质量发展管理模式（EFQM）以及美国波多里奇（Malcolm Baldrige）高质量发展管理模式的应用，汲取各国精华，本章汇总后提出具社会特色的中国医院高质量发展管理模式（Chinese hospital excellent quality management，CHEQM），其内容包括组织领导、战略规划、人资管理、信息管理、顾客管理、运营管理、创新管理、资源管理、社会责任与绩效管理十项医院高质量发展的成功关键因素（图12-4）。几种高质量管理模式的内容比较见表12-3。

图12-4　中国医院高质量发展管理模式

表12-3　各种高质量发展管理模式的内容比较

项目	ISO 9001：2015 国际高质量管理模式	美国波多里奇高质量发展管理模式	欧洲高质量发展管理模式（EFQM）	中国医院高质量发展管理模式（CHEQM）
组织领导	v	v	v	v
战略规划	v	v		v
人资管理		v	v	v
信息管理		v		v
顾客管理		v	v	v
运营管理	v	v	v	v
创新管理	v		v	v
资源管理	v		v	v
社会责任			v	v
绩效管理	v	v	v	v

一、组织领导

领导是在一定的社会组织和群体内，为实现组织预定目标，领导者运用其法定权力和自身影响力影响被领导者的行为，并将其导向组织目标的过程。中国企业领导力训练专家唐渊先生在《领导新法》中对领导的解释：名词的领导是指领导者；动词的领导则是指领导活动，而领导活动是指领导者在一定的环境下，为实现既定目标，对被领导者进行统御和指引的行为过程。两者结合，所谓领导，就是名词的领导进行动词的领导，换句话说，就是领导者进行领导活动，率领着一群人去达到目标。

（一）领导原则

医院领导者应为医院建立一致的目标与方向，并亲自参与主导绩效目标达成的一些活动。

（二）领导者的特质

领导者应具备专业知识、人格魅力、拥有追随者和鼓舞他人的能力。领导者通过考评、医院管理和业务规划来构建医院管理能力，确保成功管理资源以提高资源利用价值。医院领导者应具备下列条件。

（1）前瞻性眼光：为医院建立一致的目标与方向，并要创造与维持自发性工作氛围，使其中成员能自主地投入达成医院目标的活动中。

（2）系统观点：所属团队要以系统观点，从高维度了解医院提供医疗服务的需要与过程、患者或其他顾客的要求等。

（3）招募优秀干部与职工，了解医院各层级及其应做的事。

（4）通过培训提升医疗人员的知识与能力，以确保医院能可持续经营。

（5）了解患者或其他顾客的需求。

（6）能创造“患者或其他顾客为重”的愿景及明确的价值观和目标，愿景、价值观和目标应与所有利害相关者的需要取得平衡，并促其实现。

（7）能制订战略激励创新：战略需提供达成卓越绩效的方法，并能协助与指引医院所有活动与决策。

（8）创造有利环境：能激发、激励及鼓励医院内全体人员学习与自我开发，勇于创新及表达创意，并对医院作出贡献。

（三）具体实践的方法

卓越领导者须遵守道德行为规范，提出与可持续经营有关的一些作法，如愿景、信念、价值观、目标、质量政策、关注患者或其他顾客及利害相关者、激励员工、创新和学习等方面的作为，以及医院治理与履行社会责任和风险管理等。

1. 经营理念、愿景及政策

（1）建立医院经营理念、使命、愿景、价值观、目标、政策及伦理，为高质量发展卓越文化作角色榜样。

（2）建立医疗质量管理系统并审查此系统的运作情况，将所发现的不实际情况、患者或其他顾客抱怨、竞争对手信息等作为持续绩效改进的重要依据。

2. 领导承诺与作为

（1）最高管理阶层参与目标设定、规划、绩效奖励与表扬、营造赋权/创新/安全/平权的环境，持续改进活动及医院的质量管理系统的审查与追踪，定期审查绩效。

（2）鉴别员工能力及个人发展需求，并根据情况激励、支持与表扬员工。

3. 风险管理

（1）医院领导者须将风险管理列为重要考虑内容，如自然与人为因素导致设备与人员健康损失，财务、安全、环境、数据损坏及商誉受损等。

（2）建立应对风险事件的标准作业程序书以防患于未然。

二、战略规划

战略规划是一套能达成医院目标、基本政策及战略的行动计划，以规范达成该行动计划所需的资源使用，同时也要让全体员工了解战略规划的内容与实践方法。

（一）原则

规划有意义的战略变革以改进医院的诊疗、服务及过程，为医院利害相关者创造战略价值，并快速、弹性与客制化地响应市场与顾客要求。

（二）具体内容

医院须提出实施战略规划有关的一些做法，如医院为实现愿景与目标而制订战略目标和战略规划，并将它展开至作业层。战略制订应针对顾客/市场的需求，以使命、愿景和价值观为基础，并向下展开。

1. 目标设定 高阶领导者设定医院长、中、短期目标的进度，并依内外环境变迁适时调整，定期审查重要目标的达成度。

2. 战略制订与展开

（1）医院依所建立的战略，考虑患者或其他顾客及市场现在与未来需要、本身目标及相关关键因素等，指派重要人员制定战略。

（2）战略应针对可实现患者或其他顾客满意、营运增长而订，将此战略向各作业层展开。

3. 执行与改善

（1）执行与改善活动响应患者或其他顾客要求，包括：简化医疗及行政单位作业过程，在响应时间上做重大改善，运用科学方法将它开展至医院各部门或科室。

（2）将执行与改善活动整合到日常工作中，成为医院经常性活动的一部分。

4. 管理工具与方法的应用

（1）医院须运用管理方法、问题解决技术与分析工具来发掘问题根源，并防止其再度发生，如运用问题解决法、品管七工具、防误措施、QCC、TQM、ISO、临床路径、5S、质量指标项目（QIP）、提案制度等质量改善手法等来提升医院医疗质量及经营绩效。

（2）建立用来衡量持续改进活动有关计划的重要战略绩效衡量值或战略指标。

三、人资管理

（一）原则

人资管理是指人力资源管理。医院各阶层的人员是各科室的骨干，各有其不可取代的重要性。员工经由教育训练过程获得知识与能力，他们的能力经由创造组织利益而得以发挥，这能使员工对组织产生归属感，从工作中得到自我价值感和成就感。运用良好的制度与过程方法，执行组织全员参与、学习和分享彼此的知识，将有助于提升医院的医疗质量及经营绩效。

（二）具体内容

“人”是任何组织的最重要资源，医院最高管理阶层要积极寻求途径增强医院成员的知识、技巧、创造力及能力，并激励成员使他们能对组织政策与战略的改进作出贡献。

学习有组织学习与个人学习之别，组织学习包括现有方法的持续改进和重大变革与创新，引导新目标与新方法的出现。需把学习注入组织运营之中，其含意为：①学习是组织日常工作之一。②它在个人、工作单位、部门及组织中实践。③解决问题成果表现在问题发生的根源处。④专注于经由组织建立与分享知识。⑤在诱因驱使下产生重大且有意义的改变与创新。学习的来源头：员工的注意、质量指标、安全通报、医疗行为与医疗研究发现、患者或其他顾客的输入、最佳实务分享及标杆。要运用各种团队组织从事持续改进活动，并致力于让团队成员自由分享知识与经验以达成组织目标。重视员工意指对他们的意见、满意度、发展与福利进行承诺，使其产生高绩效工作成果。人力资源管理在医院管理中的具体做法包括下列几项。

（1）实现医院最高管理阶层对医院成员的承诺。

（2）适时表扬有卓越表现的优秀职工。

（3）在医院内鼓励各部门追求发展与持续改进。

（4）将医院的知识与成员分享，使他们能对患者或其他顾客提供更佳的服务，达成战略目标。

（5）创造肯冒创新风险、尝试错误的环境。

（6）支持不同部门的协作环境与网络关系。

（7）鼓励人人参与适当的决策过程。

（8）专注于为患者或其他顾客提供价值活动。

（9）使职工能在工作中得到满足，产生参与感及荣誉感。

（10）建立学习型组织，分享知识。

四、信息管理

信息管理是医院经营的“脑、眼与耳情报中心”，医院须建立维持有效的作业过程以搜集可靠而有用的资料，并将此类数据转换为决策所需的信息。信息须建立系统加以管理，包括储存、安全防卫、保护、沟通及提供数据与信息至所有相关单位。医院须确保有关其绩效、过程改进及达成进度等信息的完整性、机密性及可取得性。

（一）原则

医院有效地累积信息以产生知识，并运用系统的管理方式来搜集、处理现有的知识资产。

（二）具体内容

规划执行信息与知识管理有关的一些做法，如选择、收集、分析和管理数据、信息作为改进经营绩效的方法。取得、发展、传播、应用、更新知识，分析知识管理所带来的价值，妥善规划处理整个知识管理的相关过程。其具体做法如下：

1. 建立信息管理系统

（1）资料搜集、鉴别及取用：使所需的数据与信息处于备分状态，容易提供给经过资格认证的员工、供应者/合伙者及患者或其他顾客取用，并能确保数据与信息完整性、可靠性、安全性、及时性、准确性及保密性。

（2）确保信息硬件与软件质量可靠且易于使用。

2. 开发信息系统

（1）鉴别信息需求，制订信息战略，并以衡量、分析及改进过程中所获得的信息及数据分析结果，整合及分析来自医院所有部门的数据与信息，以评鉴其绩效及鉴别改进区域，开发与应用管理所需的信息。

（2）定期审查医院所使用的绩效衡量方法，并持续定期查证资料的准确性与完整性，使信息维持于最新状态。

（3）更新各种医疗照护软件，医疗信息系统与不同软件系统应能够相互支持，并应具各预防错误与警示作用。

3. 知识管理

（1）知识隐藏在作业过程中，医院领导者须运用系统的管理方式来搜集、处理知识资产，并经由不断地累积、分析、传递、再创造的过程，形成知识的循环，以协助员工找到所需的知识与技能。亦可从患者或其他顾客、供应者、竞争者的互动活动中获取所需知识信息。

（2）医院评估使用信息的衍生利益，以改进信息与知识管理，并确保知识资源的安全性及机密性。

五、顾客管理

就医院管理而言，狭义顾客指“有病接受治疗的患者”，广义顾客指“其他顾客，诸如健康检查、医学美容、肢体矫正等没有病痛的患者或是潜在就医的患者。”狭义市场指“以特定地区民众为服务对象。”广义市场指“以跨地区民众为服务对象。”医疗服务的规模大小即是医院患者与其他顾客者数量，就医患者及潜在患者即是医院的主要服务对象。

（一）原则

医院是靠患者及其他顾客而存在，顾客管理的原则就是应了解患者及其他顾客现在与未来的需要，以满足患者与其他顾客要求为核心概念，机敏地响应他们的要求，并致力于超越他们的期望。

（二）具体内容

针对与患者及其他顾客有关，以及与开发医疗市场有关的方法进行规划，如了解患者或其他顾客及医疗的需求、期望与喜好，开发创新性医疗服务，与患者和其他顾客充分沟通以建立关系，了解影响患者或其他顾客满意度的原因，留住患者或其他顾客，掌握业务扩张的关键因素和市场现况。

1. 了解患者或其他顾客与医疗市场，发展新机会

（1）探寻患者或其他顾客及医疗服务的要求、期望与喜好，以确保现行服务能维持关联性。

（2）了解包括竞争者在内的患者、其他顾客及其他潜在顾客或市场，决定目标顾客、顾客群及市场区隔。

（3）了解患者或其他顾客对医疗服务、时程、价格、质量等当前与潜在的需要与期望，并做好充分的沟通。

2. 开发患者或其他顾客及其市场

（1）开发重要患者或其他顾客需求及要求。

（2）了解竞争者所提供的服务，进行技术开发，快速或弹性响应顾客与市场要求。

3. 患者或其他顾客关系与沟通

（1）将抱怨处理与患者随访或其他顾客满意度作为重要的管理工具，并将患者或其他顾客满意度、忠诚度及抱怨信息等作实时管理改进之用。

（2）对患者或其他顾客满意度和住院经验进行评测，持续地提供患者或其他顾客满意度的回馈要求、评测及监视过程的信息。若适当时，可使用与竞争对手或使其他医院的患者或其他顾客满意度作标杆比较。

六、精益管理

（一）原则

医院运营所需的资源与相关活动流程，须经过系统地规划与精益管理，方能以最有效率、最少成本及失误的方式运营，并成功地达到期望结果。医院应妥当地鉴别、了解与管理相互关联运营操作系统，以更具效果与效率的方式达成目标。

（二）具体做法

1. 系统地规划精益管理

（1）有系统地规划与管制患者或其他顾客所需的设计、开发、医疗与管理服务等。

（2）设计运营流程以符合评审要求，医院将新技术、医疗质量指标、成本控制、效率和效能等因素，融合到精益运营流程的设计中，并建立关键绩效指标。

（3）管制主要的价值创造过程，包括采用适当统计技术以确保过程满足精益运营流程的要求。适当使用来自患者或其他顾客、供应者与合作伙伴的信息。适当时结合检验、检查及绩效审查以预防疾病，降低医疗资源使用。

（4）改进精益运营流程以达到更佳绩效、降低变异、改进医疗技术与服务。分析及评估改进运营流程对医院获利和运营的助益。

2. 适当的供应链管理

（1）在供应链管理中必须界定采购和实际运作的过程，以确保采购品从规格到接收的符合性。评估与管制所采购的产品，使其满足医院与利害相关者的需求。

（2）医院应有系统性地选择与评价供货商、外包商及合作机构的方法。建立回馈机制，定期将绩效评估结果回馈给供货商、外包商及合作机构，通过沟通与分享建立长期的互利互信的供应链伙伴关系。

（3）制定关键供应链的过程及评审标准，以及用于管制与改进这些过程的重要绩效值或指标。

3. 建立全面精益质量管理系统

（1）建立并实施质量管理系统：例如通过ISO 9001：2015标准认证。

（2）建立并实施环境管理系统：例如通过ISO 14001：2015标准认证。

（3）建立并实施职业安全与卫生管理系统：例如通过ISO 45001：2018 标准认证，或是将现行质量、环境、职业安全与卫生管理系统，整合为单一且结合的有效管理系统。

（4）其他：适当情况下参考使用与任务有关的评审或认证，例如医疗照护质量指标系统、临床成效指标、医疗器械装置使用风险管理认证（ISO 14971）、医疗器材质量管理系统认证（ISO 13845：2003）、医疗实验室认证（ISO 15189：2012）、风险管理认证（ISO 31000）、信息安全管理系统认证（ISO/IEC 27001）等。

4. 建立精益管理衡量、分析与改进系统

（1）建立医院经营绩效的衡量系统，通过实际执行绩效的衡量，以查证达成医院

经营目标及符合利害相关者要求的程度。

（2）建立关键绩效指标，持续地分析、评估、监测其绩效改进措施，并将来自改进活动数据分析的结果做为管理阶层审查的输入项目，以提供医院绩效改进信息。

（3）采取矫正与预防措施，运用内部稽核制度根除不符合规范的现象，使稽核成本降到最少。

七、创新管理

创新是指从事有意义的变革以改进医疗技术、服务及过程，为组织利害相关者创造新价值。

（一）原则

医院运用创新能力快速改变与弹性反应市场需要，强化医疗技术与服务差异化，以提高医院的专业名誉与竞争力。

（二）具体内容

1. 灵活方面 在多变的当前医疗环境，要赢得成功需靠“灵活与机敏”——一种快速改变与弹性响应。通过数字化的沟通与信息传送，能更快、更有弹性及客制化地作出回应。简化医院组织架构与工作过程是改进响应时间的第一步，也是最重要的一步，接下来需要从建立新的工作系统着手。持续接受训练与赋权的医院员工，是在这种严格要求环境中锻炼而成的重要资产。完善响应的时间常常会同时改进了工作系统、组织、质量、成本及医疗照护的结果，在此情形之下，时间绩效变得更为重要，快速响应时间已成为衡量医院高质量发展管理的关键方法之一。

当前的医疗环境非常看重实时医疗提供系统的设计、疾病预防计划、既有效果又有效率的诊断与治疗系统。整体设计应包括持续组织改进的学习机会，而且要考虑患者个别需要。设计也必须包括对患者或其他顾客以及特定居民有效判定其健康现况改善的方法。

2. 创新方面 创新是指从事有意义的变革以改进医疗技术、服务及过程，为组织利害相关者创造新价值。创新需领导组织进入绩效的新方面，它不再局限于研发部门，创新对组织运作所有工作系统与过程的每一方面都至关重要。创新的过程应包括持续的组织改进学习机会，而且要考虑患者个别需要。而创新也必须包括对患者或其他顾客和特定居民小区有效判定健康现况改善的方法。例如，今日的医疗环境非常视重实时医疗，实时医疗在系统性的设计、疾病预防计划方面提供了有效果又有效率的诊断与治疗系统。

3. 思维方面 创新思维三层级：创新思维通俗来讲就是新点子，有新点子的人总会想尽办法把事做得与众不同，这只是达到创新思维的初级阶段。“新点子”若能进一步建立制度，改变游戏规则，创造新价值，便进入创新思维的中级阶段。更高明的是“典范移转”，如同哈佛大学教授克莱顿·克里斯坦森（Clavton Christensen）提倡以破坏式创新不断提出产品的创新范式，这就进入高级阶段。

八、资源管理

（一）原则

医院须依要达成的短、中、长期目标，鉴别所需的内部与外部资源，如人员、设备、基础设施、材料、能源、知识、财务等。此外，须同时进行新资源、最适化过程及新技术的研究。

（二）具体内容

为确保医院目标的实现而执行资源管理有关的一些做法，如为价值创造过程与支持过程配置适当资源，包括资源管理、资源规划、资源分配、人力资源、基础设施、知识、财务资源、自然资源与产品生命周期管理等层面。

1. 人力资源管理

（1）医院须将院内与院外人力视为最重要的资源，给予他们适当的教育训练以增强其知识、经验与能力，使他们能胜任工作并对医院政策与战略的改进作出贡献。

（2）医院礼遇专家，请其协助带领院内各团队，教导各层级职工参与持续改进活动，建立激励制度，激发员工潜能，以提升医院运营的效果与效率，并在团队或小组中自由分享知识与经验以达成医院目标。

2. 财力、技术与智财资源管理

（1）运用与维持财务及智能财产管理系统，并持续改进其有效性。

（2）提供创新资金与奖励金，以激励员工创新能力。

3. 基础设施管理与工作环境管理

（1）用焦点团体法邀请相关且有意愿参与的民众，进行小团体的深度访谈，表现院方注重顾客需求的诚意与具体做法。

（2）创建与管理为达成符合产品要求所需的工作环境，包括创意的工作方法与更多的参与机会、发挥医院内人员潜能、安全规则与指导、设定工作场所的位置、人员间互动、节约能源措施、环境绿化等。

九、社会责任

（一）原则

具备诚信正直的品德操守的医院组织，必能信守承诺善尽社会责任，也必会受到患者及家属尊敬，易于达成医院可持续经营的目标。

（二）具体内容

（1）医院领导者应将诚信正直与社会责任视为医疗之本与建立道德形象之基，以承诺遵守法规要求、医疗伦理及社会道德规范，成为优良社会公民为己任。医院领导者必须全心投入做好每一件事，从改善员工工作环境与待遇着手，进而关心其家庭以及当地小区和社会，包括环境保护、节能减碳、绿色制造、员工安全、员工权益维护等，这样才能稳健地创造价值。

（2）考虑医疗相关者对服务的需求及期望，如符合性、可恃性、医疗安全、医疗责任及环境影响等。运用公司治理概念，遵守医学伦理，遵循法规要求，避免医院所提供的服务对社会可能造成负面影响，包括税务、工安、消费者保护、卫生等方面。

十、绩效管理

医院在生存竞争中成长及可持续经营，应在内外部订定适当的关键绩效指标（KPI），以发现、鉴别及评估风险与机会。

（一）原则

持续检讨所设定工作项目与目标的执行成果，作为改进参考。

（二）具体内容

成果的趋势信息，至少须以三年为准。

1．组织领导成果　①医院文化塑造成果：代表医院在实现愿景及目标过程中，领导者所带动的医院文化改变，应建立指标加以衡量，如运营绩效方面关键绩效指标的进步、关键要项成长目标的达成等。②医院全员非关键性的指标成果：如患者满意或是顾客抱怨减少等。员工行为方面，如在各个不同层级，是否已有员工开始展现某些重要的行为？例如，是否定期更新顾客关系管理的数据库？在执行上，是否达成了设定的行动里程碑？某项新政策是否成功执行？员工是否遵守对关键客户目标的承诺？医院全员的价值观、心态调查的结果如何？如员工言谈举止、办公场所布置、创新与改进的参与程度等。

2. 战略规划成果 战略规划措施所产生的一些成果，如医联体、医供体垂直与水平整合，或是达成并购及市场拓展的成长目标等。

3. 人资管理成果 员工满意度与不满意度及发展中重要衡量指标的现行水平与趋势、员工流动率、生产贡献率，或每人平均生产力的现行水平与趋势，以及员工每人每年最低员工培训时数、单位向员工提供的培训时数、平均提案改善数/总提案改善数及具专长数的现行水平与趋势。

4. 信息管理成果 ①信息系统使用成果：如管理信息系统（MIS）、企业资源规划（ERP）等所提供的信息在管理决策上的应用成果。②知识管理成果：搜集、处理医院的现有知识资产，并经由不断地累积、分析、传递、再创造的过程所产生的知识资产数。

5. 顾客管理成果 ①市场成果：市场绩效重要衡量指标，如市场占有率、服务成长率或其他类似的客观数据的现行水平与趋势。②患者或其他顾客满意成果：在患者或其他顾客满意度与不满意度的重要衡量指标中，医院的现行水平与趋势信息，包括与竞争者满意度水平比较，以及处理患者或其他顾客抱怨及成效追踪的重要衡量指标方面的医院现行水平与趋势。

6. 运营管理成果 ①运营设计成果：医院所从事的主要医疗服务设计与开发以及其实现过程，用于改进市场与营运绩效的一些表现。②营运流程成果：重要流程设计、医疗服务、服务提供等流程及营运绩效改进中重要衡量值指标的现行水平与趋势，包括：医院目标、生产力、病床利用率、死亡率、研究发展、周期时间、供应者/合伙者绩效及其他适当的效果与效益衡量值。

7. 创新管理成果 创新成果可包括：新知识、新观念、新过程、新方法、新技术、新营销方式、新战略、新制度、新顾客层、新环境、新员工、新事业、新产品、新服务、专利、新领导结构、新经营模式、新绩效评鉴方法等各个价值创新领域的成果。

8. 资源管理成果 重要财务绩效与技术及智财资源衡量指标的现行水平与趋势，如投资报酬率、获利力、资产负债比、每一员工附加价值，以及技术与智财数等。

9. 社会责任成果 代表符合诚信正直与社会责任成果的表现，如员工照顾、环境保护、能源节约、卫生安全维护、公司治理等。参加企业社会责任（corporate social responsibility，CSR）评比获奖，从事社会公益活动所获得的优良形象、荣誉或感谢状等亦可作为社会责任成果的事证。

落实执行上述十大重要原则与具体做法只是简单地为有意追求高质量发展的领导们指出医院运作应当注重的领域，若要把它们做好，还要将列在执行项目的“优先且重要的活动”予以落实执行并衡量其绩效，如此才能产生具体效果。针对以上十项中国医院高质量发展管理模式要项中的个别项目，应把它看作医院领导者应当关注的课题，其中每一课题，都有其应有的具体做法，这些做法的规划与实施须遵守两个原则：一是与达成医院目标有关，二是会产生增加价值的结果。医院领导者要将十要项所关切的课题及其展开项目作为“治事之本”据以彻底执行。

第五节　应用案例

案例：美国北卡罗来纳大学格林斯伯勒分校的 Albert N. Link 教授和达特茅斯学院的 John T. Scott教授的一项研究是关于波多里奇卓越绩效计划（Baldrige Performance Excellence Program，BPEP）的潜在收益与成本。研究结果显示，2001年波多里奇卓越绩效计划对美国经济的总潜在经济效益接近250亿美元，其总运营成本为1.19亿美元，每年可带来相关的收益大约为240.65亿美元，成本效益比为207：1。经济学的科研成果确定了使用波多里奇高质量管理模式对组织的实际价值，即使用波多里奇高质量管理模式的企业或组织，每投入1元的成本，便能达到207元收益。两位教授持续追踪波多里奇卓越绩效计划，成效更加明显。2012年的研究结果显示，该计划的成本效益比提高到820：1。和其他的质量奖相比，美国的波多里奇国家高质量奖更注重结果和服务，领域更广，更注重创新，包括了更多的患者和人力资源因素，更强调分享信息的重要性。

美国的 Adventist Health White Memorial是一家于2019年获得波多里奇国家高质量奖的医院，其运营主管 Mara Bryant说，通过参与波多里奇国家高质量奖的评审，能将医院的表现提升到一个新的层级，在尝试了不同的管理方法之后，波多里奇高质量管理模式是最全面和最系统的，它在许多层面上对医院提出了挑战。而从波多里奇高质量管理模式中学到的纪律性、敏捷性和流程能力，都使医院在面临全球性的流行病时应对得游刃有余，没有将大量精力浪费在无价值的工作上。

2009年获得美国波多里奇国家高质量奖的Mercy Health System的副总裁凯斯·哈里兹说，波多里奇高质量管理模式对于该院来说就是其生命的“高速公路”，它也是地图、方向标、路标。说它是地图，是因为波多里奇高质量管理模式有着通向卓越绩效的方法和路径，并不是所有的道路都能带你到达想要到的地方，然而地图可以帮助你。说它是方向标，是因为它能驱使全体成员朝共同的方向前进。说它是路标，是因为它是前进的仪表盘，可以提供标杆，也是加速器。

讨论：①美国波多里奇国家高质量奖和其他的质量奖有什么不同？②对于一家医

院运营而言，实践波多里奇高质量管理模式可能要付出哪些方面的成本？③试着举出国内医院或企业是如何实践社会责任的例子。

本章小结

本章探讨高质量发展管理模式，分别阐述国际高质量发展管理模式ISO 9001：2015、欧洲高质量发展管理模式以及美国波多里奇高质量发展管理模式。目前高质量发展管理模式在我国医院运营管理中的应用处于起步阶段，相关研究也发现以高质量发展管理模式（EPM）的理论研究为指导，可以比较有效地解决我国公私立医院当前组织目标不够清晰、忽视领导作用、绩效管理关键要素系统协调不完善等问题，提示我国医院可在高质量发展管理模式指导下探索追求高质量发展管理之路，不断提高医院的核心竞争力，促进医院高质量可持续发展。无论公立或是私立医院，未来均可以运用本章相关内容结合我国社会发展特色，创新高质量发展管理模式，提升医院管理绩效，为患者提供最优质的医疗服务。

（王炳龙）

第十三章 医疗质量与安全管理运作实务

学习目标

1. 掌握 医疗质量管理与安全体系核心内容。
2. 熟悉 国内医疗机构质量与安全管理实践及改进方式。
3. 了解 国内医疗质量文化建设。

某大型三甲医院近年来狠抓医疗质量安全工作，医疗质量与安全持续改进，该院在医疗质量与安全管理方面，遵循国家卫生健康委员会相关政策要求，也突出创新。以下通过对该院医疗质量与安全管理方面组织架构、制度建设和运作案例等内容进行阐述，为医院开展医疗质量与安全管理提供范例。

第一节 医疗质量与安全管理体系

一、控制体系

该医院成立以院长为第一责任人的院级医疗质量与安全管理组织——医疗质量与安全管理委员会，实行医院、职能部门和科室三个层级的医疗质量与安全管理体系（图3-1）。明确目标为以问题为导向，通过健全工作制度，规范工作过程，充分利用PDCA在内的医疗质量管理工具，以项目制的形式推进医疗质量与安全管理工作，形成长效管理效果。

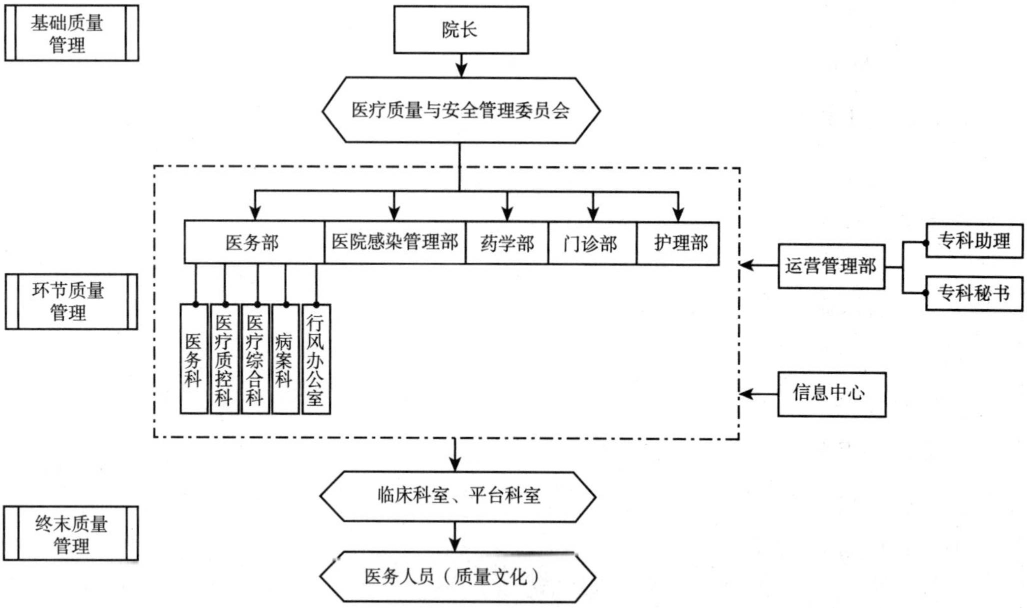

图 13-1　某大型三甲医院医疗质量与安全管理体系

二、制度体系

（一）三级查房制度

1. 目的原则　查房是开展住院患者诊疗活动的重要手段，是诊疗方案制定完善的重要过程。实施三级查房制度目的是及时了解患者病情变化，经过多人、多次查房避免病情观察遗漏或片面等情况，为患者及时制定合理的诊疗方案，以提高医疗质量，保证患者安全。

2. 适用范围　全院各临床科室住院患者。

3. 管理规范

（1）定义

1）查房是指医护人员在病房里对住院患者实施患者评估、制定与调整诊疗方案、观察诊疗效果等医疗活动，其核心是检查患者，了解、分析与预测患者疾病相关的信息，包括患者生理、心理、家庭和社会信息，旨在制定与调整诊疗方案，观察诊疗效果，开展医患沟通等医疗活动。

2）三级查房制度是指患者住院期间，由不同级别的医师以查房的形式实施患者评估、制定与调整诊疗方案、观察诊疗效果等医疗活动的制度。

（2）基本要求

1）工作原则：实行科主任领导下的医疗组长负责制。医疗组长对医疗组的诊疗质量全面负责，下级医师服从上级医师管理，所有医师服从科主任管理。

2）三级医师定义：三级医师是指三个不同级别的医师，分别为：三级医师（包括指导教授、实授医疗组长岗位的高级职称医师及中级职称医师）、二级医师（包括未实施医疗组长的副高级职称医师及中级职称医师）、一级医师（原则上指住院医师，包括进修医师和有医师资格证并在医院注册的医学生）。

3）各级医师的医疗决策和实施权限：①三级医师根据医院医疗授权负责医疗组的诊疗方案和决策。包括：决策和审查新入院、疑难、急危重患者的诊断、治疗计划；决定重大手术及特殊检查、治疗；决定邀请院外会诊；审核病历和其他医疗文件书写质量；听取医师、护士对医疗、护理的意见；决定患者出院、转科、转院问题。②二级医师根据医院医疗授权在三级医师的指导下负责实施诊疗活动。包括：对新入院、手术前后、急危重、诊断未明确、治疗效果不佳的患者进行重点检查；制定或修订患者的诊疗方案；审核医嘱下达和执行情况；决定一般手术和必要的检查及治疗；确定院内会诊；严格管控病历书写的质量，纠正其中的错误和不准确的记录。③一级医师根据医院医疗授权在三级、二级医师的指导下负责参与诊疗活动。包括：在二级、三级医师查房前，一级医师应系统掌握、熟悉所管患者的病情及有关检查结果，做好查房准备并完整汇报病情及诊治经过；检查当日医嘱执行情况；随时观察病情变化和检查结果回报并处理，随时记录，必要时请上级医师检查患者，了解并征求患者对医疗、护理、生活等方面的意见，交换对病情及诊疗计划的意见。

4）重视患者评估：查房是最常见的患者评估方式。医务人员应根据授权范围按照制度、程序、诊疗指南或规范对患者进行疾病诊断与评估，并结合患者心理、家庭和社会因素分析、综合判断，据其结果制定诊疗计划并实施规范的同质化服务。重点范围至少应包含住院患者评估、手术前评估、麻醉风险评估、危重患者评估、危重患者营养评估、住院患者再评估、手术后评估、出院前评估等。诊疗过程中应及时对患者进行再评估，以判断患者对治疗的反应，适时调整医疗、护理方案。

（3）查房要求

1）工作日查房：原则上应由医疗组长带组每日查房2次。①医疗组长因当日门诊、手术等情况不能查房2次的，需带组查房1次，另由组内二级及以上医师带组查房1次。②医疗组长因故不在岗2天以内，可请组内指导教授、二级医生或其他医疗组长代为查房；如医疗组内有病危、病重患者，则必须请其他医疗组长代为查房。③医疗组长因故不在岗超过2天，由科室安排其他医疗组长代为查房。医疗组长需提前向科室报备查房方式。

2）周末、节假日查房：周末，节假日每日上午10点前开始查房1次。①原则上，由医疗组长带组查房。科室根据业务工作需要，可安排亚专业类别相同或相近的2个医疗组合组，由三级医师带组轮流每日查房。②组内患者病情平稳，生命体征正常，无病危患者，采取三级、二级医师轮流带组查房。若组内患者病情变化，有病危患者，需由三级医师带组查房。③周末、节假日前，医疗组长需提前向科室报备查房方式。

3）夜查房：当值的住院总医师每晚负责查看所有住院患者。二线值班医师每晚重点查看病危、当日急诊入院的患者。

4）急诊入院患者查房：①工作日（上午8点至下午6点）急诊入院患者：当日应由医疗组长或二级医生查看患者。②工作日夜间（下午6点至第二天早上8点）急诊入院患者：当日应由住院总医师及值班二线医师查看患者。③周末、节假日期间急诊入院患者：根据入院时间，原则上由正住院总医师及以上医师查房。

5）紧急情况查房：患者因病情危重需行急诊手术或紧急处理，以及患者发生其他特殊情况时：①工作日必须由二级及以上医师查房处置，医疗组长必须掌握患者情况。②工作日夜间、周末、节假日时必须由二线值班医师查房处置，必要时对三线值班医师、医疗组长、科主任汇报。

6）手术患者的主刀医师必须在术前24小时和术后当日查看患者。

7）鼓励科室设立指导教授，对医疗组长为低年资副教授或副主任医师、高年资主治医师开展定期指导。原则上，指导教授每周至少查房2次。

8）护理查房：护士长应组织护理人员每天进行护理查房，着重检查护理质量，研究解决疑难问题，同时结合实际进行教学。

9）药师查房：临床药师通过参加医师查房或单独查房，了解患者病情及治疗情况，参与药物治疗方案的制定、执行和修改，为患者提供用药教育、用药咨询等药学监护服务，为医疗组提供药学技术支持，其目的是促进合理用药，减少药物治疗风险。

药师查房主要针对重点患者（如多病多药、脏器功能不全、术前术后、药物治疗毒副作用较大、对已有药物疗效不佳的危重患者以及长期用药依从性不佳等）进行，全面监护药物疗效及不良反应。

（4）查房行为规范

1）上级医师查房一般有下级医师陪同：①三级医师查房时，原则上二级医师、一级医师必须参加，护士长/责任护理组长/责任护士积极参加，提高临床科室医护一体化协同能力。②二级医师查房时，一级医师必须参加，责任护士积极参加，对患者护理相关问题作出建议。③一级医师查房，实习医师和进修医师必须参加，在不影响护理工作的前提下，护士长可安排责任护士参加查房。

2）查房前，医师应当了解患者病情变化和检查、检验结果。

3）首次查房时，医师应当对患者做自我介绍。

4）各级医师查房时应仪容仪表整洁、尊重患者、保护患者隐私。①尊重患者的知情权、隐私权、诊疗选择权。主动提供替代方案并陈述优缺点供患者或其法定代理人选择时参考。不得有侮辱、歧视性语言。在患者心理、家庭承受能力可及的范围内实施诊疗活动，以保护患者的尊严。②保护患者隐私。检查患者身体时应当适当遮挡，避免无关人员窥视，不可在公开场合谈论患者相关信息。患者病情、治疗及预后等情况应与其本人或其法定代理人沟通，并予以说明，不得向其他无关人员泄露。③查房时，仅限于谈及医疗及与该患者疾病治疗相关的话题。

（5）三级查房制度记录要求

1）除日间手术患者，每一位患者均应有二级医师及以上查房记录。

2）查房过程或结果，可根据患者病情进行记录，原则上应当在当日的病历记录中有所体现，病情稳定时可以每3天合并记录一次。每条查房记录需注明带组查房的医师级别、姓名、职称。

3）ICU患者若涉及专科医师查房，原则上由专科的医疗组长或二级以上医师参与。专科医师在ICU查房完毕后应及时与ICU管床医师和主管医师沟通患者病情及诊疗方案。ICU医师书写记录。

4. 监督考核管理　职能部门对相关病历等资料进行定期和不定期检查。针对周末、节假日查房情况，由医务部根据科室报备情况进行不定期抽查。检查结果全院公示，对没有严格按照相关制度执行造成不良后果者纳入医院医疗缺陷处理。

（二）手术分级管理制度

1. 目的原则

为加强手术分级管理，规范手术行为，提高医疗质量，保障医疗安全，维护患者合法权益，根据《中华人民共和国医师法》《医疗机构手术分级管理办法（试行）》《三级综合医院评审标准实施细则（2011版）》《国务院办公厅关于加强三级公立医院绩效考核工作的意见》并结合医院自身实际情况，拟定《手术分级和手术医师授权管理办法》。

2. 适用范围　全院各临床科室。

3. 管理规范

（1）手术级别标准：参照国家卫生部手术分级目录（2011年）和三级公立医院绩效考核四级手术目录，并根据各临床科室本专业具体情况，按照手术的难易度、复杂性、风险度大小以及是否为医院开展的新技术等将手术分为以下级别。①一级手术：技术难度较小、手术过程简单、风险度较小的各类手术。②二级手术：技术难度一般、手术过程不复杂、风险度中等的各类手术。③三级手术：技术难度较大、手术过程较复杂、风险度较大的各类手术。④四级手术：技术难度大、手术过程复杂、风险度大的各类手术、跨专业复合型或复杂新技术或新项目手术。

医院具体手术分级目录由各临床科室上报医务部进行审核备案。

（2）手术医师分级及手术权限：根据手术医师卫生技术资格、受聘技术职称、从事相应技术岗位工作年限及手术操作技能等方面综合确定手术医师的分级。所有手术医师均应依法取得执业医师资格并在医院注册（包括进修、规培医师、本院在读研究生），原则上各级医师在下述权限内开展手术，各级医师手术权限对应各专业的手术级别，以相应术式授权。相关专业手术操作技术能力及手术治疗效果得到专业学科管理小组认可，经科室管理小组讨论及科室主任审核并报二级学科专家审核后，报医务部审批同意后可授予相应级别手术权限。

1）住院医师。①低年资住院医师：从事住院医师岗位工作3年以内，或获得硕士学位、曾从事住院医师工作2年以内者。在上级医师指导下，可视其技术水平和操作能力申请独立主持一级手术。②高年资住院医师：从事住院医师岗位工作3年以上，或获得硕士学位、曾从事住院医师岗位工作2年以上者。可申请独立主持二级手术，在熟练掌握二级手术的基础上，在上级医师指导下，可视其技术水平和操作能力逐步开展三级手术。③进修医师、规培医师及研究生可视其既往职称及工作学习情况，承担低年资或高年资住院医师工作。

2）主治医师。①低年资主治医师：从事主治医师工作3年以内，或获得博士学位并从事主治医师工作2年以内者。可申请独立主持二级手术，在熟练掌握二级手术的基础上，在上级医师指导下，可视其技术水平和操作能力逐步开展三级手术。②高年资主治医师：从事主治医师工作3年以上，或获得博士学位并从事主治医师工作2年以上者。视其工作能力可申请独立主持三级及以下手术，在上级医师指导下，可逐步开展四级手术。

3）副主任医师：①低年资副主任医师：从事副主任医师岗位工作3年以内，或从事副主任医师岗位工作2年以内且获得博士学位者。视其工作能力可申请独立主持三级及以下手术，在上级医师指导下，可逐步开展四级手术。②高年资副主任医师：从事副主任医师岗位工作3年以上，或从事副主任医师岗位工作2年以上且获得博士学位者。视其工作能力可申请独立主持四级及以下手术，在上级医师指导下或根据本人的手术操作能力，探索新技术手术。

4）主任医师：受聘主任医师岗位工作者，可独立主持四级及以下各类型手术和主持新技术手术。

5）由于医院存在不同医师职称与其年资及技术水平不完全相符的情况，故上述手术权限为一般原则，各手术科室管理小组除遵循上述手术授权原则外，还应根据各手术医师具体技术水平和完成手术量以及手术并发症发生情况等医疗质量安全指标确定其手术权限。在未获得相关手术权限时，任何级别手术医师的手术权限均不可超出医院规定的手术权限。

（3）手术医师授权管理执行程序

1）新留院、新近取得医师执业证书的手术医师需主持手术时，或手术医师根据前述条款需晋级主持上一级手术类型时，医师应根据自己的资历、实际技术水平等情况提出申请，填写“手术级别授权申请表”交本科室主任处，并附相关手术培训、获奖等支撑材料。

2）各科室主任收到医师的申请单后应及时组织科内专家小组进行讨论认定，由科室主任审核签署意见后交二级学科，由二级学科专家组再次讨论确定。

3）二级学科专家组讨论已确认的“手术级别授权申请表”，经二级学科科主任审核签署意见后交医务部，由医务部统一审批，如有特殊授权情况需在医疗授权及医师考核管理专委会上讨论。

（4）“手术分级授权”的其他管理规定

1）需急诊手术时，如无相应手术级别医师实施手术，值班医师在准备手术的同时必须与三线值班医师取得联系，或向科主任报告，由三线值班医师或科主任安排相应手术医师，并在相应文书中做好记录。

2）已分亚专业的手术科室需急诊手术时，值班的非本亚专业医师在手术前，必须与该亚专业的医师取得联系，该亚专业的手术医师应临场指导或参与手术。

3）各级医师在实施手术过程中遇到无法预测的特殊情况时，应立即报告科主任或分管医疗的副主任。

4）进修医师及规培医师不得作为主刀主持三级、四级手术。

4. 监督执行程序　根据医院缺陷管理条例及急诊手术分级管理相关规定对违规行为进行处罚。

（1）手术医师未经管理程序擅自越级主持或开展手术将被视为违规行为。

（2）各手术科室科主任在签署“手术计划核准书”时，必须按照各手术医师的手术权限签署是否同意手术，如主刀医师超越手术权限，科室主任有权停止该手术或更换主刀医师。

（3）医务部履行监督检查职责，并不定期检查执行情况，其检查结果将纳入医疗质量考核中。

5. 降低或暂停手术资格管理程序

根据《医疗技术临床应用管理办法》等相关文件，对以下几种情况暂停手术资格或降级处理：

（1）手术医师因围手术期相关原因纳入缺陷管理的，经手术管理专委会讨论确定，降低一级手术资格。

（2）因非计划再次手术或严重手术并发症导致一年内发生两起或两起以上医疗纠纷，造成赔付的，经手术管理专委会讨论确定，降低一级手术资格。

（3）违反手术排程过程、无故停手术，情节严重者，降低一级手术资格。

（4）违反手术分级管理制度，越级手术发生医疗纠纷，造成赔付的，降低一级手术资格。

降低手术资格者，科室管理小组应对其进行考察，考察时间为1个月。考察期满后，当其在上级医师指导下作为术者完成10例以上该级别手术，且该类手术操作及治疗过程中无严重并发症及医疗纠纷时，经科室本专业专家组对其技术水平进行再认定后，提出书面报告交二级学科专家组进行讨论和确认后报医务部获得资格准入。

（三）手术安全核查制度

1. 目的原则 手术安全核查是由具有执业资质的手术医师、麻醉医师和手术室护士三方（以下简称“三方”）分别在麻醉实施前、手术开始前及手术患者离开手术室前，共同对患者身份和手术部位等内容进行核查的工作。

2. 适用范围 本制度适用于各级各类手术，其他有创操作可参照执行。

3. 管理规范

（1）手术安全核查的基本要求

1）住院手术患者均应佩戴患者身份识别信息的标识（即腕带），门诊手术患者应携带就诊卡、导诊单，门诊无民事行为能力的手术患者（如婴幼儿、智力障碍者等）还应有监护人陪同，以便核查患者身份。

2）手术安全核查由麻醉医师主持，三方共同执行并逐项填写《手术安全核查表》。

（2）实施手术安全核查的操作及管理规范

1）麻醉实施前：由三方按《手术安全核查表》依次核对患者身份（如姓名、性别、年龄、登记号等）、手术方式、手术部位与标识、知情同意、麻醉安全检查、皮肤、术野皮肤准备、静脉通道建立、过敏史、抗菌药物皮试结果、术前备血、假体、体内植入物、影像学资料等内容。核对无误后，三方签字确认。

若涉及活体器官移植，待器官捐献者与接受者身份符合活体器官移植有关规定后方可施行手术。

2）手术开始前：三方共同按《手术安全核查表》内容逐一核查患者身份（如姓名、性别、年龄等）、手术方式、手术部位与标识等相关内容。核对无误后，手术室护士和麻醉医师签字确认，手术医生可待手术结束后一同签字确认。手术室护士核查手术物品准备情况，并向手术医师和麻醉医师报告，共同完成《手术风险评估用表》并签字。

3）患者离开手术室前：三方共同核查患者身份（如姓名、性别、年龄等）、实际手术方式，术中用药、输血的核查，清点手术用物，确认手术标本，检查皮肤完整性、动静脉管路、引流管，确认患者去向等内容。核对无误后签字确认。

4）手术安全核查必须按照上述步骤依次进行，每一步核查无误后方可进行下一步操作，不得提前填写表格。

5）术中用药、输血由麻醉医师或手术医师根据情况需要下达医嘱，由手术室护士与麻醉医师共同核查后实施并做好相应记录。

6）手术科室、麻醉手术中心的负责人是本科室实施手术安全核查制度的共同第一责任人。

7）住院患者的《手术安全核查表》《手术风险评估用表》应归入病历中保管。门诊手术患者的《手术安全核查表》《手术风险评估用表》与其他病历资料（如知情同意书、手术记录单等）一起由麻醉手术中心负责保存15年。

4. 监督考核管理　职能部门对手术安全核查情况进行随机全时段抽查，检查结果反馈至相应科室并根据其他管理规定予以下一步处理。

（四）危急值报告处置制度

1. 目的原则　为促进临床、医技科室之间的有效沟通与合作，在遇紧急或抢救情况下，医技科室需向临床科室提供准确的诊断信息，以更好地为患者提供安全、有效、及时的诊疗服务，保障医疗质量和医疗安全，并根据医院实际情况，进一步完善形成《危急值报告处置制度》。

2. 适用范围　全院各科室。

3. 管理规范

（1）“危急值”及“危急值及时报告与处置”的定义：①危急值（critical values）：存在明显异于临床参考范围的某项或某类检验检查结果，反映出患者可能处于危及生命、需要及时干预的状态的检验检查结果。其核心特性为“危及生命，需要抢救”。②危急值及时报告与处置：在检查出危急值后，相应医技平台科室应即刻通知临床科室，科室接到报告后，根据患者实际情况判断并及时给予患者相应的处置。

（2）“危急值”分级：由于亚专业划分细，为了保证质量和安全，避免各亚专业的医生忽视其他亚专业的阳性检验检查结果，因此医院将危急值范围进行扩大并做了分级。

根据异常检验检查结果的危害程度将危急值划分为：特殊阳性提醒值（一级）、普通危急值（二级）和紧急危急值（三级）。①特殊阳性提醒值：是指异于临床参考范围的某项或某类检验检查结果，不会立即危及患者生命，但须医生高度重视并及时告知患者及家属的重要异常检查、检验结果，如需要随诊的肺部包块、非糖尿病患者血糖高于正常范围等。②紧急危急值：存在明显异于临床参考范围的某项或某类检验检查结果，反映出患者处于危及生命的状态、需要立即干预的检验检查结果，如严重电解质紊乱、内脏大出血等。③普通危急值：即介于特殊阳性提醒值和紧急危急值之间的异常检验检查结果，如HIV初筛阳性、多重耐药菌株等，需要下一步处理并需要采取相应医院感染防控措施。

（3）“危急值”报告程序

1）医技平台科室工作人员发现“危急值”情况，经确认后通过“危急值处置系统”通知患者主管医师和所在医疗组以及护士站。其中，紧急危急值在系统发送首次通知的同时，由医技平台科室工作人员电话通知病区（包括急诊、体检中心、门诊等）护士站“危急值”结果。

2）临床科室在接到系统通知后未在规定时间内及时查看，系统将根据危急值等级划分在不同时间内向科室住院总医师和护士站发送二次通知。普通和紧急危急值未在15分钟内查看并处置，系统将自动发送二次通知并电话通知护士站。特殊阳性提醒值未在30分钟内查看并处置，系统将自动发送二次通知。

3）电话通知时，危急值报告电话的接听人员应为医护人员。接听电话者有义务向检验检查报告方如实陈述自己的姓名及身份。医生或护士接听“危急值”报告且确认信息正确无误后，及时将“危急值”结果如实告知患者主管医师、住院总医师或值班医师，必要时报告科主任和护士长，并提醒其在“危急值处置系统”及时记录处置结果。

（4）“危急值”处置过程

1）主管医师、住院总医师或值班医师接到“危急值”结果后应及时识别。若与临床实际情况不符，应关注标本的留取情况，如有需要，应重新留取标本进行复查；若相符，应积极采取相应处理措施，并及时在“危急值处置系统”内记录和保存“危急值”结果、相关症状体征、处理措施或处理结果。

2）门诊护士接到危急值通知后，应立即通知患者或家属到医院进行处理，同时记录患者的电话及通话时间；如果无法与患方取得联系，也应注明试图联系的时间及未取得联系的原因。

3）急诊护士接到危急值通知时，如患者已收治入院或转区，应通知相应护理单元对患者进行处理，并记录所通知的护理单元、接电话人员姓名和通知时间。结果记录在“危急值处置”记录中。

4）医务部组织相应科室制定并不断完善“危急值”项目表及界限值。

4. 监督考核管理

（1）临床、医技平台科室认真组织学习“危急值”报告处置制度，人人掌握“危急值”报告项目、“危急值”界限值、报告程序和登记制度。科室指定专人负责本科室“危急值”报告处置制度实施情况的督察，定期对其有效性进行评估，确保制度落实到位。

（2）医务部根据临床实际情况组织临床科室及医技平台科室对危急值项目及范围进行修订。医技平台科室在医务部协助下与临床进行协商，不断完善“危急值”报告项目，以满足临床实际需要。

（3）报告处置制度落实执行情况将纳入科室医疗质量监控。医务部、护理部等职能部门不定期对各临床、医技平台科室“危急值”报告处置制度的执行情况进行检查，发现未及时推送、未及时处置或处置后未及时记录等情况将进行通报。

危急值处置过程示意图，如图13-2所示。

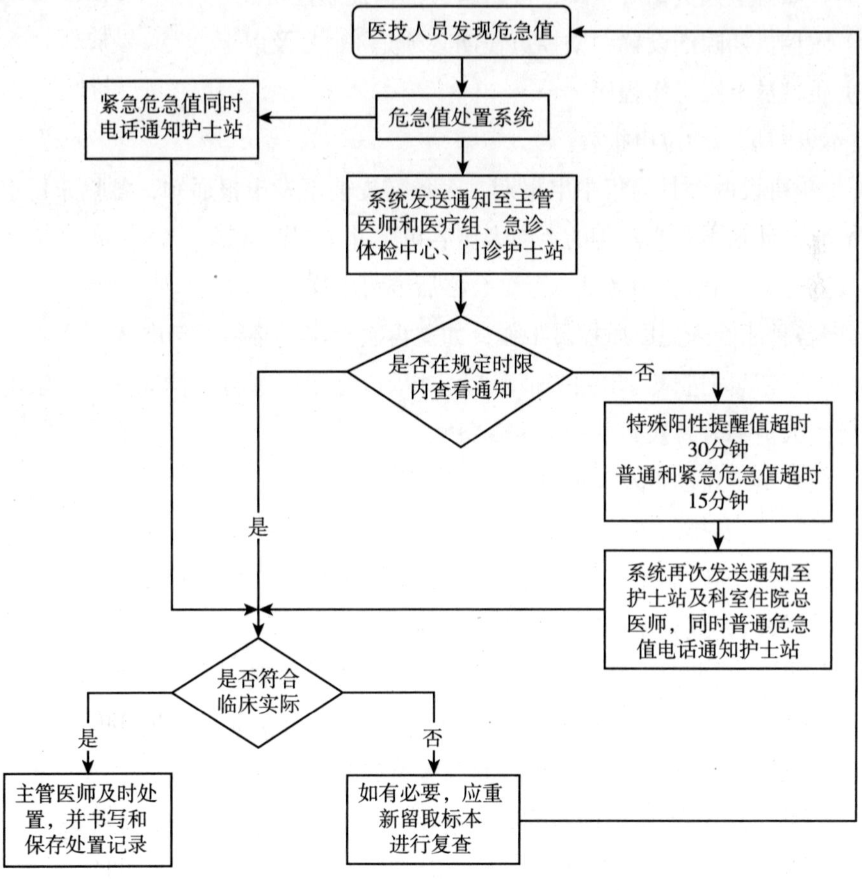

图13-2　危急值处置过程示意图

（五）医疗质量兼职监控员管理办法

医疗质量管理是医疗管理的核心，为全面加强医疗质量管理，持续改进医疗质量，各临床科室设置医疗质量兼职监控员（以下简称“质控员”），进一步完善院科两级管理，建立医疗质量安全管理长效机制。

1. 目的原则 规范全院各科室质控员的准入、上岗过程及考核管理，进一步提高质控员的素质、能力，确保医疗质量安全。

2. 适用范围 全院质控员和即将担任质控员的医师。

3. 管理规范

（1）质控员的申报程序设置：各临床科室设质控员1名，原则上由医师担任。质控员由科室管理小组推荐，需进行申报，填写岗位申报表并交医务部。经医务部培训考试合格后方可上岗。

原病历质量监控员合并为医疗质量兼职监控员，不再单独设立病历质量监控员。

（2）质控员资格的认定：需由本院主治及以上医师担任，并完成了第一阶段住院医师培训。如科室人员相对紧缺，可返聘医师担任质控员。

（3）质控员期限的设置：质控员任期必须是3个月及以上。

（4）质控员上岗工作程序

1）本人需填写岗位申报表。

2）每年可设两个月为集中申报期，医务部提前下发申报通知，各临床科室根据临床工作情况，计划半年或一年的上岗人员名单，并上报医务部。

3）医务部组织培训和考试，考试合格后方可上岗。

4）因各种原因未完成质控员工作，如需再次上岗，必须重新申请。

5）在质控员因进修、出差等情况超过1周以上不能履行岗位职责时，须由已担任过质控员的人员临时替换，并报医务部备案。

（5）质控员工作职责及任期管理

1）完成科室安排的质控工作。

2）按照临床科室制定的归档病历检查份数，完成归档病历检查。

3）每月按时完成其他科室的病历质量检查。

4）每月特定日期前上交上个月拟归档病历检查汇总表。

5）协助科室开展三基三严培训，每季度开展一次新进轮转医生病历书写培训。

6）协助医务部开展本科室医疗质量与安全管理。

7）完成医院组织的医疗质量安全检查。

8）任期结束后，需填写考核表。

4. 监督考核　质控员工作将作为以后医疗组长上岗的重要依据。科室需保证质控员工作开展，不得随意调整质控员。科室对质控员的管理纳入科室考核。每月医务部医疗质控科对质控员工作情况进行月绩效考核，运管部经管科根据考核结果发放岗位酬金。每年医务部对任期已满的质控员进行综合考核。考核指标包括：乙等病历数、病案首页填写不规范份数、医疗纠纷投诉缺陷病历发生份数、三医监管不规范医疗文书发生份数等。

三、监测与考核指标体系

（一）原则

医院各科室医疗质量检测和考核指标体系的建设应当是一个动态调整、持续优化的过程，整体目标就是在国家监测和考核指标体系引导下，包括三级公立医院绩效考核、三级医院评审、国家医疗质量安全改进目标、各专科质量控制指标等，结合医院自身发展过程中的实际情况和当年以及近一段时期的重点工作要求，以目标、结果为导向，服务于医院战略规划的要求，制订动态的医疗质量考核评价体系。

监测指标和考核指标不是固定不变的，而是可以动态调整的，两者之间可以相互转化，保证科室工作平稳，与国家和医院发展要求保持一致。

（二）实操方法

医院职能部门结合三级公立医院绩效考核、三级医院评审、国家医疗质量安全改进目标、各专科质量控制指标、医院自身发展过程中的实际情况和当年以及近一段时期的重点工作要求拟定初步指标，分组前往科室一对一进行多轮沟通，征集意见，确定指标，具体如下：

（1）科室分类：临床科室（内科性科室、外科性科室），医技平台科室，特殊科室（急诊科、ICU、麻醉手术中心、日间服务中心、特需医疗中心）。

（2）指标分类：通识指标与专科指标相结合。

（3）分值权重：指标分值向医院年度重点工作和科室自身薄弱项倾斜。

（4）考核方式：拟定指标是否适合考核科室，指标定义、计算公式、规则和细则。

（5）举例：出院患者四级手术比例。

1）计算公式：出院患者四级手术比例=出院患者四级手术台次数/同期出院患者手术台次数×100%

2）考核细则：当年高于国考目标值（40%）的，与去年同期比较每减少1%，扣0.1分，扣完为止。当年低于国考目标值（40%）的，未开展的得0分，每上升1%，得0.1分。

（三）实时监控

以现有信息平台为抓手，加强医疗质量与安全实时监控。充分运用信息化，是现代医院解决传统医疗质量与安全管理模式中存在的问题和挑战、实现全过程闭环管理、促进医疗质量与安全全面持续提升的重要手段。医院医疗质量与安全信息平台应是一个集检查、监测预警、数据存储及统计、追踪整改等功能为一体的整合信息系统，通过设立医疗质量与安全环节关键质控点、监控指标和阈值，从而有效提高工作效率，重点实现环节质控，最终达到全方位提升全院医疗质量与安全管理的目的。

（四）环节质控形式

环节质控即医疗质量与安全日常监管，是落实各项医疗质量安全制度的基本措施，也是提升医疗服务水平、持续改进医疗质量、规范服务行为、保障医疗安全、形成全院医疗质量文化的重要手段。

1. 督查形式

（1）院领导行政夜查房：由院领导班子牵头，党办、院办、医务部及运管部相关负责人参加夜查房。

（2）行政日查房及夜查房：由医疗院长牵头，医疗相关各职能部门参与，定期进行全院临床及医技科室医疗质量及安全常规检查。

（3）医疗质控科日常督查：医务部质控科每月对临床科室重点环节，包括病历质量、合理用药、危急值处置、住院超30天、死亡病例讨论、手术室手术质量安全等，以及医技平台科室质量安全管理小组工作情况进行督导、检查。

（4）医务部督查：由医务部各部长、科长带队、分组，每月深入病房，以参加科室晨交班为平台，通过宣讲、查阅各种医疗文书、记录本、现场查看、询问相关人员等，对各临床、医技科室进行医疗质量与安全日常监督检查。

（5）临床及医技科室医疗质量与安全管理小组自查：各临床及医技科室内设医疗质量与安全管理小组，定期进行科室内部自查。

2. 督查范围 全院各临床、医技科室。

3. 督查重点内容

（1）院领导行政夜查房：为了督促临床及医技科室值班人员坚守岗位、减少8小时工作以外的医疗风险，促进科室加强管理，制定院领导科室夜查房制度。

每次夜查房两办、医务部、运管部各派出一位部长（主任）/副部长（副主任）参加，并做好记录，在下一周院务会上由两办负责报告查房情况。每次夜查房科室由院领导临时确定，查完后由医务部及时记录在表上以便下一次领导查房选择参考。原则上，每次院领导查房需到不同科室。

（2）行政查房：①科室质量安全管理小组活动；②依法执业管理；③医疗质量管理；④医疗安全管理；⑤合理用药管理；⑥医疗授权管理；⑦人员培训管理。

（3）医务部医疗质控科监督检查、考核及反馈：根据医院下发的《关于下发医疗考核指标的通知》，质控科每月对临床科室医疗质量检查的结果进行反馈，科室根据要求在规定时间内进行整改，必要时质控科抽查整改落实情况，形成闭环管理。

（4）日常监督检查内容：①贯彻落实《病历书写基本规范》，科室内部定期开展病历自查活动，规范病历书写行为，加强病历内涵建设，提高病历质量。②医务人员依法执业。③严格执行医疗质量和医疗安全核心制度。④院内会诊的质量及时效性。⑤《危急值报告制度》的执行情况。⑥合理用血。⑦加强急诊绿色通道管理，及时救治急危重症患者。⑧手术安全。⑨主动报告医疗安全（不良）事件。⑩三基三严培训。⑪医院感染管理。⑫医疗技术及授权管理。⑬贯彻落实《放射诊疗管理规定》、医技科室相关标准和技术规范，进一步做好放射诊疗防护工作。

（5）临床及医技科室医疗质量与安全管理小组自查：①落实本科室医疗质量及安全控制标准的实施，执行医疗质量与安全管理工作。②组织本科室医务人员学习有关规章制度和工作职责，不断增强本科室医务人员自主质量控制和医疗风险防范意识，提高医疗质量水平和患者满意度。③至少每季度召开一次医疗质量与安全管理小组工作会议。④针对本科室发生的医疗纠纷（包括投诉、鉴定、诉讼等），科室必须组织专人进行讨论并记录，对于存在医疗过错的纠纷，科室须按照医务部的要求进行整改。⑤监督检查医疗工作中各项规章制度和技术操作规范的执行情况，发现问题及时纠正。

4. 工作要求

（1）各类形式的现场监督检查结束后，督查人员认真填写督查表，由各负责牵头部门对督查情况进行汇总，上报院领导。全院医疗药事交叉检查及医疗质控科日常督查结果纳入科室考核，并作为科室年终评优评先的参考。

（2）医务部对日常监督检查中发现的情节较轻的问题，与相关科室进行现场反馈，督促其整改到位；对需要限期整改的，下达责令整改通知书，到期进行现场复查；对科室反映的问题，要及时给予回复；涉及相关部门的问题及时反馈给该部门，协助进行解决，促进医疗质量持续改进。

（3）严格纪律，督查期间科室应认真配合督查工作；督查人员在日常监督检查中不得妨碍科室正常诊疗活动。

5. 结果运用　医疗终末质量可整体反映医院医疗质量的优劣，因此，通过制定可量化的考核指标和考核标准，并纳入科室/个人绩效考核、评优和评级、缺陷管理，是促进科室制度的有效落实、提高医院医疗质量与安全不断改善的重要手段。

四、人员培训与技术人员管理库

（一）人员培训

医疗质量管理活动是一个持续的过程，而人又是管理的主体，一切医疗质量管理的活动都是通过人完成的。对医院来说，特别是一些大型医院，人员流动性很大，为了保证医疗质量管理的稳定性和延续性，对人员进行不间断的培训是重要保证，特别是一些新进人员，包括新留院人员、进修生、实习生、规培生等。医院有统一的培训，人员入科以后有专科培训，培训的形式可以多种多样，包括线上和线下，培训内容应丰富，包括岗位技能、法律法规、管理方法等。为了验证培训效果，应当在培训后及时进行考核，考核的题目应当紧扣培训内容，不能随意发散，考虑到医院工作人员的平时工作强度，考题也应当少而精。

（1）根据医院医疗质量管理要求和不同时期上级卫生主管部门的规定，对不同层次的医务人员采取不同方式进行教育和培训。

（2）每年分两次举办进修医师、新进住院医师岗前培训班，进行有关医疗质量要求的教育培训，包括病历质量、药物合理使用、临床路径和围手术期管理。

（3）住院总医师医疗质量安全管理上岗前培训，包括病历质量、药物合理使用、临床路径、围手术期管理和医患沟通等。

（4）医疗质量安全管理内容纳入规培住院医师重要培训内容。

（5）根据上级卫生主管部门不同时期的医疗质量要求，采用电视晨会、医务部晨交班和APP视频等多种方式向全部医务人员讲解有关规定，并向各临床科室提出管理要求。

（6）根据各临床科室的管理需要和要求，深入临床科室讲解有关医疗质量与安全管理的相关规定。

（7）不定期召开科主任、护士长、支部书记参加的科室医疗质量管理小组会议，针对医院医疗质量中存在的问题进行分析总结，并提出改进措施。

（8）将医疗质量管理作为医院每年举办的暑期干部培训班的培训内容之一。

（9）每年举办1~2届全院医师大会，除了邀请国内外知名专家进行管理讲座、医院领导做专题讲座外，还在大会上展示全院各科医疗安全质量数据、优秀病历、缺陷病历和纠纷病历案例，起到经验总结和教育警示作用。

（二）建设技术人员管理库

医院工作人员多，既有医生、护士，也有行政和后勤等职能部门工作人员。根据工作需要，职能部门需要知晓临床技术人员不同的信息要素，为了简化工作过程、提高工作效率、打通各数据孤岛，可建立一个动态变化的全院医务人员信息数据库，供全院各个部门调取、使用。

五、评价与奖罚体系

将评价与奖罚体系与科室/个人的评优评先、晋升晋级等紧密挂钩，重奖励，轻惩罚，充分调动全院人员的工作积极性。

（一）多用通报、公示、诫勉谈话

全院性的通报、公示和诫勉谈话，除使当事科室和个人有压力感之外，也可以给其他科室和个人起到警示作用，有利于类似问题的有效改善和避免更严重的问题发生。

（二）慎用缺陷管理

缺陷管理是医院加强内部管理的非常严厉的处罚方式，会直接影响到员工的个人评优评先、职称评定、绩效、晋升晋级等，医院应从保护员工的角度考虑，慎用缺陷管理。首先，应界定缺陷管理的纳入标准和处罚等级并全院公示，使所有员工知晓内容；其次，在决定是否对员工进行缺陷管理之前，应完整地重现整个事件过程并得到多方证实无误，包括事件当事人的签字认可；再次，所有的缺陷事件均需经医院缺陷管理委员会讨论；最后，缺陷管理委员会认定的缺陷管理事件通过医院党政联席会讨论通过，方可执行。

第二节　体系运行：医疗质量管理专项案例

一、以信息为支撑临床路径与单病种质量精细化管理

某大型三甲医院自2009年启动单病种质量管理工作以来，不断持续改进管理模式，特别是2018年以后，进一步加大了对院内单病种质量的管理，通过实施开展PDCA循环项目，推动单病种质量管理工作的开展。

（一）分析单病种质量管理工作现状、制定改进工作计划

1．单病种质量管理工作现状及问题分析　通过前期牵头部门分析总结，相关部门科室讨论反馈发现：①单病种管理模式粗放，缺乏指向明确的单病种质量管理制度及管理办法。②临床科室负责人及临床医生对单病种质量管理工作重视程度不够。③单

病种质量管理作为全院系统性工作，各职能部门职责分工划分不明确。④同一单病种在不同科室诊疗过程中存在差异化，缺乏统一临床路径管理。⑤未充分利用单病种质量控制作为临床医疗质量管理的重要工具，缺乏有效抓手，管理方法单一。⑥单病种上报系统无法自动抓取病种指标数据，导致临床医生上报工作量大、效率低，数据准确性差、及时性不高。⑦信息系统支撑力度不够，无法自动抓取、管控和监测重点环节指标执行情况。⑧单病种质量管理考核措施及力度不足，未发挥“指挥棒”导向的作用，如图13-3所示。

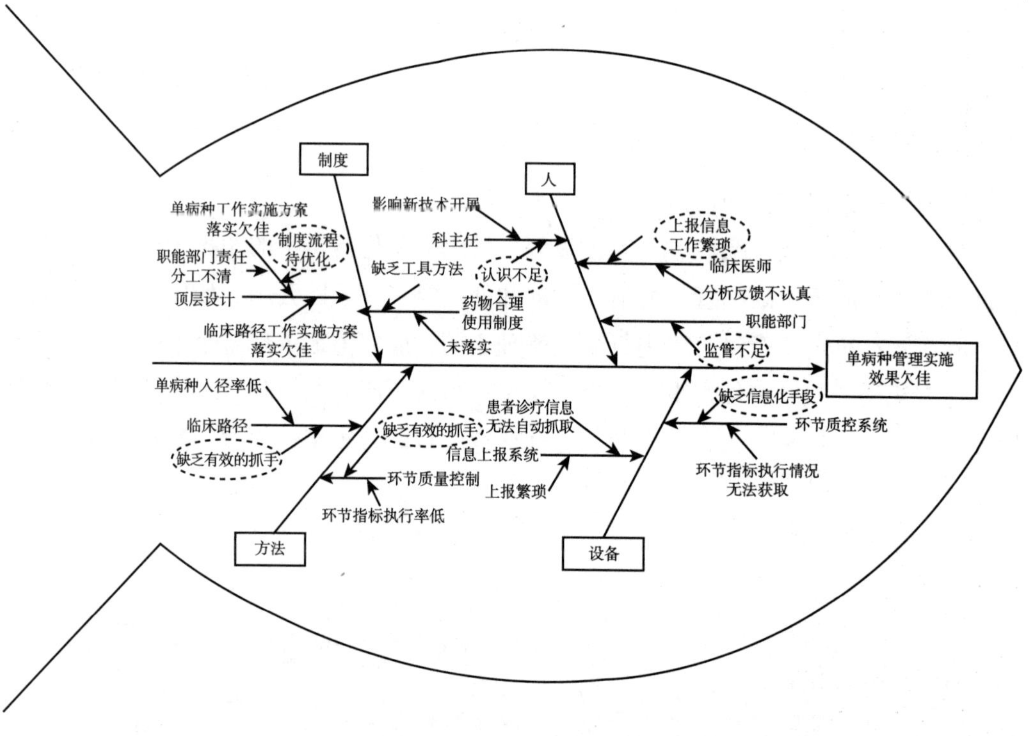

图13-3 某大型三甲医院单病种管理实施效果欠佳的鱼骨图

2. 明确问题真因 通过向职能部门、临床科室调查或征求意见的形式，对影响单病种质量管理与控制工作开展及质效的原因进行真因验证，问题采用单项选择的形式，选项均来自鱼骨图的根因分析，如果所有选项均不被考虑为最重要的影响因素，那么被调查者可以提出自己认为影响最大的“其他”答案。共调查380名临床/行政管理人员，有效回答309人次，通过柏拉图分析明确“根因”：①缺乏有效的抓手；②单病种质控信息化程度不够；③医务人员对单病种质控认识不足（图13-4）。

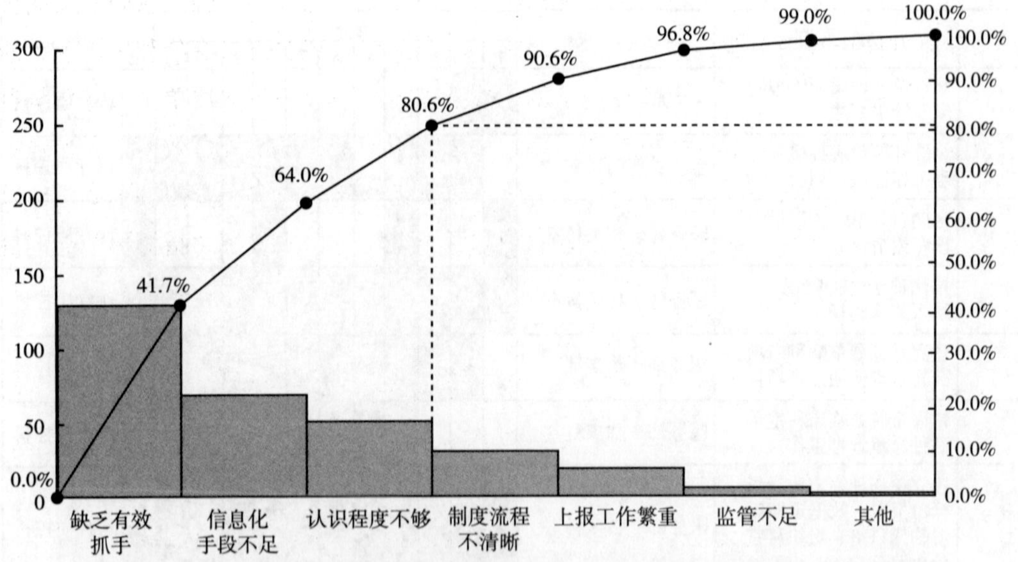

图13-4　某大型三甲医院单病种管理实施效果欠佳的影响因素柏拉图

3. 针对“根因”制定改进方案

（1）完善顶层设计：①完善单病种质量管理工作制度；②制定单病种质量管理工作组织体系；③制定单病种质量管理工作实施方案。

（2）职能部门加强对临床科室单病种工作的专项培训。

（3）召开相关职能部门联席会，明确各职能部门在单病种质量管理工作方面的职责。

（4）积极开展单病种质量管理工作的新模式：①全院临床科室开展单病种诊疗SOP全过程标准化管理、临床路径管理；②以国家开展的单病种为基础，拓展全院各临床科室单病种质量管理工作；③与信息中心协作，在HIS系统中开发单病种关键环节指标提示和监测功能；④建立单病种终末质量指标BI报表，对病种终末指标进行监测、分析，并定期将数据反馈至临床科室，为临床科室开展单病种质控工作提供数据支撑。

（5）依托临床决策系统，优化单病种信息化管理模式：①开发上报单病种数据自动抓取功能，减轻临床科室工作量，提高上报数据及时性及准确性；②开发单病种关键环节质控系统，实时规范临床医师诊疗行为。

建立科学的单病种质量管理考核体系，以单病种考核为契机促进科室单病种管理持续推进。

4. 拆分问题制定计划　将“根因”问题拆分为若干待解决问题，并制定工作计划。对“根因”进行目标、工作拆解后，划定责任部门及参与部门，制定阶段性工作计划（图13-5）。

序号	主要工作任务	主要参与部门	完成时间（月）												考核部门
			1	2	3	4	5	6	7	8	9	10	11	12	
1	修订单病种质量管理制度及管理办法	医务部	■	■											医疗质控科
2	全院开展单病种质量管理工作宣讲培训会	全院各部门科室		■	■	■	■	■	■	■	■	■	■	■	医疗质控科
3	定期召开单病种质量管理专委会	医务部、相关科室	■			■				■				■	医疗质控科
4	单病种建立SOP流程、纳入临床路径	医务部、相关科室	■	■	■	■	■	■	■	■	■	■	■	■	医疗质控科
5	建立并开展单病种专项药物合理使用点评项目	医务部、药学部		■	■	■	■	■	■	■	■	■	■	■	医疗质控科
6	拓展全院各临床科室单病种质量管理工作	医务部、临床科室				■	■	■	■	■	■	■	■	■	医疗质控科
7	建立单病种终末质量指标BI报表，数据定期反馈临床科室、组织科室分析改进	医务部、临床科室	■	■	■	■	■	■	■	■	■	■	■	■	医疗质控科
8	优化单病种质量管理考核体系	医务部、医学部、医保办、运营管理部			■	■	■	■	■	■	■				医疗质控科
9	单病种质量管理信息化建设	医务部、信息中心	■	■	■	■	■	■	■	■	■	■	■	■	医疗质控科

图13-5　某大型三甲医院单病种管理甘特图

（二）多部门科室联动，逐步推进单病种质量管理改进工作

1. 优化顶层设计，明确职责分工

（1）制定单病种质量管理工作相关规章制度：为使单病种质量管理工作具有实际操作的依据，医院制定了《临床路径及单病种质量管理工作实施方案》《临床路径及特定（单）病种管理工作体系及工作制度》等相关规章制度，明确单病种质量管理工作目标及指导思想，确定医务部、护理部、信息中心、药学部等职能部门在此项工作中的职责，形成跨部门联动的工作机制，配合临床科室开展单病种质量管理工作，以规范临床诊疗行为，加强单病种过程质量管理。同时定期召开单病种质量管理委员会会议，就单病种质量管理工作中存在的问题进行讨论，并提出解决方案。

（2）建立自上而下的单病种质量管理组织体系：为更好地开展单病种质量管理工作，该医院将临床路径管理与单病种质量管理工作紧密结合，成立“临床路径及单病种质量管理委员会”，并陆续修订了《临床路径及单病种质量管理工作实施方案》《临床路径及特定（单）病种管理工作体系及工作制度》。临床路径及单病种质量管理委员会下设临床路径及单病种指导评价专家组、临床科室临床路径及单病种质量管理小组，并在各临床科室设立临床路径个案管理员及单病种质量管理员，负责本科室临床路径

及单病种质量管理工作的具体执行。同时设立“临床路径及单病种质量管理办公室”，办公室挂靠医务部，由医务部负责临床路径及单病种质量管理日常工作。

临床路径及单病种质量管理委员会由院长、主管副院长、临床科室负责人、医务部负责人、护理部负责人等组成，秘书由医务部工作人员担任。其主要职责包括：制定本院临床路径及单病种质量管理实施规划及相关制度；对临床路径及单病种质量管理工作进行指导，协调并解决临床路径及单病种质量管理工作实施过程中出现的问题，并提出政策支持及奖励建议；根据临床路径及单病种评价分析结果，审核评价结果并提出改进措施。

临床路径及单病种指导评价专家组由医院医疗质量管理委员会部分成员、医务部（科）负责人、护理部负责人、相关临床科室主任及部分相关职能部门负责人组成。其主要职责包括：对临床路径与单病种的选择及质控工作开展进行技术指导，根据实施过程中存在的问题，向委员会提出改进与修订服务过程、制度及诊疗规范的建议；制定临床路径与单病种评价指标和评价程序，组织相关科室医务人员的培训，规范临床诊疗行为，以期达到相应标准；根据评价分析结果提出单病种质量管理改进措施，定期对相关管理措施进行评价调研。

临床科室单病种质量管理小组由各临床科室主任或医疗副主任、各医疗组长、住院总、护士长及单病种质量管理员组成。其主要职责包括：负责本科室临床路径及单病种质量管理相关资料的收集、记录和整理；对本科室医务人员进行临床科室及单病种质量管理工作培训；负责督促本科室单病种数据及时准确上报；根据单病种管理实施过程中存在的问题，向临床路径及单病种质量管理委员会提出改进与修订服务过程、制度及诊疗规范的建议；应用单病种质量控制指标规范临床诊疗行为；定期对相关单病种质量管理措施进行评价调研。

其中各临床科室单病种质量管理员作为科室单病种质量管理工作的具体执行人，由具有中级职称级以上的临床医师担任，其须熟悉单病种质量管理工作具体内容及过程，负责本科室单病种数据上报，直接与医务部负责单病种日常管理工作的人员进行对接，就单病种数据上报过程中及单病种质量管理工作中出现的问题，及时向医务部进行报备，共同讨论并解决相关问题，保证本科室单病种质量管理工作正常进行。

（3）建立多部门联动的工作机制，部门各司其职，分工协作，多维度推进单病种质量管理工作；发挥部门学科管理优势，提高诊疗水平，促进医疗质量与安全的持续改进。①医务部：牵头单病种质量管理工作实施开展，加强临床科室单病种诊断疾病选择与编码培训，以及单病种工作专项培训，积极拓展单病种质量工作管理模式，针对病种环节及终末质控指标进行追踪、分析、改进。②医保办：负责监测费用异常数据，联动医务部进行追踪分析并及时干预。③药学部：负责各病种药物合理使用监测，对其中不合理用药情况进行用药指导、处方点评，并要求临床科室及时整改。④运营管理部：负责各单病种终末指标中资源消耗性数据分析，并将单病种平均住院日等纳入科室年终考核。⑤护理部：负责参与单病种SOP管理方案制定，各单病种标准化护理方案实施，并根据国家要求开展患者宣教工作。

2. 加强学习认知，开展专项培训

单病种质量管理是全过程、系统性医疗质量管理的重要方法之一，为避免各职能部门、临床科室负责人及医护人员对其具体内涵、实施开展、功能作用认识不足及重视程度不够，医务部需在全院范围内开展自上而下的单病种质量管理工作的专项宣教及培训。

（1）针对全院职能部门负责人、临床科室管理小组进行宣讲，从医院及科室管理层面加强对单病种质量管理及控制工作重要性及必要性的认识。

（2）针对全院临床科室医疗组长、单病种质量管理员进行专项培训，从单病种工作实施开展、专项负责层面强化科室行动力。

（3）针对全院临床科室一线医生进行单病种质量管理工作培训，提高一线医生实际操作能力及水平。

（4）按病种开展相关临床科室全体医护人员培训，建立以病种为诊疗单位、多学科协作、全过程同质化的诊疗模式。

3. 单病种诊疗同质化，提升医疗质量安全

（1）开展SOP管理模式，病种诊疗过程标准化：为实现单病种诊疗过程化、标准化，进而在各科室不同治疗组之间达到同质化，医院需启动重点单病种诊疗全过程标准化工作。全院各临床科室分别选择1个单病种，试点开展重点单病种诊疗全过程标准化、同质化管理工作，形成重点病种诊疗全过程标准化方案（SOP）。

1）制定各重点单病种诊疗全过程关键节点：①入院前准备；②住院诊治路径；③住院关键诊治环节；④出院注意事项；⑤出院后随访事项。

2）制定重点病种SOP方案：将全院各临床科室试点重点病种汇编成具有专科病种治疗与护理特色的SOP手册，用以指导日常病种医疗服务工作；并根据临床实践鼓励临床科室修订完善，鼓励临床专科根据学科特性提供特殊修订。

3）建立和完善科室SOP小组及职责：科室应成立病种SOP质量控制小组，小组成员应由科室管理小组成员组成，并补充相关医师和护士参加。科室主任或医疗主任以及护士长任小组组长，分别牵头负责医师和护理人员SOP过程培训及实践相关工作。

4）纳入科室医师三基三严培训重要内容：由住院总医师或临床科室管理小组指定该项工作责任人，结合重点病种诊治过程中关键点，包括患者接待、诊断、治疗、护理、康复、随访等，对科室医师尤其新入科一线人员及护理人员进行宣讲培训，并按

要求记录于科室医师培训记录本。原则上每个月每个科室至少进行一次相关培训。

5）评价与考核：科室病种标准化诊疗服务过程制定情况将纳入科室年终考核；考核标准结合实践不断探索优化，例如，病种选择是否为科室收治的主要病种、过程内容是否涵盖病种诊治过程中安全质量的关键节点、纸质版科室主要负责人签字等。医务部不定期对SOP相关培训落实情况进行督察，抽查结果纳入科室年终考核项目。抽查方式考虑：科室一线医师2位，科室重点病种SOP方案知晓情况，诊疗服务过程要点抽查情况等；并抽查1份相关病种病历，看病历中是否记录体现病情观察关键点描述及医嘱关键点等内容。

（2）以临床路径为抓手，规范单病种临床诊疗行为：为规范临床医师单病种诊疗行为，医院以临床路径为抓手，建立单病种临床路径管理体系，逐步将所开展单病种纳入临床路径管理，根据不同病种制定相应的临床路径及分支路径，深化精细化管理模式。

1）将日间手术单病种、2~3日手术单病种、介入治疗单病种、入院诊断明确的单病种优先纳入临床路径管理。

2）对急症单病种、重症单病种、多合并症并发症单病种及入院待诊单病种积极建立分支路径、诊断路径，实现精细化管理。

3）利用临床路径平均住院日、次均总费用、次均药品费、次均耗材费的要求范围，设定警戒阈值，提示临床医生规范单病种诊疗过程。

4）依据国际诊疗指南、高质量杂志临床研究，以及中华医学会对常见多发病制定下发的临床路径，优化临床路径表单，实时更新单病种关键诊疗环节点。

5）针对肺炎、慢性阻塞性肺疾病、脑梗死等多个临床科室作为主要收治疾病的单病种。选出终末质量控制较好的标杆科室，对其他科室诊治环节/方案进行指导评价，进入统一临床路径管理。

（3）拓展单病种管理目录，单病种质控覆盖全院临床科室：为推行单病种质量管理模式，全面铺开以病种为诊疗单元的同质化诊疗体系，医院要求全院各临床科室参照国家已开展单病种目录，学习国家卫生健康委员会已发布的单病种质量管理要求及内容，每个临床科室至少选定1个病种纳入单病种质量管理。

1）医务部依据各临床科室专科特点和科室近1年收治例数排名前五，且能反映该专科诊疗水平的若干病种纳入各科室单病种拟选名单。

2）临床科室依据近年收治患者明细，组织全科讨论，返回科室管理小组意见，与医疗质控科讨论并确定纳入病种。

3）临床科室应组织专家讨论，科室管理小组审核，确定单病种重点监测的环节/终末指标及该单病种关键诊疗环节。

4）多个临床科室作为主要收治科室的单病种，应组织多科专家讨论，确定单病种关键诊疗环节。

5）在HIS系统中开发单病种入组提示功能。单病种患者入院后，临床医师录入入院诊断时即会触发系统弹窗，显示单病种纳入标准，病案编码，提醒临床医师规范诊疗。

6）开发HIS系统单病种关键环节内容展示功能。为了实时规范临床医师诊疗行为，实现三级医生诊疗行为同质化，将单病种诊疗关键环节内容嵌入HIS系统，并以绿色“单”字图标形式呈现在HIS系统患者列表中。双击该图标，HIS系统则会弹出该单病种关键环节指标提示内容，规范临床一线医生诊疗行为。

（4）建立单病种终末质量指标BI报表

1）为实时监测临床各单病种终末指标数据，在信息中心协助下，建立全院单病种专项BI报表，对单病种终末质量指标进行监测、分析，并定期将数据反馈给临床科室，为临床科室开展单病种质控工作提供数据支撑。

BI报表包括如下指标：

疾病系统、病种名称、出院科室、医疗组长、病种例数、住院日、平均住院日、总费用、次均费用、死亡例数、死亡率、药品总费用、次均药品费、药占比（%）、材料总费用、次均材料费、料占比（%）、高值耗材费、高值耗材占比、术前住院日、术前平均住院日、非计划重返住院人数、2~31天非计划重返住院率（%）、手术患者并发症发生率（%）、择期手术患者围手术期住院死亡率（%）、抗菌药物使用强度、抗菌药物使用率（%）、酶抑制剂类抗菌药物使用量占比（%）、酶抑制剂类抗菌药物使用率（%）、特殊使用级抗菌药物使用量占比（%）、特殊使用级抗菌药物使用率（%）、抗菌药物药占比（%）、中成药药占比（%）、接受特殊使用级抗菌药物治疗的住院患者微生物送检率（%）、Ⅰ类切口手术围手术期预防用抗菌药物使用率（%）、Ⅱ类切口手术围手术期预防用抗菌药物使用率（%）。

2）医务部定期分析全院单病种质量管理工作开展情况，针对终末质量指标改进不明显的科室进行数据提取、清洗、统计，并进行多因素分析，主动约谈重点科室。针对药学部、医保办、运营管理部等反馈的异常数据，进行初步数据清洗及统计分析，并下发临床科室组织讨论分析。

3）定期将各单病种终末指标发至临床科室，请临床科室针对异常数据进行分析，并针对存在问题提出整改措施及改进计划。

4. 依托信息化临床决策系统，完善单病种环节质量管理

（1）依托临床决策系统，开发上报单病种数据自动抓取功能，减轻临床科室工作量，提高上报数据及时性及准确性。提高数据上报的工作效率，减轻临床医师上报数据的工作量。

（2）利用临床决策系统（CDSS）构建单病种诊疗过程质控闭环过程。

依托临床决策系统，开发单病种关键环节质控系统，实时规范临床医生诊疗行为。

1）根据国家发布的《单病种质量监测信息项（2020年版）》要求，结合临床指南及医院实际情况，设计试点单病种诊疗过程质控指标与规则，其中包括入院病情评估、入院后检验检查、疾病治疗方案及出院评估等环节质量指标。

2）将试点病种的环节质控指标嵌入HIS系统，并在临床医生诊疗过程中实时进行干预，以保证临床医生诊疗过程的规范性，切实提高医疗质量，保障患者安全。

5. 构建单病种监管考核体系，充分发挥“指挥棒”导向作用

（1）以每月医务部督导参与临床科室晨交班、宣讲近期医疗质量安全重点内容为契机，对每月单病种重点开展工作及各临床科室单病种实施开展情况进行通报点评。

（2）定期对全院单病种开展情况、环节质量指标执行情况、终末质量指标改进情况进行分析总结，汇总成“单病种质量管理简报”，下发全院临床科室。

（3）“信息化医政管理平台”“全院医师大会”“全院电视晨会”多平台全院范围通报单病种管理质效评价排名后位的“重点科室”及“医疗组长”。

（4）药学部开展单病种专项药物合理使用点评。针对住院患者实行“事中”药物合理使用点评，临床药师主动查阅抗生素、抗肿瘤药物、中药、辅助用药患者病历信息，点评药物使用合理性，主动与医疗组沟通，给予合理用药建议。定期开展单病种合理用药处方点评，反馈至临床科室及时整改。并将“沟通”“整改”项纳入每月医疗质量考核。

（5）医保办建立基于疾病画像的单病种病组质效评价体系。针对医保反馈的单病种病组超支与结余情况，通过院内分组体系进行细化分类，通过弹性式指标设置实现不同疾病特征的病组在医疗组长、科室等多层面的质效评价及异动数据识别，包括次均费用、费用构成等费用指标，以及平均住院日、高低风险死亡率、非计划再入院率等质量评价指标。针对异动数据，由医务、药剂等相关职能部门进行联动管理，对不合理费用进行管控和管理措施优化，为病组的单病种及临床路径优化提供精准数据支撑，确保诊疗过程的费用合理，并将不合理医嘱收费纳入月/年终考核项。

（6）建立科学的单病种质量管理考核体系

1）将单病种部分终末质量指标（平均住院日、次均费用、死亡率）纳入临床科室年终考核。依据医疗组收治单病种病例组合指数（CMI）值、并发症发生率、资源时间消耗指数等，遴选出终末质量控制较好的“标杆医师”，以此测算该单病种终末质量指标阈值范围，作为考核依据，对临床科室年终单病种管理质效进行考核。

2）临床路径管理开展有利于单病种诊疗同质化，促进临床医生规范单病种诊疗行为。可将“单病种临床路径入径率”“单病种临床路径完成率”纳入临床科室医疗质量考核。

6. 严格执行国家卫生健康委相关要求，加强单病种宣传交流工作 某医院在严格按照国家卫生健康委员会相关要求开展单病种质控工作的同时，积极配合国家卫生健康委员会医院管理研究所，协办了2021年度“单病种质量管理工作宣贯会”，并组织了100余家医院进行单病种专项工作参访及交流。

（三）分析总结阶段性成效，发现问题，查缺补漏

（1）开展阶段内修订完善《临床路径及单病种质量管理工作实施方案》《临床路径及特定（单）病种管理工作体系及工作制度》等相关规章制度。

（2）改进阶段内召开了4次单病种质量管理委员会，定期分析每季度单病种实施中存在的问题，并针对各相关部门科室工作内容进行点评调整。

（3）医务部自2018年1月起，持续在全院范围内巡回开展单病种质量管理工作的专项宣教及培训工作。

（4）数据系统抓取率和准确率显著提高。以4个试点单病种（ST段抬高型急性心肌梗死、脑梗死、成人肺炎、慢性阻塞性肺疾病）为例，上报数据平均抓取率从升级前不足20%，提升至85%，数据平均抓取准确率达到94.48%。

（5）至2021年共有85个单病种纳入院内管控，且均纳入临床路径管理。

（6）单病种共性终末质量检测指标拓展至31个，定期反馈各单病种数据至临床科室，开展单病种数据分析。

（7）针对住院患者开展了“事中”结合“事后”药物合理使用点评。医务部联合药学部针对抗生素、抗肿瘤药物、中成药、辅助用药每月开展合理用药处方点评，并对相应医疗组长做“沟通”“整改”处理，处理结果纳入每月医疗质量考核。

（8）环节质控指标的完成率大幅度提高。以“ST段抬高型急性心肌梗死”为例，系统上线前心脏内科诊疗过程质控指标的完成率基线为63.3%。应用CDSS进行ST段抬高型急性心肌梗死质控后，心脏内科整体质控指标完成率提升至95.2%，提升了31.9%。

（9）单病种终末质量指标持续改善。以急性心肌梗死为例，经过一年的持续管理，平均住院日由2.58天降至1.93天，次均费用由2.9万元降至2.1万元，死亡率由3.68%降低到2.05%。

（10）通过多部门联动，利用多种质量管理工具推进单病种质量管理工作，取得了一定的成效，同时也对单病种管理中存在的问题进一步分析总结。

1）某三甲医院作为西南地区疑难重症诊疗的国家级中心，收治病种疑难程度高，危重患者占比大，开展治疗方式、手术操作难度大。以急性心肌梗死为例，心脏内科收治急性心肌梗死患者中，80.85%施行了经皮冠状动脉介入术，76.73%施行了冠状动

脉支架置入术，其中置入2根及以上冠脉支架的占1/3以上。

2）单病种可能存在“误纳入”情况。以单病种心力衰竭为例，第二诊断为心力衰竭的患者占总收治人数的93.25%，该部分患者中大多为手术患者（心脏内科95.58%），仅合并较轻心力衰竭（心功能Ⅱ级）。而这种情况主要因诊断学书写规则与现行病案首页诊断填写规则不同造成。这也需要我们进一步对数据进行清洗，并加强改善沟通、病案编码、病案首页诊断的填写与宣教。

3）内科性临床科室的外科化可能是导致病种资源消耗指标改善不明显的原因之一。以脑梗死为例，神经内科在PDSA改进阶段内行介入手术患者占比增加了10%，而介入手术患者次均费用是常规保守治疗的4倍。

4）单病种纳入临床路径管理，临床路径入径率及完成率与单病种终末质量指标持续改善呈正相关。规范临床医生的诊疗行为，持续推进病种诊疗过程同质化，是提升医疗质量与安全的重要措施。

（四）继续实施PDSA循环，持续推进单病种管理工作

通过对单病种质量管理及控制设计并开展PDSA改进项目，系统性地利用多种质量管理工具，对单病种质量管理实施的全过程问题梳理和分析，验证真因，设计改进方案，制定计划，实施推进，数据量化、清洗、收集、统计，阶段性分析总结，质效评价，查缺补漏，循环改进，从而达到预期阶段性目标。同时也在实施和改进中发现不足和问题，并拟定下一步工作计划和目标。

（1）持续开展并做好单病种数据上报工作。单病种数据上报的内容为各单病种重点质量监测信息项，临床医生在填报的过程中，也是查缺补漏的过程，可以进一步提高对病种诊疗的认知，加强一线医生诊疗规范化。

（2）联合信息中心优化CDSS系统，进一步促进单病种质控与临床路径管理系统的融合度，继续以临床路径为抓手，持续提升病种诊疗同质化。

（3）持续开展以病种为诊疗单元、多学科协作、全过程同质化的单病种诊疗模式，进一步提升医疗质量和医疗安全。

（4）继续推行多部门联动模式，充分发挥各职能部门专项优势，形成合力，稳步提升医疗质量与安全的可持续发展局面。

二、抗菌药物管理——以头孢菌素类抗菌药物为例

头孢菌素类抗菌药物被广泛应用于临床抗感染治疗，我国医疗机构使用前均常规进行皮试（以下简称“头孢皮试”）筛查，并根据皮试结果选用抗菌药物，但头孢皮试

缺乏统一标准，预测价值极其有限，且假阳性结果也限制了抗菌药物的选择范围，是造成目前抗菌药物使用结构不合理的重要原因之一，同时也间接加剧了细菌耐药。众所周知，美国、日本及大部分欧洲国家使用头孢菌素无须常规皮试筛查，且相关数据表明，取消头孢皮试并未显著提高不良反应事件的发生率；国内法规《中华人民共和国药典临床用药须知》及《抗菌药物临床应用指导原则》均未要求头孢菌素用药前需进行皮试。我国医疗机构常规进行头孢皮试的原因较多，比如无相关取消头孢皮试的法律法规；未经头孢皮试而给予患者头孢类药物，若出现严重过敏反应，容易造成医患纠纷，但在医疗行业内取消头孢皮试的呼声越来越高。

2021年4月16日国家卫生健康委办公厅发文《关于印发β内酰胺类抗菌药物皮肤试验指导原则（2021年版）的通知》（国卫办医函〔2021〕188号），要求规范头孢皮试，进一步促进抗菌药物合理应用。目前，全国仅有少数医院开始推行取消头孢皮试，大多数仍处于观望阶段。

根据抗菌药物科学化管理的内涵要求，某医院于2020年1月在全院推行取消头孢皮试实践，取得较好的成效，并将积累的经验向省内外部分医疗机构进行推广，为其他兄弟医院开展取消头孢皮试工作提供了现实案例和实践基础。

三、工作内容

成立由医务部牵头，耳鼻喉头颈外科过敏性疾病诊治中心、感染性疾病中心、护理部、临床药学部、信息中心等多部门协作团队，利用医疗质量管理工具PDSA，全力推行院内取消头孢皮试工作。

1. 制定项目开展目标与计划（P） 2019年中旬，医院抗菌药物管理专委会会议正式提出在院内推行取消头孢皮试。医院组建专家团队，召开专题会议讨论，调查国内外皮试现状，查阅文献，查找并深入分析头孢常规皮试筛查中存在的问题，影响取消头孢皮试的主要因素；基于目标制定推行取消头孢皮试筛查工作计划。

（1）深入分析头孢皮试存在问题（图13-6）：在临床工作中，患者使用头孢菌素前皮试阴性结果是否就代表患者对此药不过敏，使用该药就是绝对的安全呢？其实不然！常规行头孢皮试存在诸多问题，包括：①人：临床医师对头孢皮试意义、过敏反应认识不足，对过敏史询问和判定粗略；护士头孢皮试操作和结果标准解读不准确，患者要求头孢皮试等。②制度：我国相关法规如《中华人民共和国药典临床用药须知》《抗菌药物临床应用指导原则（2015年版）》均未要求头孢菌素用药前常规做皮试。③材料：头孢皮试筛查加重医疗人力负担、造成医疗资源浪费。④方法：头孢皮试操作无统一标准，无专用头孢皮试试剂。⑤环境：发达国家使用抗菌药物不行常规皮试筛查，国内极少有医疗机构取消头孢皮试。

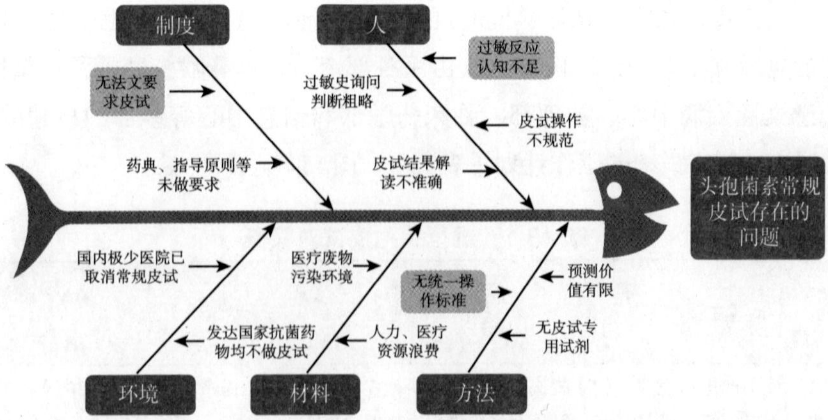

图13-6　头孢皮试存在的问题

（2）影响取消头孢皮试的根本原因分析：虽然调研结果显示头孢皮试存在诸多问题，但为什么在医疗机构中推行取消头孢皮试仍有较大困难呢？我们调研了院内医护人员和患者及家属，并对影响取消头孢皮试进行了根本原因分析。

最主要的因素是医务人员担心患者未进行皮试而使用药物发生过敏反应或产生医患纠纷，医生过度依赖头孢皮试，国内没有明确的法律法规规定使用头孢药物前不需要皮试，这个原因占取消头孢皮试阻力的80%。其他原因包括对药物品质的担忧，患者要求头孢皮试等（图13-7）。

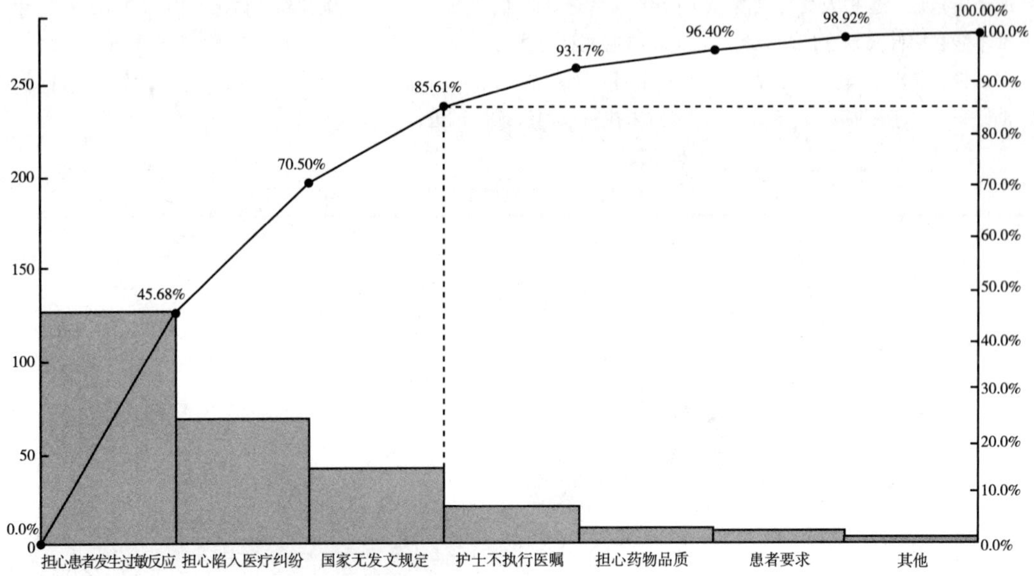

图13-7　影响取消头孢皮试的原因

（3）确定工作目标和计划：基于上述原因分析，影响取消头孢皮试的关键是提高医护人员对头孢皮试意义的认识，同时规范院内头孢皮试的操作过程，以及制定严重过敏反应的抢救预案。为此，医院成立由医务部牵头，耳鼻喉头颈外科过敏性疾病诊治中心、感染性疾病中心、护理部、临床药学部和信息中心等多部门构建的工作组，经过多次讨论后制定详细的工作计划（表13-1、图13-8）。

表13-1　规范头孢皮试对策表

What（问题）	Why（主要原因）	How（措施）	Who（谁执行）	When（执行时间）	Where（执行地点）
医护人员对使用头孢菌素前不行皮试筛查存在顾虑	对头孢皮试意义认识不足，医护过度依赖皮试筛查结果	（1）提高医护人员对头孢皮试意义的认识，并撰写指导推行取消皮试意见 （2）制定头孢皮试规范操作，提高头孢皮试准确性 （3）梳理药物说明书，确保院内目录内头孢菌素药品说明书无用药前皮试要求	医务部、耳鼻喉头颈外科过敏疾病诊治中心、临床药学部、护理部	2019年7月至2019年11月	某三甲医院
发生严重过敏反应不能积极正确抢救危机患者生命安全	部分医护人员不能及时识别严重过敏反应，并实施正确的抢救措施，发生严重过敏反应抢救过程中药物配备不齐全	（1）制定严重过敏反应抢救流程与预案，并对医护人员进行培训 （2）参照严重过敏反应抢救流程，梳理抢救车药品配备 （3）监测使用头孢皮试发生严重过敏反应病例，深入分析发生原因、抢救执行情况	医务部、感染性疾病中心、临床药学部、护理部	2019年9月至2020年1月	某三甲医院
取消头孢皮试不能在医疗机构持续推行	医护人员对取消头孢皮试政策的理解与接受程度不同	（1）组织全院全员培训和考试 （2）督导监测科室执行情况，每月分析院内医生执行取消头孢皮试数据 （3）对未执行取消头孢皮试进行原因分析和督导整改 （4）院外推广宣传，发挥示范	医务部、临床药学部、信息中心	2020年1月至2020年12月	某三甲医院

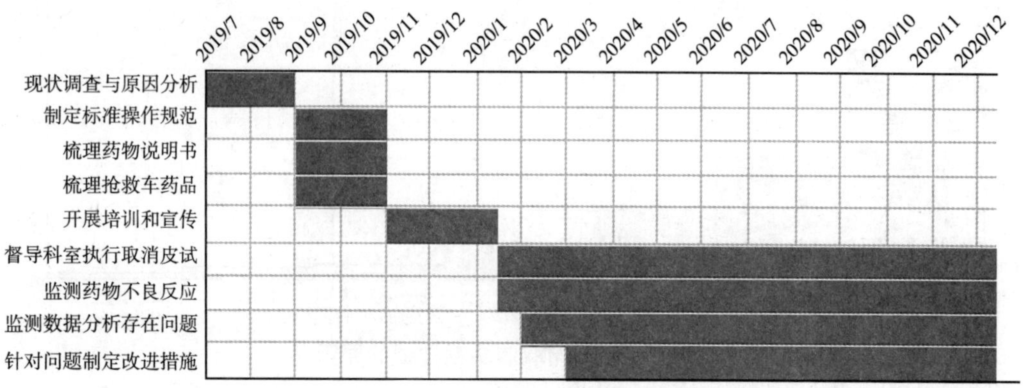

图13-8　取消头孢皮试工作内容和时间计划

（4）确定指标及指标定义：通过规范头孢皮试，改善合理用药相关指标，优化头孢皮试操作次数和头孢菌素使用量占比，稳定控制头孢菌素药物不良反应发生率和头孢皮试相关医疗纠纷数量，保障医疗质量安全，降低头孢皮试药品费用和头孢皮试操作人力成本，提高资源利用效率。

头孢菌素使用量占比＝头孢菌素累计使用DDDs/所有抗菌药物累计使用DDDs×100%

头孢菌素药物不良反应发生率＝使用头孢菌素发生药物不良反应患者人数/同期使用头孢菌素患者人数×100%

头孢皮试药品费用＝头孢菌素A药皮试药品费用＋头孢菌素B药皮试药品费用＋......

头孢皮试操作人力成本＝头孢皮试操作次数×每次皮试操作时间（头孢皮试操作时间预估每次0.25小时）

头孢皮试阳性率＝头孢菌素皮试结果阳性次数/同期头孢菌素皮试次数×100%

2. 开展取消头孢皮试工作（D）

（1）制定并完善技术规范：专家团队多次讨论和修改，确定了取消头孢皮试的指导意见和技术规范，如《关于取消头孢菌素类抗菌药物常规皮试的指导意见》《严重过敏反应抢救标准操作规范》和《严重过敏反应抢救过程》。制作过敏性休克处理手册和过敏抢救药物管理SOP。

（2）梳理药品说明和配备抢救药品：临床药学部对医院目录头孢菌素类抗菌药物说明书进行逐一梳理，核查是否有说明书要求用药前必须进行皮试筛查。对于说明书要求使用头孢菌素前必须皮试的抗菌药物，请厂家提供证据，或提交医院抗菌药物管理专委会讨论是否剔除。

随着严重过敏反应治疗循证证据的不断更新，发生严重过敏反应给予及时、准确、规范的药物治疗是抢救成功的关键。梳理当前抢救车中药品配备，对抢救车中缺乏的抢救药品及时补充。制作《严重过敏反应抢救过程》挂图，张贴于各医护诊疗区域，强化医护人员学习并遵守执行。

（3）开展宣传和培训：院内调查中发现，部分医护人员对头孢皮试的意义认识不足，过度依赖头孢皮试结果选择用药；病史采集过程中对药物过敏史询问和判断粗略。因此开展规范头孢皮试的培训，提高认识尤为重要。

医务部联合护理部组织专家对院内6千多名医生和护士分层级、分批次通过线上线下等不同形式开展“头孢菌素皮试规范化操作”和“严重过敏反应的处理”培训。首先对临床科室主任和护士长科室管理层级人员进行培训，提高科室管理层的意识；其次对各临床科室医疗组长和护理组长业务骨干人员进行培训；最后录制培训视频，通过线下播放视频形式对科室各级医护人员进行培训。

（4）督导科室培训和执行：医务部将规范头孢皮试操作和严重过敏反应抢救作为

科室三基三严培训内容，并要求科室在培训后组织测试，检验培训效果；不定期深入到科室检查培训开展情况和抽查培训效果。

经过上述充分准备后，2020年1月15日，院内通过多途径下发通知全院执行取消头孢皮试，确保全院各科室同步执行。

3．研究分析执行情况（S）

（1）监测和分析执行情况：执行取消头孢皮试后，每月提取数据，分析科室执行情况；对执行不好的科室和医师个人进行原因分析，开展沟通和督导整改。取消头孢皮试后，提取并分析2020年2月院内头孢皮试次数（图13-9）。监测发现仍有19个科室共计152次头孢皮试，随后对头孢皮试数量较多的科室一和科室二头孢皮试医嘱进行分析。

分析科室一61次皮试数据，其中皮试医嘱头孢美唑54次、头孢西丁4次、头孢他啶3次，头孢美唑和头孢西丁皮试有50次主要为两位医生开具。深入到科室了解，两位医师认为头孢美唑和头孢西丁为头霉素类抗菌药物，认为仍需常规皮试。就此情况，医务部组织专家再次到科室开展指导取消头孢皮试的有效落地。

科室二头孢皮试医嘱执行23次，主要由同一医师开具。经与科室沟通，该医师由于出国学习未及时参加院内和科室组织的培训，不了解医院取消头孢皮试的规定。按照要求，科室及时对该医师进行补培训、考核。

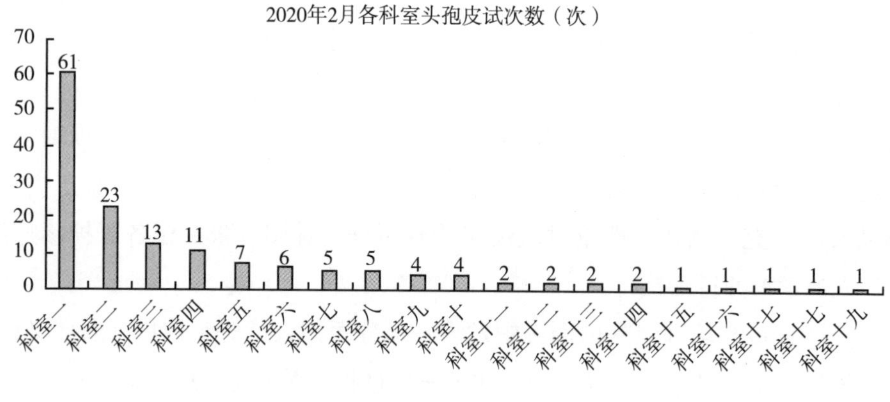

图13-9　2020年2月头孢皮试次数

（2）监测药物不良反应：取消头孢皮试后，使用头孢菌素治疗的患者将增多。为了保证医疗安全，需加强对使用头孢菌素后不良反应的监测。临床药学部严密监测使用头孢菌素类抗菌药物不良反应的发生情况，定期对数据进行汇总。对使用头孢菌素发生过敏反应的每一例患者进行深入调查和原因分析。同时，核查发生严重过敏反应的患者是否按照诊疗规范落实抢救措施，并对用药合理性进行点评。

2020年共有80 736人次未进行头孢皮试，其中直接使用头孢菌素类抗菌药物的患者中，仅有16例（发生率0.0198%）发生可能与药物相关的不良反应，与2019年相比［共有77 391人次头孢皮试阴性后使用头孢菌素类抗菌药物，10例（发生率0.0129%）患者发生可能与药物相关不良反应］，差别无统计学意义（P值为0.285）。因此，不做头孢皮试后，直接使用头孢菌素类抗菌药物，药物不良反应事件并未明显增加。

4. 成效（A）

（1）形成标准化的操作和诊疗规范：评估取消头孢皮试执行成效，建立并完善取消头孢皮试项目实施标准化过程，确定头孢皮试规范操作和严重过敏反应救治诊疗规范，对形成的标准操作和诊疗规范作为科室三基三严知识进行巩固培训；并在抗菌药物合理使用宣传活动中推广规范头孢皮试，提高医务人员合理用药和安全用药水平，纠正公众对头孢皮试的错误认识，增强合理用药意识。

通过定期监测头孢皮试操作、药物不良反应发生和严重过敏反应抢救执行情况，对监测结果发现的问题进行归纳整理，分析原因并进行优化。

（2）目标效果：2020年1月执行取消头孢皮试后，对2020年和2019年同期数据对比分析，结果表明：

1）降低医疗成本，减轻医疗负担：与2019年同期比较，2020年头孢皮试操作次数减少68 657次，减少97.11%；减少护理工作时间17 164.25小时，约为5名护士的全年工作量；减少头孢皮试药品费用1 960 364.5元。

2）优化抗菌药物使用结构：一代和二代头孢菌素类抗菌药物使用量升高，喹诺酮类、克林霉素抗菌药物使用量降低（表13-2），符合抗菌药物指导原则围术期推荐的一线用药比例大幅增高，临床抗菌药物使用结构趋向合理。避免了头孢皮试假阳性时患者不能使用头孢菌素的影响，促进了抗菌药物的合理使用。

表13-2　取消头孢皮试前后部分抗菌药物使用量变化

项目	头孢菌素占抗菌药物DDDs占比	喹诺酮类占抗菌药物DDDs占比	克林霉素占抗菌药物DDDs占比
2019年度	17.91%（154 300/861 533）	14.36%（123 677/861 533）	2.48%（21 404/861 533）
2020年度	20.93%（163 843/782 909）	10.88%（85 156/782 909）	0.49%（3 834/782 909）
增长幅度	3.02% ↑	3.14% ↓	1.99% ↓

3）降低皮试阳性率，提高抢救成功率：开展头孢皮试规范化操作培训，提高临床医护人员操作规范性和结果解读准确性，头孢皮试阳性率由18.82%降至13.20%。开展严重过敏反应抢救培训，提升医护人员应对过敏反应抢救水平。

严密监测和分析使用头孢菌素类抗菌药物不良反应发生。有无患者因未进行头孢皮试，使用头孢菌素类抗菌药物后出现严重过敏性反应或不良事件。推行取消头孢菌素类抗菌药物常规皮试，进一步规范了严重过敏反应抢救药品的合理使用，提高抢救成功率。

4）发表研究论文，提升学术影响力：加强相关研究成果以《医疗机构头孢菌素类抗菌药物皮试规范化管理》为主题于2021年4月在中文核心杂志《中国抗生素杂志》在线发表。

医疗质量产生于每个医务人员的医疗行为中，因此医疗质量管理需要全员参与，上下齐心，形成医疗质量安全管理文化，人人自觉地加入到医院质量安全管理中来，以信息技术支撑，医院领导重视，才能不断提升医疗质量水平。

四、病历质量专项整治

病历质量是医院医疗质量的重要体现，也是医疗纠纷处置、伤残鉴定等重要的法律文书，更是医保支付、公立医院绩效考核、医院等级评审、学科评估的重要资料。除了病历质量常规管理之外，行之有效的必要手段不可或缺。

（一）转变病历质控模式

1. 建标准 建立丙等单项否项目。

2. 加强科内管理 完成病历质量检查SOP过程图；安排具有临床专业的专人全查死亡病历。

3. 信息化建设

（1）时限性管控：完成并成功运行延迟性书写质控规则28个。

（2）内涵性质控：上线入院记录内涵性管控规则57个。

（3）质控过程无纸化：开发上线环节质控、交叉质控系统，持续督导临床科室使用系统，并优化系统。

（二）开展病历展

利用每年的全院医师大会时机，开展病历展活动。首先，筛选当年所检查的病历素材，初步筛选问题病历；其次，医务部医疗质控科全科讨论，挑选有代表性的病历问题；再次，对筛选的病历中的问题进行标注，并列出问题和修改意见；最后，制作成大型展板，全院公示，并要求全院所有医师现场观看。

（三）建立重大缺陷病历管理方案

1. 目的 持续改进病历质量，落实核心制度，保障医疗安全。

2. 运用范围　全院各临床科室。

3. 时间　自某年某月起持续开展。

4. 实施细则

（1）增强意识，全院高度重视病历规范化书写。

（2）加强培训，院科两级采取多种形式进行病历规范化书写培训，重点针对新进人员、一线医务人员和病历书写质量差的人员。培训后考核，并做好相关记录备案。医务部不定期抽查各科病历培训考核记录。

（3）落实病历书写规范，各医疗组要认真书写病历，保证病历客观、真实、准确、及时、完整、规范。医疗质控科对病历书写及时性进行通报，并纳入年终考核。

（4）兼职质控员认真履行岗位职责，严格按照病历质控标准在病历质控平台开展病历自查。运行病历自查份数参考《科室病历质量自查制度》，终末病历检查原则上为全部出院患者。医疗质控科持续监测、通报病历质控平台使用情况。

（5）建立严重缺陷病历管理、考核及培训机制。

1）严重缺陷病历定义：严重缺陷病历指医疗文书中出现以下规则中的任意一项内容的病历：①出现与本患者不符合的病历内容。②医疗文书出现解剖部位（如左右、上下、单双侧等）写错。③诊断未明确（或待诊），首次查房记录无鉴别诊断分析。④手术名称中一种或多种手术术式未在手术程序记录中体现。⑤连续2次及以上病程记录完全一致，且与实际情况不符（如有医嘱项变更，有检验检查报告等）。⑥因病历书写错误（排除因系统、患者的原因），导致患者报账困难。⑦抢救患者未书写抢救记录。⑧HIS系统无手术记录单。⑨患方未签署需要告知的相关知情同意书（如手术、输血、有创操作等）。⑩授权委托书签署不规范：非授权人、非代理人、非监护人本人签名。

2）认定程序：以下情况经医疗质控科认定，将纳入严重缺陷病历：①在死亡病历检查中发现的严重缺陷病历。②兼职质控员在交叉病历检查中发现的严重缺陷病历。③在纠纷病历检查中发现的严重缺陷病历。④卫生监督执法部门、行政部门检查、三医监管、医保审核中发现的严重缺陷病历。⑤科室提交患者报账困难的病历情况说明。

3）管理措施：一旦认定为严重缺陷病历后，医疗组长将参加病历培训和病历检查。具体措施举例如下。①病历培训要求。培训时间：培训当日上午10~12点。培训地点：信息楼病案科病历阅览室。培训内容：病历书写基本规范、病历检查方法、病历质量导致纠纷赔付案例分享。参加人员：严重缺陷病历的医疗组全体成员（科室统筹安排，需确保患者安全）。②病历检查要求。开始时间：培训当日下午2点起。检查地点：信息楼病案科病历阅览室。检查人员：可多人一起检查，医疗组长本人必须亲自参与检查病历。检查方法：医疗质控科提供病历检查库，由医疗组长自行从中选择病历进行检查。已检查过的病历，不再重复进行检查。结束方法：检查出一份严重缺陷病历，即返回临床科室。若未检查出严重缺陷病历，检查满3个工作日后返岗工作。③相关规则。二维码扫码签到；医疗组长需在三个工作日以内，任意一天上午10点到医务部报到参加培训，当日下午2点开始检查病历。

5. 加强病历质量考核 增加年终考核病历权重，病历书写及时性、严重缺陷病历纳入年终考核。通过医师大会、专项整治开展问题病历警示教育。

第三节 医疗安全管理实践及改进

一、构建医疗风险管理体系

以医疗安全（不良）事件管理为抓手，建立以预防为主的医疗风险管理体系。医疗安全（不良）事件是指在医院运行和医疗活动中，对患者、医务人员或医院已造成或即将造成不良影响的所有事件。包括三个类型：一是影响患者生命健康、造成经济负担、影响精神或心理健康以及可能引发医疗纠纷或医疗事故缺陷的因素及事件；二是影响医务人员人身安全、精神或心理健康、工作热情的因素及事件；三是影响医院建设发展、运行运营和正常工作秩序的因素及事件。

（一）制定管理制度，强化宣教与培训

结合医院实际，制定《医疗安全（不良）事件管理制度》，规定事件分级、分类标准及各类型事件填报时限，实行强制报告与自愿报告相结合的报告要求，针对漏报、瞒报情况，与医疗缺陷管理挂钩（表13-3）。

表13-3 某三甲医院医疗安全（不良）事件报告要求

事件级别	事件内涵	报告要求	报告时限
Ⅰ级	非预期患者死亡或非疾病自然进展过程中造成的患者永久性功能丧失的事件	强制报告	2小时内
Ⅱ级	在医疗过程中因诊疗活动而非疾病本身造成的患者机体与功能损害的事件		12小时内
Ⅲ级	虽然发生了错误事实，但未给患者机体与功能造成任何损害，或有轻微后果而不需要任何处理可完全康复的事件		

续　表

事件级别	事件内涵	报告要求	报告时限
Ⅳ级	由于及时发现，错误在实施之前被发现并得到纠正，未造成危害的事件	自愿报告	24小时内
备案事件	医疗行为或过程本身没有错误，但由于其他因素可能影响医疗活动正常开展的事件，如涉及外院医疗纠纷、恶意欠费、家属遗弃患者、因语言不通导致医患沟通不畅、患方拒绝签署医疗文书等		/

对各级各类医务人员持续开展多种形式的培训与教育，不断提升医务人员的风险意识、报告积极性及各类医疗安全（不良）事件的处置能力。

（二）设管理专岗，提升管理质效

医务部医疗综合科设两名专职管理人员，其他职能部门设兼职管理人员，负责收集、处理、追踪医疗安全（不良）事件，对每一例医疗安全（不良）事件及时介入患者管理与医患沟通，坚持“实时监控、件件处置、事事追踪”的管理理念，及时解决临床遇到的各类医疗安全问题。

（三）多部门协作，优化报告过程，建立信息化管理平台

医疗安全（不良）事件管理部门，如表13-4所示。

表13-4　某三甲医院医疗安全（不良）事件管理部门一览表

事件类别	管理部门
医疗差错及安全隐患	医务部医疗综合科
护理差错及安全隐患	护理部质控科
设备故障及器械耗材质量问题	设备物资部
职业暴露及医院感染相关	医院感染管理部
药物不良反应及液体质量问题	临床药学部
输血不良反应	输血科

不断优化医疗安全（不良）事件报告过程，构建医院信息化管理平台，使所有医疗安全（不良）事件均能实现信息系统报告、查询、处置、统计、案例分享等功能。报告与处理流程，如图13-10所示。

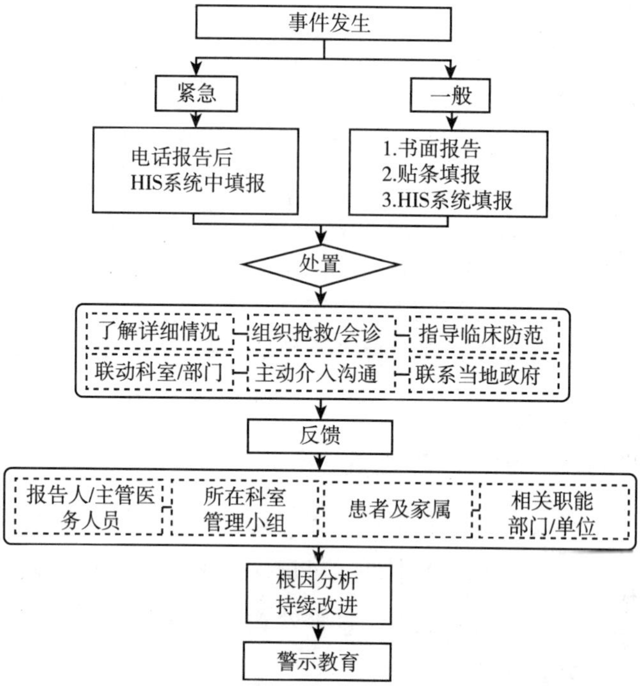

图13-10 某三甲医院医疗安全（不良）事件报告与处理流程

（四）重点管理差错型医疗安全（不良）事件

对于院内发生的差错型医疗安全（不良）事件，应多部门协同，及时对患者进行医疗处置，降低损害后果。定期开展管理的多学科会诊（multi disciplinary treatment，MDT），并对相应事件进行深度根因分析，梳理诊疗过程、管理制度中存在的问题与不足，制定整改措施，实现闭环管理。

（五）建立重点预警监测指标体系，实现风险管理前移

结合医疗安全（不良）事件及医疗投诉、纠纷案件的规律，分析事件发生的影响因素，制定预警指标（表13-5），变被动发现为主动监测，构建风险预警管理模型，实现风险管理前移。

表13-5 某三甲医院重点预警监测指标及预警值

预警项目名称	预警值	预警项目名称	预警值
急诊患者超长候床	≥72小时	普通住院患者请心理卫生会诊次数	≥3次
住院时长	≥30天	术中临时合血	≥800ml
非计划重返急诊	0~31天	孕产妇、新生儿	病危
择期手术ICU治疗时长	≥7天	非计划再次手术	0~31天

（六）坚持在错误中学习

针对管理成效显著的典型案例，积极报国家卫健委医管中心，供同行交流与学习。

1. 案例回顾

（1）案例一：患者，男，42岁，因消化道症状在内镜下取活检，病理诊断未发现恶性肿瘤，半年后经再次取活检确诊为恶性肿瘤。经对病理报告进行复核，第一次报告正确。但患方表示内镜检查前，医院未告知存在不能准确取到病变组织的可能，阴性的检查报告导致其后期治疗不及时，一定程度延误了治疗。经向临床医务人员核实，内镜检查不能取到病变组织的可能性是存在的，有口头告知，但是未在知情同意书上明确告知。

（2）案例二：某患者，77岁，拟行内镜检查，患者有脑梗死病史，长期服用抗凝药，按照常规在内镜检查前需要停用一段时间的抗凝药物，知情同意书有简单的描述"10.如正在长期服用抗凝药物请务必告诉医生或护士，并在相应□内打√或在横线处具体书写药品：□阿司匹林、□华法林、□波利维、□其他抗凝药"。对于该条内容，患者并不完全清楚该停药多长时间，也没有进行询问。患者所预约的检查时间为停药3天后，检查当天入室后，检查医生发现患者停药时间不足，当天未行该检查。患者在停药7天后再次经肠道准备后进行了该检查。

2. 调查分析

（1）案例一，暴露出医务人员对于侵入性操作或治疗，更注重告知操作或治疗带来的直接医疗风险，对于常见的、可能无法取到病变组织的情况未予重视，导致患者对检查不能发现病变组织的客观情况没有充分认识，从而无法及时复诊复查。

（2）案例二，暴露出医院对特殊用药患者停药时间告知不到位的情况。到医院进行消化内镜检查的患者除了住院患者，还有很多门诊患者，并且患者可能正在使用其他的相关药物，因此，让患者有效参与医疗活动尤为重要。

3. 改进措施

（1）案例一发生后，医务部与消化内科积极沟通，将"存在不能取到病变组织的可能等"文字加入到内镜中心相关的检查须知暨通知单进行完善，并举一反三，对涉及可能取病理活检的检查风险告知书都进行了修订。

（2）案例二发生后，消化内科主动梳理了相关药物的停药时间，并主动要求医务部再次修订相关文书的告知内容，让服用抗凝药物的患者可以对照内容知晓自己的停药时间以充分准备。相关文书的修订既减少了医务人员履行告知义务的工作量，增加了患者在医疗安全方面的参与度，同时也为医院提供了有效履行告知义务的证据。

4. 改进效果　通过对全院各项知情同意书不断修订完善，未再发生同类型的不良事件，医务人员的意识也在持续提升。

5. 医疗安全启示

（1）对医务人员：对于医疗活动中的大量知情同意书或其他医疗文书，临床一线医务人员应充分发挥主观能动性，结合医学的发展及临床中遇到的情况，及时提出修改意见或建议，积极参与医院的安全管理。

（2）对医院：对于医疗文书，医院应结合法律法规的改变和临床实践适时进行修订，并根据医疗安全（不良）事件或医疗纠纷暴露出来的问题，主动与临床/医技科室进行沟通，及时完善医疗文书，避免医疗文书模板无限期使用带来的法律风险。

6. 管理成效　2020年，医院不良事件：每百张床/年63件［《三级综合医院评审标准实施细则（2011年版）》A级要求：每百张床/年≥20件］，医疗纠纷发生率约2.5/10万、医疗纠纷赔付率约0.17‰，远低于行业平均水平。

从实践经验来看，对医疗安全（不良）事件中发现的潜在风险事件和医患纠纷实施事前预警和提前介入，可降低负性事件的发生概率或减轻患者伤害程度，并有效预防医疗损害及纠纷事件发生，在医疗安全管理中意义重大。

二、特殊病例医患沟通

医患之间有效地沟通是医疗安全管理的重要环节。在临床工作中，常常遇到一些特殊情况，无法实现正常的医患沟通与交流。医务部门应根据临床实际需要，积极参与并指导临床进行特殊病例医患沟通。医务部应提前审查医疗行为、把关病历质量、关注患方动态，并在必要时积极协调医疗资源，在沟通结束后还应注意证据的固定与保管，充分保障患者知情同意选择权，构建和谐的医患关系。

（一）配置硬件设施设备

配置硬件设施设备，便于特殊情形下的医患沟通使用。

（1）设置具备录音录像功能的谈话间：全院各病房设立93间，医务部设立2间。

（2）配置录音电话：全院各病房护士站均配置。

（3）配置便携式录音录像设备：医务部门、安保部门配置数台便携式录音录像设备。

（二）特殊病例的类型及管理过程

特殊病例医患沟通框架，如图13-11所示。

1. 存在潜在纠纷或医疗安全隐患的病例　患者身份或家庭关系特殊的（如患者近亲属较多，意见不统一等）；患方依从性差（如患方对医务人员不信任，在医疗活动开展过程中对医务人员有录音录像等行为）；患者有自杀/自伤和伤人高风险的；疑难病例、高风险诊疗等。

2. 医患沟通中有语言交流困难的病例　语言沟通困难患者处理流程，如图13-12所示。

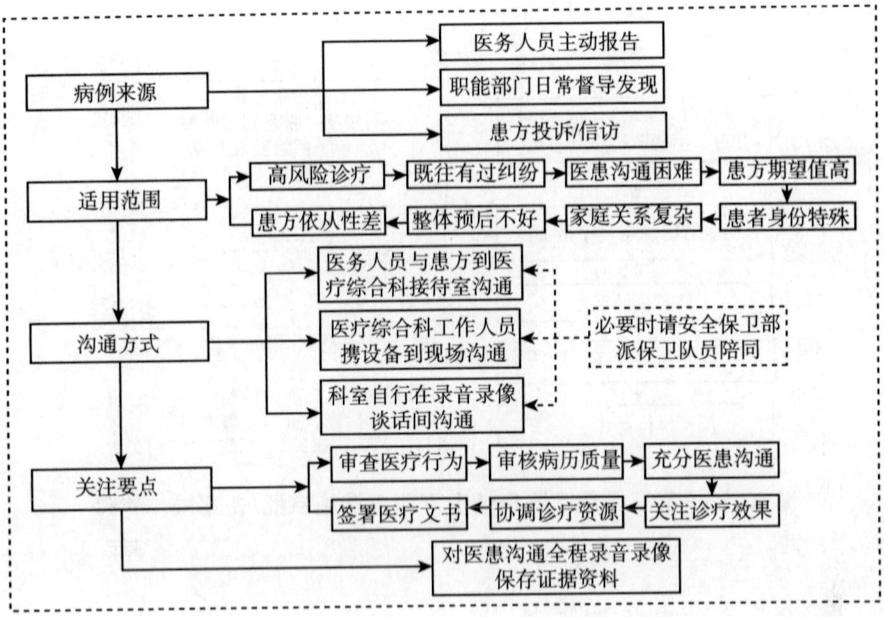

图 13-11　某三甲医院特殊病例医患沟通框架

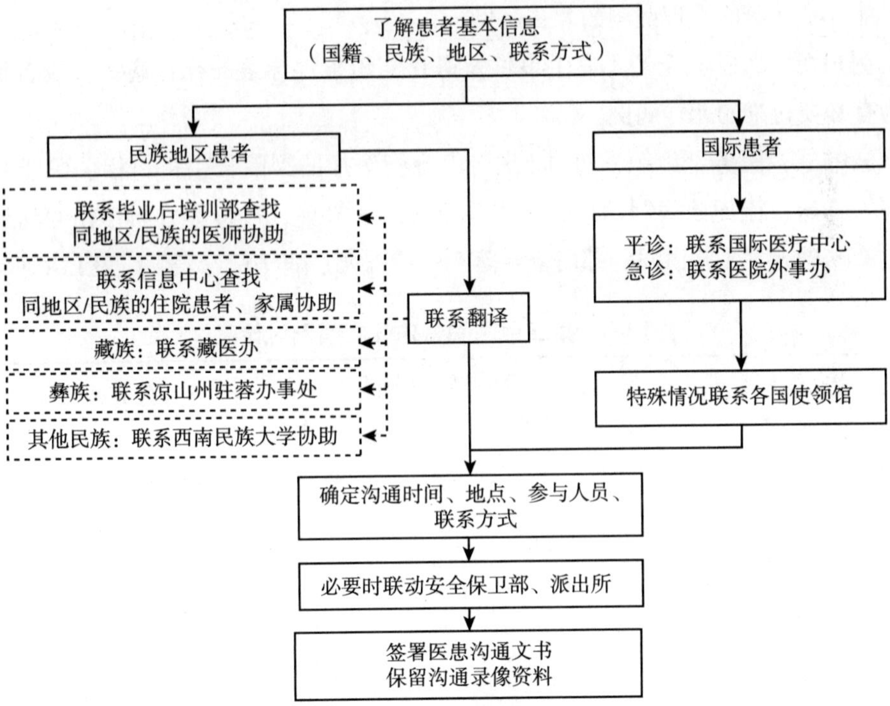

图 13-12　某三甲医院语言沟通困难患者处理流程

3. 紧急情形下抢救垂危患者生命不能取得近亲属意见的病例　紧急情况下医疗措

施审批/备案操作流程，如图13-13所示。

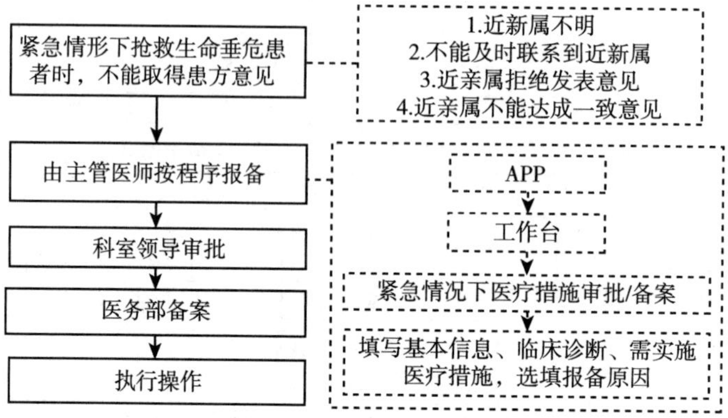

图13-13　某三甲医院紧急情况下医疗措施审批/备案操作流程

三、“特殊”死亡病例讨论

“特殊”死亡病例是指在诊疗活动过程中可能存在重大医疗差错行为，或者诊疗过程中可能存在严重的管理漏洞的死亡病例。

案例来源：医疗安全（不良）事件及医疗纠纷事件导致的死亡病例，或者临床科室认为有必要讨论的死亡病例。

开展方式：医务部组织，每月1次，由分管医疗的副院长主持，相关职能部门参与，深入临床，梳理该病例诊疗过程中关于技术、管理、过程等方面存在的问题与不足，讨论改进方案，并由职能部门督导落实。特殊死亡病例讨论表，如表13-6所示。

表13-6　某三甲医院特殊死亡病例讨论表

特殊死亡病例讨论表 编号：		
患者姓名	登记号	所在科室
患者治疗经过概要		
提请讨论的原因		

续　表

拟邀请科室	邀请理由		
1.			
2.			
3.			
讨论记录			
讨论时间		讨论地点	
参加人员			
讨论内容			
讨论结果			
改进建议			
工作推进部门、人员、时间进度			

第四节　应用案例

案例：某患者，男，45岁，因“鼻咽癌放化疗4+个月，鼻出血3小时”于2020年12月8日至某医院急诊就诊，急诊进行头颈部MRI检查后予止血、补液等对症处置，后患者突发口腔及鼻腔大量出血，立即进行抢救，但患者最终死亡。

一、开展“特殊”死亡病例讨论

讨论中，回顾患者诊疗全过程，并通过信息中心筛选出近十年来鼻咽癌放疗后鼻腔出血患者的诊疗记录，放射科医师通过回顾性查阅鼻咽部轴位冠矢状位增强MRI，发现该类患者的影像学特点。

二、构建多学科管理团队

由医务部牵头，构建包括放疗科、急诊科、放射科、头颈肿瘤科、外周血管介入组、神经外科血管介入组在内的鼻咽癌放疗后出血MDT管理团队。

三、分析鼻腔易出血的原因

（1）由于鼻咽癌本身的肿瘤生物学特性，易侵犯相邻血管，大出血患者多为侵犯颈内动脉或颈外动脉等大血管。

（2）放疗也易导致血管损伤，假性动脉瘤形成，使出血风险增大。

（3）放疗，尤其再放疗可致鼻咽坏死、鼻咽部溃疡，进而损伤血管致出血风险增加。

（4）确定鼻咽癌放疗后鼻腔出血患者的高危因素：①患者病理或临床分期较晚，多为T3、T4等晚期鼻咽癌患者；②患者有糖尿病等基础疾病；③鼻咽癌侵犯相邻血管；④复发再放疗患者；⑤既往已出现过鼻/鼻咽部活动性出血的患者。

（5）制定预防干预过程，如图13-14所示。

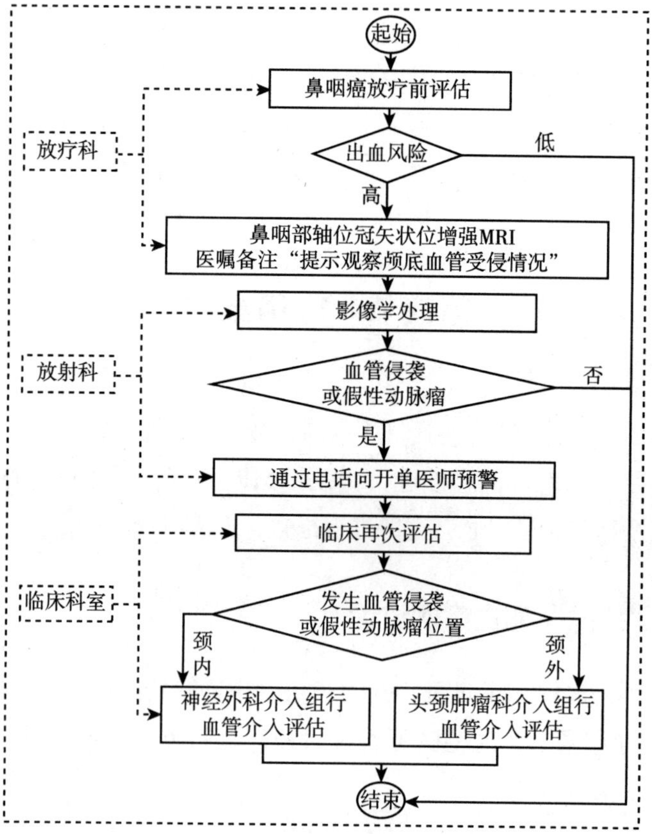

图13-14　某三甲医院鼻咽癌放疗后鼻咽部大出血预防流程

（6）制定紧急情形下的抢救过程，如图13-15所示。

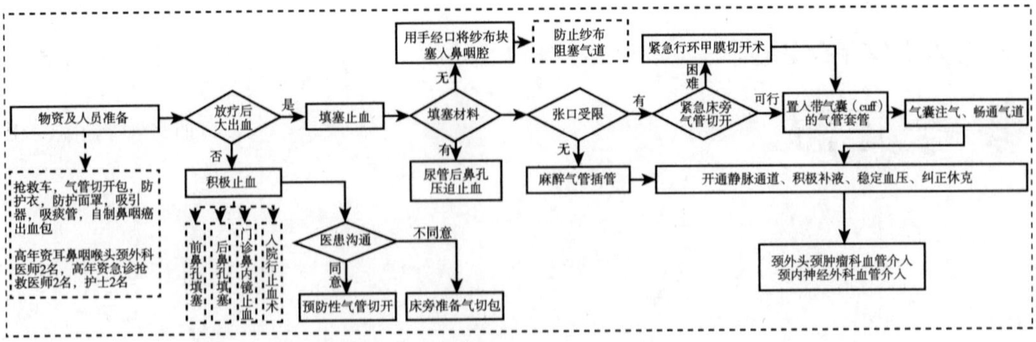

图13-15　某三甲医院鼻咽癌放疗后鼻咽部出血患者抢救流程

（7）管理成效：该项目自2021年1月实施以来，成功预防干预患者11名，成功抢救患者3名，切实有效地保障了患者安全。

医疗质量与安全是医疗服务中永恒的话题，只有以问题为导向，以患者安全为目标，加强对医疗风险的识别、评估、防控，持续提高医务人员的安全与风险意识，规范临床诊疗行为，对发现的问题不断持续改进，形成管理闭环，真正提高医疗质量与安全水平，才能为广大患者提供更优质的医疗服务。

讨论：①临床医疗部门能成功提升医疗质量的关键因素有哪些？②临床医疗部门能成功保障患者安全的关键因素有哪些？

本章小结

医疗质量和安全管理是一个复杂体系。本章以某三甲医院为例，从医疗质量和安全管理方面组织架构、制度建设和运作案例等方面展开阐述，体现出医疗质量和安全的精细化管理和持续改进的特点。通过组织结构的科学设计，强调制度建设和规范流程，辅以管理工具的合理使用，有效地推动了医院的质量和安全管理工作。

（程永忠）

References

参考文献

[1] 比约恩·安德森，汤姆·费格豪，贾宣东，等.根原因分析：根原因识别的工具[J].中国卫生质量管理，2017，24（01）：109-110.

[2] 何含兵，柴金龙，赵世光，等.基于大质量观的公立医院高质量发展转型战略[J].中国医院管理，2021，41（8）：3.

[3] 侯进锋，张蕾.2021—2022版波多里奇卓越框架介绍（一）[J].中国质量，2021（03）：70-72.

[4] 黄洁夫，薛晓林，陈建平，等.中国医院协会医院管理指南（2016年版）[M].北京：人民卫生出版社，2017（1）：40.

[5] 江龙来，郭静，李彩红，等.6S管理法在医院精益管理中的应用研究[M].现代医院管理，2021，19（2）：47-50.

[6] 李幼平，李静主编.循证医学[M].4版.北京：高等教育出版社，2020.

[7] 林炜炜，向准.医疗不良事件报告系统的国际比较及启示[J].中国卫生质量管理，2019，26（02）：133-135.

[8] 刘铁忠.危机管理理论与实践[M].北京：北京理工大学出版社，2020.

[9] 刘鑫，陈伟.医疗质量安全核心制度理论与实践[M].北京：中华医学电子音像出版社，2018.

[10] 钱东福，鲁翔.医院管理理论与案例[M].北京：科学出版社，2019.

[11] 钱庆文，邹春新.医疗质量与患者安全[M].北京：光明日报出版社，2019：282-292.

[12] 孙多勇，朱桂菊，李江.危机管理导论[M].长沙：国防科技大学出版社，2018.

[13] 汪海琴，王伟，严非，等.国际医疗质量评价指标体系的比较分析[J].中国卫生资源，2018，21（5）：456-460.

[14] 王志伟.医院管理学[M].北京：中国中医药出版社，2017.

[15]（英）查理斯.文森特，（法）勒内.奥玛波提.吴新宝等译.患者安全管理[M].北京：北京科学技术出版社，2018.

[16] 张坤和，谭健. 华浅谈新形势下持续质量改进在医疗质量管理中的应用［J］. 基层医学论坛，2021，25（2）：270-271.

[17] 张琦，秦薇，张玉侠.1例手术患者身份识别错误的根本原因分析［J］. 中国护理管理，2020，20（01）：54-57.

[18] 张伟，徐玉芝，张继芝，等.RCA~2在护理不良事件分析中的应用［J］. 中国护理管理，2017，17（10）：1379-1383.

[19] AGENCY FOR HEALTHCARE RESEARCH AND QUALITY. AHRQ quality indicators［EB/OL］.［2018-01-01］.

[20] American Society for Quality.Glossary - entry：quality Retrieved from http：//asq.org/.

[21] HOWELL A M，BURNS E M，HULL L，et al. International recommendations for national patient safety incident reporting systems：an expert Delphi consensus-building process［J］. BMJ Qual-Saf，2017，26（2）：150-163.

[22] JCAHO. Hospital National Patient Safety Goals. https：//www.jointcommission.org/standards/national-patient-safety-goals/hospital-national-patient-safety-goals/.

[23] Kumar Shyam，Kline Roger，Boylin Tracy. Root cause analysis in the NHS：time for change？［J］. British Journal of Hospital Medicine，2020，81（4）：1-4.

[24] Measure Evaluation Criteria and Guidance for Evaluating Measures for Endorsement. National Quality Forum；September 2019. Available at：https：//www.qualityforum.org.

[25] Quality Indicator Empirical Methods，v2021. Agency for Healthcare Research and Quality；July 2021. Available at：https：//www.qualityindicators.ahrq.gov/.

[26] Quality Indicator Measure Development，Implementation，Maintenance，Retirement. Agency for Healthcare Research and Quality；May 2011. Available at：https：//www.qualityindicators.ahrq.gov/.

[27] TC 176/SC. ISO 9000：2020，Quality management systems–Fundamentals and vocabulary［M］. International organization for standardization. 2020.

[28] WHO Patient Safety（2021）. Available at：https：//www.who.int/teams/integrated-health-services/patient-safety.

[29] World Health Organization. Patient safety. https：//www.who.int/teams/integrated-health-services/patient-safety.

[30] World Health Organization. Quality of care：A process of for making strategic choices in health systems. Available at：https：//www.who.int/health-topics/quality-of-care#tab=tab_1.